PC-II

Verw. VD

Geographisches Institut
der Universität Kiel
ausgesonderte Dublette

Ökologie und Stadterneuerung

Anforderungen
Handlungsmöglichkeiten und
praktische Erfahrungen

herausgegeben von
Dipl.-Ing. Tomas Grohé
und
Dipl.-Ing. Fred Ranft

mit Beiträgen von
Dipl.-Ing. Karl-Heinz Fiebig
Dr. Ing. Jörg Forßmann
Dr. Ing. Lothar Franz
Dipl.-Ing. Tomas Grohé
Dipl.-Ing. Ekhart Hahn
Dipl.-Ing. Eckhard Hardacker
Dipl.-Volksw. Hubert Heimann
Dipl.-Ing. Eckhard Jochum
Dipl.-Ing. Rolf Juncker
Dipl.-Ing. Arch. Fred Ranft
Dipl.-Ing. Norbert Schoch
Dipl. rer.pol. Reinhard Sellnow
Dipl.-Ing. Peter Thomas
Dipl.-Ing. Jochen Zeisel

Deutscher Gemeindeverlag
Verlag W. Kohlhammer

CIP-Titelaufnahme der Deutschen Bibliothek
Ökologie und Stadterneuerung: Anforderungen, Handlungsmöglichkeiten u. prakt. Erfahrungen/hrsg. von Tomas Grohé u. Fred Ranft. Mit Beitr. von Karl-Heinz Fiebig ...
-Köln: Dt. Gemeindeverl.; Köln: Kohlhammer, 1988
ISBN 3-555-00721-1
NE: Grohé, Tomas [Hrsg.]; Fiebig, Karl-Heinz [Mitverf.]

1988
Deutscher Gemeindeverlag GmbH und Verlag W. Kohlhammer GmbH
Verlagsort: 5000 Köln 40, Postfach 40 02 63
Gesamtherstellung Deutscher Gemeindeveralg GmbH Köln
Nachdruck, auch auszugsweise, verboten – Alle Rechte vorbehalten
Recht zur fotomechanischen Wiedergabe nur mit Genehmigung des Verlages
Buch-Nr. G 0/265

GELEITWORT

Das Begriffspaar „Ökologie und Stadterneuerung" darf nicht zu einer Leerformel werden: In einer Zeit schnell sich wandelnder Wertvorstellungen bedürfen beide (politischen) Bereiche — Stadtökologie sowie Stadterneuerungen — einer ständigen Überprüfung dahingehend, ob das in der Bevölkerung gestiegene Umweltbewußtsein verstärkt seine Umsetzung in der Kommonalpolitik findet, d.h. Rat und Verwaltung ernsthaft den Schutz der natürlichen Lebensgrundlagen im städtischen Raum sowie die Lebensqualität in unseren Städten sichern. Denn eines ist inzwischen unstreitig: Die Industriegesellschaft stellt neue und höhere Anforderungen an den Umweltschutz als städtische Aufgabe.
In diesem Sinne liefert das vorliegende Handbuch wesentliche Bausteine für die Vernetzung von Ökologie und Stadtplanung vor dem Hintergrund einer komplexen Güterabwägung und widerstreitender Interessen. Die Grenzen des Siedlungswachstums scheinen erreicht. Ökologie und Stadterneuerung ist aber in aller Regel ein Prozeß, der nicht weniger kompliziert ist als das Funktionieren eines Ökosystems: das Ineinandergreifen von Fachplanungen und Entscheidungen der verschiedensten Art in eine Verwaltungs- und Entscheidungsstruktur, die zunächst dafür nicht angelegt ist.
Noch sind wir von einer klaren Definition dessen, was „Stadtökologie" beinhaltet, relativ weit entfernt. Es ist ein schillernder Begriff — vergleichbar dem der „Urbanität" —, der mit Substanz erfüllt werden muß. Die Kommunalpolitiker und Verwaltungsfachleute in den Städten sind also dazu aufgerufen, den mühsamen, aber lohnenden Prozeß der Stadterneuerung unter Berücksichtigung ökologischer Wertvorstellungen voranzubringen. Das Buch bietet hierzu lehrreiche Handlungsmöglichkeiten und praktisch verwertbare Erfahrungen.

Prof. Dr. Ernst Pappermann
Geschäftsführendes Präsidialmitglied
des Deutschen Städtetages

VORWORT

Seit Beginn der 80er Jahre wird über „behutsame Stadterneuerung", über „erhaltende Erneuerung" und „Stadterneuerung in kleinen Schritten" diskutiert und nachgedacht. Boeddinghaus veröffentlichte 1982 unter dem Titel „Stadterhaltung — Stadtgestaltung" eine kritische Würdigung dieser städtebaulichen Aufgabe vor dem Hintergrund des Bundesbaugesetzes.

Danach tat sich zunächst nicht viel Grundsätzliches. Die Ökologiediskussion der letzten Jahre brachte einen neuen Impuls: Die Auswertungen der ersten größeren Projekterfahrungen mit Verkehrsberuhigung, Wohnumfeldverbesserung, mit erhaltender Erneuerung und solchen Projekten, die das Ziel haben, die natürlichen Ressourcen zu schonen (Energieversorgungskonzepte, emissionsmindernde Sanierungen, Projekte zur Abfallbewirtschaftung und Wasserver- und entsorgung), alle diese Projekte belegten eindeutig die zunehmende Bedeutung der „Neuorientierung" im Rahmen der kommunalen Umwelt(schutz)politik.

Zumindest vom Anspruch her versucht das seit 1987 gültige Baugesetzbuch diesen Tatsachen und künftig zu erwartenden Anforderungen an die kommunale Planung Rechnung zu tragen.

Ökologische Stadterneuerung — oder besser: ökologisch orientierte Stadterneuerung ist der neue streitbare Begriff. Streitbar deshalb, weil mit ihm vieles in Frage gestellt wird, was „bisher immer so war" und nicht länger so bleiben kann. Und auch nicht bleiben muß, weil vieles jetzt schon möglich ist und viel Wichtiges bereits getan werden kann.

Jedenfalls will dieses Buch mit einigen grundsätzlichen Diskussionsbeiträgen und mehreren Erfahrungsberichten aus der Praxis für die Praxis denjenigen Unterstützung liefern und Mut machen, die nicht länger auf „letzte Erkenntnisse der Ökologie" warten wollen, sondern sich angesichts der Umweltsituation zu praktischem Handeln aufgefordert sehen.

Für weitere Informationen über Beispiele für ökologisches Planen und Bauen sind die Herausgeber dankbar.

Bonn und Aachen, im Mai 1988　　　　　　　　　Tomas Grohé und Fred Ranft

INHALTSVERZEICHNIS

	Seite
Geleitwort von Prof. Dr. Ernst Pappermann	V
Vorwort der Herausgeber	VII
Autorenverzeichnis	X

Tomas Grohé
Ökologische Stadterneuerung – Neue Dimension einer alten
städtebaulichen Aufgabe 1

Fred Ranft
Ökologische Stadterneuerung – Ansätze einer qualitativen
Stadtentwicklung 27

Reinhard Sellnow
Auf der Suche nach Inhalten und Formen ökologischer Stadterneuerung –
Aufforderung zu unkonventionellem Verwaltungshandeln 53

Rolf Junker
Stadterneuerung und Bürgerbeteiligung – Erfahrung eines Vor-Ort-Büros
bei Planung und Realisierung 79

Lothar Franz
Integrierte Verkehrskonzepte – Ein Beitrag zur ökologischen
Stadterneuerung 97

Eckhard Hardacker
Qualitative Wasserwirtschaft in hochversiegelten Gebieten –
ein Beitrag zur ökologischen Stadterneuerung 119

Ekhart Hahn, Peter Thomas, Jochen Zeisel
Dezentrale Wasseraufbereitung – Eine Pflanzenkläranlage
in der Diskussion 135

Eckhard Jochum
Hasenhecke Kassel — Recycling einer Kasernenanlage 153

Jörg Forßmann und Norbert Schoch
Ökologische Stadterneuerung in einem belasteten Stadtteil –
Das gebietsbezogene Förderungsprogramm Humboldt-Gremberg in Köln. 179

Hubert Heimann
Ökologische Stadtentwicklung und Wirtschaftsförderung – Ein
Antagonismus? 199

Karl-Heinz Fiebig
Stadtökologische Ansätze und Projekte im Kontext der Aufgabenentwicklung im kommunalen Umweltschutz – Die UVP als Hilfsmittel .. 209

AUTORENVERZEICHNIS

Fiebig, Karl-Heinz
Dipl.-Ing., Deutsches Institut für Urbanistik, Straße des 17. Juni 112, 1000 Berlin/West 12

Forßmann, Jörg
Dr. Ing., Abschnittsleiter im Amt für Stadtentwicklungsplanung der Stadt Köln, Stadtverwaltung Köln, Rathaus, 5000 Köln 1

Franz, Lothar
Dr. Ing., Leiter des Planungsamtes des Kreises Rhein-Sieg, Kaiser-Wilhelm-Platz 1, 5200 Siegburg

Grohé, Tomas
Dipl.-Ing., Projektleiter im Referat Umwelt der Bundesforschungsanstalt für Landeskunde und Raumordnung, Am Michaelshof 8, 5300 Bonn 2

Hahn, Ekhart
Dipl.-Ing., Arbeitsgemeinschaft Ökologischer Stadtumbau Berlin, Rauchstr. 11, 1000 Berlin/West 30

Hardacker, Eckhard
Dipl.-Ing., KfA-Jülich, Projektleitung Biologie, Ökologie, Energie (PBE), Postfach 1913, 5170 Jülich

Heimann, Hubert
Dipl.-Volkswirt, Leiter des Amtes für Stadtentwicklung und Wirtschaftsförderung der Stadt Solingen, Rathaus, 5650 Solingen

Jochum, Eckhard
Dipl.-Ing., Planungsamt der Stadt Kassel, Dahlienweg 1, 3501 Ahnatal

Junker, Rolf
Dipl.-Ing., DASI-Stadtteilbüro, Alte Radstr. 23, 4600 Dortmund 1

Ranft, Fred
Dipl.-Ing., Contor für Architektur und Stadtplanung Aachen – casa, Gottfriedstr. 16, 5100 Aachen

Schoch, Norbert
Dipl.-Ing., Leitender Planer in der Abt. Wohnumfeldverbesserung und Sanierung der Stadt Köln, Stadtverwaltung Köln, Rathaus, 5000 Köln 1

Sellnow, Reinhard
Dipl.-Ing., Stadtplaner, Amt für Stadterneuerung der Stadt Nürnberg, Gräfenberger Str. 5, 8520 Buckenhof

Thomas, Peter
Dipl.-Ing., Oranienstr. 15, 1000 Berlin 36

Zeisel, Jochen
Dipl.-Ing., Oranienstr. 5, 1000 Berlin 36

Tomas Grohé
Ökologische Stadterneuerung — neue Dimension einer alten städtebaulichen Aufgabe

> Arabisches Motto für Städtebau:
> Die Häuser nicht höher als die Bäume, die Plätze so groß, daß eine menschliche Stimme sie füllen kann, die Straßen so breit, daß das Gesicht eines Fremden erkennbar ist.

Immer wieder, wenn über Erfahrungen und Erlebnisse aus ökologisch orientierten Projekten mit durchaus unterschiedlichen Ansprüchen berichtet wird, mündet das in eine prinzipielle Kritik an der Stadt an sich als einer unnatürlichen, ja sogar antimenschlichen, weil technokratisch und in Allem nach ökonomischen (betriebswirtschaftlichen) Prinzipien überformten Lebensumwelt, die sozusagen notwendigerweise all die bekannten Umweltbelastungen und sozialen wie individuellen Krankheitsbilder mit sich bringe. Dabei sei es ein spezifisches Problem gerade der heutigen Zeit, daß der wissenschaftlich-technische Fortschritt ständig und immer schneller aufeinander folgende Innovationen bringe, deren praktische Anwendung die gen. negativen Erscheinungsformen nicht nur ständig reproduziere, sondern zu immer intensiveren und immer komplexeren Eingriffen in den Naturhaushalt führe. So schreibt z.B. Hahn:

"Die Städte sind geradezu zu einem Symbol für die Umwandlung von wertvollen und knappen Rohstoffen in die Konsumgüter, Abfallmassen und gefährlichen Schadstoffemissionen der modernen Wegwerfgesellschaft geworden. Und die Stadt selbst ist Produkt dieses Prozesses. Gebaut wird, was betriebswirtschaftlich rentabel und technisch möglich ist. Statt ökologischer Verträglichkeit stehen Wachstum, Bodenrente und wirtschaftliches Profitprinzip im Vordergrund des Interesses." (1)

Die Begründungen für eine solche Kritik und die Tendenz der diskutierten Alternativen erinnern spontan an eine Zeit, in der die städtebauliche Diskussion u.a. von einer Idee bestimmt wurde, deren Ziel es auch war, die schlimmen Wirkungen des Lebens in der Stadt, speziell in der Industriestadt, abzubauen bzw. ganz aus der Welt zu schaffen. Ich meine die Zeit, in der die "Gartenstadt" und ihre 'Vorläufer' als Idee entwickelt und als potentielles Leitbild künftiger Stadtentwicklung diskutiert wurden. Dabei wurde damals die Stadt als solche nicht grundsätzlich in Frage gestellt. Lediglich die schlimmsten städtebaulichen Auswirkungen der Industrialisierung sollten behoben und durch gesündere ersetzt werden, und angesichts der damligen Bevölkerungszahlen ging man davon aus, daß viele kleinere Gartenstädte insgesamt dann eine natürliche Stadt-Garten-Landschaft ergeben würden.

Heute stellt sich — wenigstens was die Möglichkeit betrifft, mit einer "einfachen Umverteilung" die Probleme der Verdichtungsräume zu lösen — die Aufgabe, eine "ökologische Stadt" zu erreichen, wesentlich komplizierter dar: nahezu alle Prognosen gehen davon aus, daß Stadt auch in Zukunft für eine wachsende Zahl von Menschen zum Lebensraum wird. Sie sind sich ebenso einig darin, daß damit einhergehend verschiedene soziale und Umweltprobleme gleichfalls erheblich zunehmen werden, und zwar nicht nur quantitativ, sondern wegen der zu erwartenden steigenden Verdichtung sogar in völlig neuen Qualitäten.

Vor diesem Hintergrund wird die Frage nach dem Wohin und dem Wie künftiger Stadtentwicklung immer drängender. Die bisherigen Antworten darauf griffen in der Regel zu kurz oder wurden an der Wurzel des Übels vorbei mehr oder weniger direkt "in den Sand" gesetzt. Die ständige Zunahme von Umweltbelastungen durch Produktion und Konsumtion, das ständige Entdecken neuer Belastungsstoffe, aber auch von immer mehr Altlasten ist ja nicht das Problem der Meßtechnik, sondern das der vorausgegangenen Sorglosigkeit oder Umweltfrevel. Und selbst bisheriger Umweltschutz, in aller Regel als Reparaturmaßnahme auf das Kurieren an Symptomen angewiesen (ein Ergebnis der "end of the pipe"-Denkweise) ist nicht in der Lage, die anstehenden Umweltprobleme tatsächlich zu lösen. Es sind nicht wenige Fälle, in denen sogar das Gegenteil eintrat und an oft unerwarteter Stelle und erst nach Verstreichen einer geraumen Zeit neue Schwierigkeiten auftauchten. Stichworte wie u.a. 'Politik der hohen Schornsteine' und ihr Ergebnis 'Waldsterben' oder: 'Flurbereinigung' und im Ergebnis Grundwasserabsenkungen, Grundwasserverseuchungen, Bodenerosion, Entfernung von Feldgehölzen usw., kurz: ökologische Wüste, sind Beleg genug.

Im folgenden soll dieser Vergleich zwischen der "Gartenstadt" und der "ökologischen Stadt" nicht vertieft werden — dies bleibt einer ausführlicheren Studie vorbehalten — ich möchte lediglich anhand einiger Beispiele auf bestehende Analogien hinweisen und damit deutlich werden lassen, daß es zwar einige Vergleichbarkeiten zwischen damals und heute gibt, daß auch die Aufgabenstellung nach wie vor die gleiche geblieben ist: nämlich Stadt als Lebensraum für Menschen zu gestalten. Im Vergleich zu damals will ich dann jedoch versuchen, einige wesentliche Elemente der neuen Dimension dieser uralten Aufgabe herauszuarbeiten, die sie angesichts ökologischer Erkenntnisse und auch schon (wenigstens teilweise) weitgehender Einsichten erreicht hat bzw. erreichen wird:

Die Betrachtung der ökologischen Wirkungen jeder Einzelmaßnahme eines jeden Ressorts im kaum übersehbaren Geflecht der Wechselwirkungen, die das Ökosystem Stadt (2) charakterisieren, macht deutlich, daß es den Städtebauer eigentlich nicht mehr geben kann. Eine derartige Komplexität — eben eine neue Dimension — kann nur noch in interdisziplinärer Zusammenarbeit und mit integrierten Plänen und Programmen bewältigt werden. Beides setzt eine Veränderung des Bewußtseins bei allen Beteiligten (Experten, Politik, Öffentlichkeit und Verwaltung) voraus.

Damals ...

Kritik

Charles Dickens möchte ich als einen Zeitzeugen mit scharfer Beobachtungsgabe zitieren, wie er in dem Roman "Hard Times" seine Stadterfahrungen in der Beschreibung der Stadt "Coketown" zusammenfaßt:

"... Es war eine Stadt aus roten Ziegelsteinen, vielmehr aus Ziegelsteinen, die rot gewesen wären, wenn Rauch und Asche es zugelassen hätten; so aber sah die Stadt unnatürlich rot und schwarz aus, wie das bemalte Gesicht eines Wilden. Es war eine Stadt der Maschinen und hohen Schlote, denen ununterbrochen endlose Rauchschlangen entquollen, ohne sich je aufzulösen. Ein schwarzer Kanal durchzog sie und ein Fluß, dessen Wasser purpurrot war von stinkenden Farbstoffen, und es gab riesige Gebäudemassen mit vielen Fenstern, wo es den ganzen Tag lang ratterte und bebte, und wo der Kolben der Dampfmaschine eintönig auf- und abstieg, wie der Kopf eines Elefanten in trübem Irrsinn. Sie enthielt mehrere große Straßen, die sich alle sehr ähnlich sahen, und viele kleine Gassen, die einander noch ähnlicher waren, in denen Leute wohnten, die einander ebenfalls ähnlich sahen, die alle zu den gleichen Stunden kamen und gingen, mit dem gleichen Geräusch auf den gleichen Pflastersteinen, um die gleiche Arbeit zu tun, und für die jeder Tag der gleiche war wie gestern und morgen, und jedes Jahr der Abklatsch des vorigen und des nächsten ... In Coketown sah man nichts, was nicht streng mit Arbeit zusammenhing. Wenn die Anhänger einer religiösen Sekte sich dort eine Kapelle bauten — wie die Anhänger von achtzehn religiösen Sekten es getan hatten —, machten sie ein frommes Lagerhaus aus roten Ziegelsteinen daraus, allenfalls (aber nur bei ganz besonders dekorativen Beispielen) mit einer Glocke in einem Vogelkäfig auf dem Dach ... Alle öffentlichen Inschriften in der Stadt waren auf dieselbe Weise mit strengen schwarz-weißen Lettern gemalt. Das Gefängnis hätte ebensogut das Krankenhaus, das Krankenhaus das Gefängnis sein können, das Rathaus hätte sowohl das eine wie das andere oder beides oder irgend etwas sonst sein können, denn nichts in den Reizen ihrer Bauweise hätte auf das Gegenteil hingedeutet. Tatsachen, Tatsachen, Tatsachen überall im materiellen Aspekt der Stadt; Tatsachen, Tatsachen, Tatsachen im immateriellen Aspekt der Stadt. M. Choakumchilds Schule bestand aus Tatsachen, und die Zeichenschule bestand aus Tatsachen, und die Beziehungen zwischen Herren und Arbeitern bestanden aus Tatsachen, und alles, was zwischen Entbindungsheim und Friedhof lag, bestand aus Tatsachen, und was sich nicht in Zahlen ausdrücken ließ und auf dem billigsten Markt gekauft und auf dem teuersten verkauft werden konnte, gab es nicht und durfte es bis ans Ende der Zeiten nicht geben. Amen." (3)

Reaktionen und Realität

Solche Zustände wurden von aufgeklärten Bürgern abgelehnt, wenn auch nicht abgeschafft. Der Widerspruch, in dem sie sich befanden, war einerseits ein fast blinder Fortschrittsglaube gepaart mit einer weitgehenden Idealisierung der Natur. Gleichzeitig war aber auch die Angst vor der wachsenden Unkontrollierbarkeit der Entwicklung in den Städten und Industriezentren in sozialer, hygienischer, kultureller und politischer Hinsicht weit verbreitet und letztlich mit Ursache dafür, daß sich eher technokratische Stadtentwicklungsmodelle (Stadthygiene, Feuerwehr, aber auch polizeistrategische Überlegungen) durchsetzten. denn die Ideen, die damals die Kritiker der Stadt erarbeiteten, wurden nicht zum tatsächlich bestimmenden Leitbild, wenngleich die Lösungsvorschläge vielfältig waren (4): Bekannt und viel diskutiert sind die utopischen Vorstellungen z.B. von Fourier oder die von Godin, der diese Idee aufgegriffen hatte und sie "für seine Arbeiter" in abgewandelter Form als "Familistère" realisiert hat. Natürlich gab es auch im "Mutterland der Industrialisierung", in Englang, verschiedene Versuche, aufkommende Probleme der Industriestädte komplett zu lösen: Owen und Buckingham sind hier zu nennen, der zweitgenannte mit seiner "Musterstadt" Victoria. Besonders nachhaltige Wirkung ging von der anfangs erwähnten "Gartenstadt"-Idee Ebenezer Howards aus (5). In der gleichen Zeit entstanden in England auch einige Werkssiedlungen, deren Bauherren den einen oder anderen Aspekt dieser theoretischen Ansätze übernahmen und in "ihren" Siedlungen für "ihre" Arbeiter auch realisieren. Die Gründe, warum diese Herrschaften solche Siedlungen bauen ließen, waren durchaus offensichtlich und wurden auch ganz offen weitergegeben zur geflissentlichen Nachahmung durch Gleichgesinnte:

"Sie wollten natürlich nicht, daß die Arbeiter Chartisten würden: das war die englische Form des Sozialismus, lange bevor Marxens und Engels Ideen wirksam wurden. Sie wollten aber auch aus humanitären Gründen die Stadt möglichst klein und die umgebende Arbeitslandschaft möglichst groß haben." (6)

Aber solche "paternalistischen" Siedlungen blieben auf die Einzelinitiativen von entsprechend engagierten Unternehmern beschränkt, und auch "Gartenstädte" hat es nicht in der reinen Form gegeben, sondern immer nur als Realisierung bestimmter Einzelelemente.

Alle diese Ideen, Versuche und Musterpläne blieben also im wesentlichen und bis auf einige Denkmäler und nie ganz fertig gewordene, jedenfalls nicht dem Plan gerecht gewordene Experimentalsiedlungen bloße Theorie. Das wird u.a. auch daran gelegen haben, daß diese Modelle kaum bis zu den Ursachen der von ihnen kritisierten Erscheinungsformen vorgedrungen sind. Daran hat sie u.a. ihr Fortschrittsglaube, ihre Naturidealisierung und auch die Kurzsichtigkeit ihrer Sozialprogramme gehindert. Deshalb waren ihre Alternativen auch kaum geeignet, die drängenden Probleme der bestehenden Städte und der damit im Zusammenhang stehenden politischen Fragen zu beantworten. Und hier setzten sich solche Bauweisen mit solchen Ergebnissen durch, wie Dickens sie oben beschrieben hat und wie sie in allen Industrieregionen dieser Zeit gebaut wurden. Durchgesetzt hat sich also der Pragmatismus, der dem Geschehen in Wirtschaft und Gesellschaft bewußt seinen Lauf ließ. Planung und Städtebaupolitik beschränken sich darauf, mit einem Minimum an Aufwand und Festlegungen (Fluchtlinien/Baugrenzen) lediglich den für öffentliche Versorgung (Feuerwehr) nötigen öffentlichen Raum vom privat nutzbaren privaten Raum abzugrenzen. Was auf diesem dann geschah, war im wesentlichen den finanziellen und politischen Potenzen des jeweiligen Grundbesitzers überlassen.

Utopien und reale Alternativen

Neben diesen Theorien und alternativen Ansätzen gab es auch damals schon konkrete Utopien, die noch über das soziale Wollen der eben gen. Utopisten hinaus gingen und gesellschaftlich emanzipatorische Ansprüche realisierten, die vergleichbar sind mit dem, was "ökologischem Bauen" heute als Utopie vorschwebt. Von einem solchen Beispiel (aus Amerika) berichtet Friedrich Engels im "Deutschen Bürgerbuch für 1845":

"Jede dieser Gemeinden ist eine schöne, regelmäßig gebaute Stadt, mit Wohnhäusern, Fabriken, Werkstätten, Versammlungshäusern und Scheunen; sie haben Blumen- und Gemüsegärten, Obstbäume, Wälder, Weinberge, Wiesen und Ackerland im Überfluß; dazu Vieh aller Art, Pferde und Rinder, Schafe, Schweine und Federvieh mehr als sie brauchen können und von der allerbesten Zucht. Ihre Scheunen sind immer voll Korn, ihre Vorratskammern voll Kleiderstoffe, so daß ein englischer Reisender gesagt hat: er könne nicht begreifen, warum diese Leute, die doch alles im Überfluß besäßen, noch arbeiteten; es sein denn, daß sie aus purem Zeitvertreib arbeiteten, da sie sonst nichts zu tun hätten. Unter diesen Leuten gibt es keinen, der gegen seinen Willen zu arbeiten hätte, und keinen, der sich um Arbeit vergebens bemüht. Sie haben keine Armenhäuser und Spitäler, weil keinen einzigen Armen und Notleidende, keine verlassenen Witwen und Waisen; sie kennen keinen Mangel und brauch ihn nicht zu fürchten. In ihren zehn Städten ist kein einziger Gensd'arme oder Polizeidiener, kein Richter, Advokat oder Soldat, kein Gefängnis oder Zuchthaus; und doch geht alles ordentlich zu. Die Gesetze des Landes sind nicht für sie da und könnten ihretwegen ebensogut abgeschafft werden, ohne daß ein Hahn danach krähte; denn sie sind die ruhigsten Bürger und haben nie einen Verbrecher für die Gefängnisse geliefert. Sie leben, wie gesagt, in der vollständigsten Gemeinschaft der Güter und haben keinen Handel und kein Geld unter sich." (7)

Heute...
Kritik

Heute lesen sich Beschreibungen der Unwirtlichkeit unserer Städte oft weniger literarisch und romanhaft auf das direkt sehbare Elend der in ihnen lebenden Menschen bezogen, wenngleich angesichts der neuen Armut in der Bundesrepublik die Zeit nicht mehr weit ist, in der solche Romane wieder Alltägliches schildern (8). Wenn es auch eine Weiterentwicklung auf eine andere Stufe insgesamt gegeben hat, eine Weiterentwicklung etwa im Sinne einer Überwindung der Ursachen hat es dabei nicht gegeben: Auch heute noch sind es die gleichen Grundwidersprüche zwischen Kapital und Arbeit, zwischen Privatinteressen und den objektiven Interessen der Gesellschaft, wie sie schon damals für die Entwicklung in Stadt und Wirtschaft, in Staat und Gesellschaft maßgebend waren: In der Boden- und Wirtschaftspolitik finden sie ihren alltäglich wahrnehmbaren Ausdruck, planerisch betrachtet, und, sozial gesehen, in der neuen Armut als eine immer größere Teile der Bevölkerung betreffende Wirkung der

Massenarbeitslosigkeit bei gleichzeitig ausgewiesenen Gewinnen der Wirtschaft, wie es sie in den Jahren davor kaum gegeben hat. Obwohl also im sozialen Bereich die Probleme besonders deutlich zunehmen, wird dennoch auch bei ökologischen Analysen eher über die meßbaren naturwissenschaftlich technischen Gegebenheiten berichtet, denen die Menschen ausgesetzt sind oder es wird im 'politischen Raum' z.B. lieber über rechtliche Zusammenhänge nachgedacht wie etwa darüber, die "Spielhallen-VO" neu zu fassen — als ob durch eine Novellierung dieser VO die Ursachen für das entsprechende Verhalten der Jugendlichen und anderen Spieler beseitigbar wären!

Und selbst bei solchen Berichten gibt es noch erhebliche Unterschiede und Defizite: z.B. bei einer Betrachtung der in den letzten Jahren zahlreicher werdenden kommunalen Umweltberichte. Da wird immer noch zu oberflächlich "analysiert", werden Ursachen immer noch viel zu zaghaft beim Namen genannt (im Sinne des Wortes!) und werden immer noch zu wenige wirklich greifende, d.h. radikale Konsequenzen für Planung, Verwaltungshandeln und für die Personal- und Finanzpolitik beschlossen.
Und dies angesichts einer Situation, die Weigmann so beschreibt:

"Eine Großstadt hat nur noch bedingt ökosystemare Eigenschaften. Sie ist ein Komplex von stark gestörten oder zerstörten Naturflächen und technisch geprägten Bereichen. Stoff- und Energieflüsse sowie andere wesentliche Eigenschaften und Prozesse regelt der Mensch mehr durch Ein- und Ausfuhr als durch internen Kreislauf. (. . . Ausl. T.G.)
Die umweltbeeinträchtigende Wirkung technisch-ökonomischer Systeme resultiert aus Unterschieden quantitativer und qualitativer Art im Vergleich zu ökologischen Systemen: Sie werden nicht auf harmonische, stofflich-energetische Wechselwirkungen im Systeminnern hin optimiert. Sie sind nicht so energiesparend organisiert; da Sonnenenergie als Betriebs- und Steuerungsenergie ausreicht, und ihr interner Energie- und Stoffhaushalt läßt erhebliche Anteile der Energie- und Stoffmengen ungenutzt nach außen gelangen, in einer Form, die benachbarte Systeme belastet. In ihnen ist Recycling mengenmäßig unerheblich. Wachstumsprozesse werden nicht systemintern begrenzt; sie sind relativ stark von der Zufuhr von Ressourcen (Stoffe und Energie) abhängig. Zufuhr und Abfuhr von Stoffen und Energie wirken dabei nicht prozeßsteuernd auf das System zurück. Folgelasten ökologischer und ökonomischer Art werden überwiegend nicht von den Verursachern getragen, diese haben vielmehr in aller Regel einen "Freifahrtschein" in Sachen "Umweltfolgekosten" zu Lasten der Allgemeinheit." (9)

Reaktionen und Realität

Die hier beschriebenen Zusammenhänge sind das Ergebnis einer Planungsphilosophie (politisch als Handlungsmaxime durchgesetzt), die als sog. "Anpassungsplanung" kaum etwas anderes zum Ziel hatte, als die Gestaltung der räumlichen Umwelt an gesellschaftliche Veränderungen anzupassen, d.h. insbesondere auf solche Anforderungen planerisch zu reagieren, die sich aus dem ökonomischen Wachstum und den sich verändernden Produktions- und Marktbedingungen ergeben.

"Die Produktions- und Distributionsbedingungen von Industrie, Gewerbe und Dienstleistungssektor sind geradewegs Umweltbedingungen für die Städte. Die Innovationszyklen der Industrie sind die Lebenszyklen der Städte." (10)

Der politökonomische Zeitgeist von damals hat sich fast ungebrochen bis heute durchgesetzt. Selbst die "Entwicklungsplanung", die verhindern sollte, daß sich die Entwicklungen in Wirtschaft, Gesellschaft und bei der räumlichen Nutzung weiterhin voneinander entfernen, anstatt einander zu ergänzen, die sogar gegeneinander verliefen und jeweils "Ergebnisse" produzieren, die in den beiden anderen Bereichen mit immer mehr Aufwand und immer schwierigeren Gegenstrategien aufgefangen werden mußten — wenn es überhaupt Möglichkeiten dazu gab — selbst diese Entwicklungsplanung ist letztendlich daran gescheitert, daß sie die "freien Kräfte" des "freien Marktes" nicht wesentlich, sondern höchstens einmal versuchsweise und nur marginal einschränken durfte.

Die kommunale Praxis im Bereich der Bauleitplanung, in dem Bereich also, in dem Recht gesetzt wird, ist hier ein beredtes Beispiel. Und deshalb verwundert die Feststellung der Planerverbände nicht, die in ihrer Stellungnahme zum Entwurf des neuen Baugesetzbuches einen weiteren Abbau des Planungsgebotes im Sinne der Grundsätze und der **Bauleitplanung** beklagen:

"... Es wird vielmehr in zunehmendem Maße von den Möglichkeiten der §§ 34 und 35 BBauG Gebrauch gemacht, Baurecht außerhalb einer räumlich und inhaltlich umfassenden kommunalen Planung und ohne Legitimation durch Bürgerbeteiligung und Beschlußfassung im Gemeinderat zu verleihen. Der Bebauungsplan als das vom Gesetzgeber bestimmte Instrument, die Baurechtsverleihung der gemeindlichen Planungshoheit zu unterstellen, wird gemieden oder umgangen, weil das auf kurzfristige Entscheidungen ausgerichtete politische und wirtschaftliche Handeln weniger an einer sinnvollen Planung, sondern vielmehr an einer schnellen, unkomplizierten Erlangung von Baurecht interessiert ist (... Ausl. T.G.) Bestehende städtebauliche Mißstände werden verfestigt, Allgemeininteressen vernachlässigt." (11)

Diese Kritik stimmt auch heute noch, denn daß sich mit der Vereinfachung des Bauens durch die Entregelungen des BauGB auch gleichzeitig und automatisch die ebenfalls (insbesondere was den sorgsamen Umgang mit dem Boden betrifft) darin enthaltenen Anforderungen an die Umweltverträglichkeit der kommunalen Planungen durchsetzen, davon kann nicht ausgegangen werden, schon gar nicht, wenn man an die Lage der Bauindustrie denkt, die das BauGB in seinem Kern gerne als die rechtliche Grundlage für ein Konjunkturprogramm zu ihren Gunsten ansehen möchte. Aber: Trotz diesem Scheitern der Entwicklungsplanung in der Praxis sind von den seinerzeit eingerichteten Stadtentwicklungsämtern eine Reihe von Impulsen ausgegangen, die dazu geführt haben, daß dieses Thema nie ganz aus der Diskussion kam. Und daran kann die Diskussion um die ökologische Stadtentwicklung und Stadterneuerung heute direkt anknüpfen und sie sollte das auch gründlich und hartnäckig tun.

Utopien und realistische Alternativen

Wie sich dabei in der Praxis immer wieder zeigt, sind — neben dem allgemein gestiegenen und weiter zunehmenden Umweltbewußtsein — "grüne Scenarien" und "ökologische Utopien" ein nicht zu unterschätzender Motor. Und — ähnlich wie zur Zeit der damaligen Utopien — ist auch der derzeitige Prozeß in seinen beiden Phasen identifizierbar: Ausgangspunkt waren einzelne Ökohäuser auf der grünen Wiese, baubiologische Experimentierhäuser auf Universitätsgelände und vereinzelte Neubausiedlungen mit ökologischen Zielvorstellungen nicht nur zur Bauweise, sondern auch zu anderen Lebensweisen. Sehr bald allerdings und mit fließenden Übergängen verschob sich der Schwerpunkt der städtebaulich ausgerichteten Ökologiediskussion weg vom Haus nach der reinen Lehre hin zu der Frage, ob denn überhaupt, und wenn ja: wie die bis dahin entwickelten Vorstellungen zum ökologischen Bauen und Siedeln in bestehenden Siedlungen und vor allem in den Großstädten realisierbar seien — oder ob Ökologie nur etwas für Besser-Betuchte sei, die halt die Möglichkeit haben, sich eine heile Welt zu kaufen?

Diese Frage betraf die Glaubwürdigkeit der "Ökotekten" und alternativen Ingenieure direkt. Eine klare Antwort gibt es bis heute noch nicht und sie wird wohl auch noch einige Zeit auf sich warten lassen: zu vieles muß erst wieder neu erprobt werden, zu vieles läuft noch unter "ökologischer Maßnahme", was eigentlich eher als modische Veränderung zu charakterisieren ist, bzw. was seine tatsächliche ökologische Wirksamkeit erst noch unter Beweis zu stellen hat. Dennoch: Der Schritt von den "Stadterneuerungen in kleinen Schritten" und der "behutsamen Erneuerung" zur ökologischen Erneuerung ist längst nicht so groß wie der Sprung von der Dickens'schen Industriestadt zur Howard'schen Gartenstadt.

Im Gegensatz — besser: in Weiterentwicklung der Sichtweise von damals — ist heute auch bewußt, daß es nicht mehr darum gehen kann, neue Städte zahlreich zu gründen, sie in die Landschaft zu verteilen und die "häßlichen Städte" sich "gesundschrumpfen" zu lassen. Wenn man heute für die übergroße Mehrheit der Bevölkerung die Umwelt- und damit einen wesentlichen Teil der Lebensbedingungen verbessern will (neben z.B. der Humanisierung der Arbeitswelt), so muß es darum gehen, die bestehenden Städte und Siedlungen wieder wirtlich zu machen, sie zu "revitalisieren". Hier gilt es, die Erfahrungen mit den Sanierungen und Erneuerungen nach StBauFG und die der Maßnahmen im Rahmen von "Sonderprogrammen" (z.B. zur Wohnumfeldverbesserung, Verkehrsberuhigung . . .) gründlich auszuwerten. Dabei wird die Diskrepanz zwischen den teilweise sehr hohen Ansprüchen der geplanten Projekte und der Tatsache eine wichtige

Ökologische Stadterneuerung — Neue Dimension einer alten Aufgabe

Rolle einnehmen, daß diese Ansprüche (vor allem die sozial- und Mietpolitischen sowie die ökologischen) in ihrer Gesamtheit nur sehr selten durchgehalten werden konnten.

Die Notwendigkeit zu Sanierungs- bzw. zu Stadterneuerungsmaßnahmen besteht nach wie vor und wird immer drängender. Und mit dem wachsenden Umweltbewußtsein werden die Ansprüche an Stadterneuerung immer größer: Es reicht heute nicht mehr, sich nur für bessere Wohnungen einzusetzen: Der Lärm muß bekämpft werden, die Luftverschmutzung ist ein Thema mit der gleichen Brisanz wie die mangelnde Grünversorgung, soziale Probleme wie die Massenarbeitslosigkeit, der Umgang mit den ausländischen Mitbürgern oder die Mietsteigerungen sind genauso wichtig wie der Einstieg in eine neue Wasserhaushaltspolitik, in die Energiesparpolitik oder in flächenhafte Verkehrsberuhigungskonzepte.

Es liegt in der Logik der Entwicklung, daß heute der Ruf nach integrierter Planung mit neuen, ökologischen Argumenten überzeugender vorgebracht werden kann und muß: Heute geht es nicht mehr nur darum, den arbeitenden Menschen wieder den "Zugang zur Natur" zu verschaffen (das auch), im Kern geht es heute um die Aufgabe, Funktionen der Stadt prinzipiell zu definieren (etwa den Energiehaushalt, den Bodenverbrauch, den Wasserhaushalt...): Sie kann nicht länger als ein künstliches "Implantat" ohne Rücksicht auf Verluste weitergebaut werden. Denn diese Verluste haben die Städte inzwischen wieder eingeholt, indem sie die Grenzen der Belastbarkeit des Umlandes deutlich werden ließen und nicht nur die anstehenden Probleme sind das Ergebnis verschiedenster, miteinander und gegeneinander in Wechselwirkungen stehender Faktoren. Auch die inzwischen zusammengetragenen, meist von Einzeldisziplinen entwickelten und/oder aufgefrischten Detailkenntnisse und Handlungsmöglichkeiten bedürfen einer inhaltlichen und organisatorischen Integration, wenn sie ihre jeweils volle Wirksamkeit erreichen sollen.

Und deswegen sind grüne Utopien so interessant und wichtig: in unterschiedlichen Situation (baulich, räumlich, menschlich...) versuchen sie mit ebenso verschiedenen Methoden eine solche Integration möglichst vieler Lebensaspekte zu erreichen. Mit ihren meist sehr lebendigen Schilderungen wird der ansonsten eher abschreckend hohe Anspruch, den dieser planungstheoretische Begriff beinhaltet, praktisch nachvollziehbar und in seiner direkten Umsetzbarkeit deutlich.

In ihrer Studie "Ökopolis — Konzept für eine menschen- und umweltgerechte Stadt" haben Lutz und Krötz versucht, in einer Gegenüberstellung für die Stadt und das Land die wesentlichen Elemente einer grünen Utopie zusammenzufassen (s. Abb. 1 und 2, beide aus (12)).

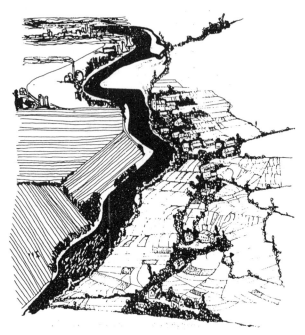

Abb. 1
Die Stadt wird ökologisch

Metropolis

Uniformierte, "gleichgeschaltete" Bebauung ohne Vielfalt

Anonymität und Isolation der Bewohner

Totale Bodenversiegelung und flächenhafte Struktur

Mikroklimatische Erfordernisse bleiben unberücksichtigt, großflächige Baufluchten, dadurch Windströmungen und Abkühlung

In der Stadt Natur nor noch im Blumentopf

Breite, befestigte Verkehrsflächen

Funktionstrennung und Zonierung

Vorherrschaft künstlicher technischer Systeme

Stadt als Maschine, losgelöst von Umgebung und Natur

Tendenziell "nekrophil"

Ökopolis

Vielfältige, kleinräumige Gestaltung zur Erhöhung der Erlebniswelt der Bewohner

Nachbarschaftliche Kooperation und Gemeinschaftsdienste

Wo immer möglich, Zurücknahme der Bodenversiegelung

Bebauung nach mikroklimatischen Gesichtspunkten: Frischluftschneisen und Klimazonen

Anlage und Gestaltung innerstädtisch artenreicher Biotope

Poröse, tragfähige Fahrbahnen

Integration von Wohnen und Arbeiten, produzieren und konsumieren

Schaffung von Lebensraum für Mensch, Pflanze und Tier

Stadt als bewußter, integraler Bestandteil des Ökosystems

Tendenziell "ökophil"

Ökologische Stadterneuerung — Neue Dimension einer alten Aufgabe

Abb. 2
Bauen als Umweltverbesserung

Metropolis

Große, auswuchernde Stadtgebiete, die die Landschaft auffressen

Aushungern der Peripherie durch die Zentren

Temperaturerhöhung und Klimabeeinträchtigung durch die Stadtzentren

Kraftwerke heizen die Flüsse auf und gefährden die Umwelt

Immer größere maschinenbearbeitbare Anbauflächen

Gerade, einfach vermeßbare Grenzen

Bodenerosion und Biotopzerstörung aufgrund fehlender Hecken und Schutzzonen

Begradigte Flußläufe und Nutzung als Entwässerungssystem

Landschaftsverbrauch durch Transport- und Verkehrsflächen

"International Style" homogene, überall identische Bau- und Stadtgestalt

Ökopolis

Landschaftlich angepaßte ökologisch unbedenkliche Siedlungsform

Balance zwischen Verdichtungsräumen und Provinz, Aufhebung des Stadt-/Land-Gegensatzes

Klimatologisch eingepaßte Bau- und Siedlungsformen

Dezentrale, ökologisch verträgliche Energieerzeugung (sonne, Wind etc.)

Kleinparzellige, landschaftsgemäße Anbauflächen

Topologisch orientierte Grenzziehung

Hecken, Nischen, Pufferräume für die Naturrevolution

Mäandrierende Flußläufe, damit die Regenerationsfähigkeit erhalten bleibt

Optimierung der Funktionszuordnung, damit die Verkehrsfläche minimal bleibt

Regional differenzierte, lokal und historisch adäquate Gestaltung

Tomas Grohé

Für den innerstädtischen Bereich hat Seeler auf einem Kolloquium der Evangelischen Akademie in Loccum folgendes Scenario vorgetragen:

"Stellen sie sich bitte ein typisches Altstadtquartier in der Großstadt vor: etwa 4- bis 5geschossige Häuser. Der übliche rechteckige Häuserblock ohne Vorgärten und Grundstücke vor dem Haus, irgendwann um die Jahrhundertwende erbaut. Im Erdgeschoß Läden, Kneipen und Werkstätten, oben Wohnungen.

In diesem Häuserblock (...) ist schon auf den ersten Blick vieles anders: Die Fassaden sind bis unter die Dachkante hinauf grün berankt. An der Nord- und Westseite Efeu, im Süden und Osten wilder Wein, dazu üppig blühende Glyzinen. Die Balkone zu Lauben zugerankt oder zu Wintergärten verglast. Auch vor den Fenstern kristallne, gläserne Vorbauten — Sonnenfallen also. Auch der größte Teil der Dächer ist aus Glas. Dahinter und darunter viel Grünes. Über die Dachkante ragt hier und dort ein Mast mit einer leise rotierenden Windmühle.

Im Hof emsiger Betrieb. Auch hier das übliche Gründerjahrambiente: Fabrik und Gewerbegebäude; aber auch diese merkwürdig verfremdet. Viel Grünes an Wänden, Mäuerchen, in Ecken und Nischen, hier ein Holunder, dort ein Flieder. Auf einer größeren Fläche ein regelrechter Garten. Daneben eine Kompostieranlage, auf dem Dach der Fabrik die Blockgärtnerei, ein Gewächshaus, darunter die Blockwerkstatt: Tischlerei, Schlosserei, Klempnerei, Elektrowerkstatt. Auch hier viel Betrieb. In den Häusern gibt es viel zu renovieren, umzubauen. In einem anderen Gebäude die Bildungswerkstatt. Über 40 junge Leute werden hier ausgebildet zum Tischler, Klempner und Zweiradschlosser. In einer sonnigen Ecke, in einer ehemaligen Schokoladenfabrik, das Kinderhaus. Drei Etagen Spielraum, unten im Erdgeschoß der Mütterladen, wo sich die Stillgruppe jeden Nachmittag trifft. Im Anbau die erste Kinderwohnung — nur von Kindern bewohnt. In der anderen Blockecke der Café-Garten, dahinter das auch von der Straße zugängliche kleine Café. Auf dem Nachbargrundstück stapeln sich Kisten, Gemüse in Fülle. Die Verteilungsstelle für Überlebensmittel. Lauter Produkte der Biogärtner und Biobauern aus der Umgebung. Im Nebenhaus der Bio-Bäcker. An der Ecke der Widerstandsladen. Hier treffen sich die Friedensinitiative, die Bürgerinitiative Umweltschutz, die Initiative gegen Stadtautobahn. Hier befindet sich auch die Beratungsstelle für Wehrdienstverweigerer.

In einem ehemaligen Kino die "Dezentrale für autonome Medien" — eines der wichtigsten Dienstleistungszentren im Quartier. Hier befindet sich eine Kleinoffsetdruckerei für Flugblätter, Plakate und sonst anfallendes Schriftgut. Eine Lumbeck-Anlage zum Bücher einbinden, eine transportable Video-Anlage, mit der die Stadtteilwochenschau und andere Dokumentationen produziert werden, ein Fotolabor, ein Tonstudio, eine Siebdruckanlage für Aufkleber und Ansteckknöpfe, eine Buttonmaschine. Das ganze ist gruppiert um einen Vorführraum für Video, Film und Dias.

In dieser autonomen Medienwerkstatt werden all diejenigen Medien hergestellt, mit denen die Blockbewohner ihre Gedanken, Erfahrungen, Meinungen und politischen Forderungen adie Öffentlichkeit bringen: Flugblätter, Plakate, Video-Tapes und Ton-Kassetten, Tragetaschen, Meinungsknöpfe, Aufkleber, Miniplakate für Laternenpfähle und Ampelmasten, Postkarten, Dia-Serien, Fotoausstellungen, Bücher, Broschüren und vieles andere mehr. für die Bewohner erschwinglich und frei von Staats- und Parteieneinfluß — die demokratischen neuen Medien.

Im Aufbau befinden sich noch ein Fahrradselbsthilfeladen, ein Frauentreff mit Beratungsstelle, ein deutsch-ausländisches Kulturzentrum.

Der größte Teil dieses Häuserblocks gehört der Ökogenossenschaft "Sonnenaufgang". Diese Genossenschaft gehört den Bewohnern und Grundeigentümern dieses Blocks. Sie haben gemeinschaftlich mit der ökologischen Modernisierung ihres Lebens- und Wohnquartiers begonnen und damit hat für diese Menschen und für diesen kleinen Teil der Stadt auch eine grundlegende Veränderung begonnen. Dieses Stück Stadt ist ein wenig menschlicher, ein wenig umweltfreundlicher geworden; und dies sind die sichtbaren Folgen:

— Dies ist der erste Großstadthäuserblock, in dem sich alle — aber auch wirklich alle — Bewohner persönlich kennen. Drei Jahre nach Beginn dieses Projektes gibt es in diesem Block keinen arbeitslosen Jugendlichen mehr.

— Auch die übrige Arbeitslosigkeit liegt hier weit unter dem Durchschnitt. Allein in den neu gegründeten Unternehmungen innerhalb des Blocks sind inzwischen mehrere Dutzend Arbeitsplätze geschaffen worden.

— Auch die Zahl der Sozialhilfe- und Wohngeldempfänger ist zurückgegangen.

Dies sind nur einige äußere Indikatoren. Die wirklichen Veränderungen lassen sich am Wohlbefinden der Bewohner ablesen. Es gibt keinen, der sagen würde, er wäre noch einsam und auch keine Mutter und kein Vater, der nicht wüßte, wer ihre Kinder behütet, wenn sie mal wegwollen. Es gibt keinen, der nicht wüßte, mit wem er reden könnte, wenn ihm danach zumute ist.

Und die ökologische Bilanz:

— Der Heizenergieverbrauch im ganzen Block ist um mehr als 2/3 zurückgegangen;

— der Wasserverbrauch um die Hälfte;

— das Regenwasser wird in Toiletten und Waschmaschinen geleitet. Was dann noch bleibt, wird für Teiche, Gewächshäuser und Gärten verwendet;

— sobald die Finanzierung gesichert ist, wird die herkömmliche Heizung durch eine Wärmekraftkopplung (Gasmotor, der Strom erzeugt und dessen Abwärme zum Heizen verwendet wird) ersetzt werden. Noch haben auch die Verhandlungen mit dem örtlichen Elektrizitätswerk nicht zum Erfolg geführt;

— aus dem tristen Gewerbehinterhof ist ein blühender Garten geworden, in dem wieder ein gutes Dutzend Singvögel heimisch ist. Auf einem Dach werden Bienen gehalten;

— im Vergleich zur Stadtumgebung hat sich das Klima in diesem Block verändert. Die Temperaturdifferenzen sind gemäßigter. Die Luftfeuchtigkeit leicht angestiegen, der Luftsauerstoff reicher und frischer;

ein wachsender Anteil an frischem Gemüse, Kräutern und Blumen wird in der Blockgärtnerei in Dachgewächshäusern auf Balkonen erzeugt." (13)

Die neue Dimension

Ausgangspunkte

Der Rat von Sachverständigen für Umweltfragen formulierte in seinem "Umweltgutachten 78" folgende generelle Anforderung:

Entscheidend sei es, "menschliche Umwelt als ökologisch strukturelles Wirkungsgefüge zu erfassen und im Hinblick auf nachhaltige und ökologisch optimale Nutzung zu sichern und neu zu gestalten." (14)

Vor dem Hintergrund der Entwicklung in der Umwelt und im Bereich der Umweltpolitik war diese Forderung noch eher zurückhaltend formuliert:
Das auch vor zehn Jahren schon vorhandene Wissen um die Situation in der Umwelt, um die vielfältigen Abhängigkeiten und Wechselwirkungen, die dieses sensible System Umwelt ausmachen und daß die zahlreichen negativen Erscheinungsformen zumeist das Ergebnis menschlichen Tuns sind, hätte ausgereicht, sehr viel präzisere und härtere Forderungen zu stellen. Dies insbesondere deshalb, weil angesichts der gegebenen wirtschaftlichen und politischen Machtverhältnisse relativ deutlich vorherzusehen war, daß die Entwicklung im Prinzip weiterhin zu Lasten der Umwelt verlaufen würde. Aber hier einen Riegel vorzuschieben, war wohl nicht Aufgabe dieses Gremiums. Dies ist eine Frage, die politisch entschieden werden muß. Und wie immer, muß es erst zu konkreten Schädigungen größeren Ausmaßes kommen, bevor die alte Tendenz, alle (auch grundsätzlichen!) Probleme zu individualisieren, aufgegeben wird und sich die Einsicht breit macht, daß hier doch etwas Grundsätzliches verändert werden muß. In der Zwischenzeit haben sich solche Ereignisse leider immer wieder ereignet. In der Zwischenzeit ist auch das Umweltwissen und mit ihm das Umweltbewußtsein in weit größeren Kreisen der Bevölkerung erheblich gestiegen (immer wieder sprunghaft vorangetrieben von den Umweltskandalen und Katastrophen der letzten Jahre). Und es sind noch andere Faktoren dazu gekommen, wie etwa die Forderungen von seiten der Gewerkschaften und politischer Parteien, die langjährige Massenarbeitslosigkeit z.B. mit Investitions- und Beschäftigungsprogrammen für Umweltschutzmaßnahmen abzubauen.

Die Probleme, die sich auf der Ebene der Städte und Gemeinden inzwischen angesammelt haben, sorgen dafür, daß sich der Schwerpunkt der allgemeinen Ökologiediskussion auf die Stadtökologie konzentriert. Einen letzten starken Ruck in diese Richtung brachte die Diskussion um das Baugesetzbuch und die UVP. Dennoch ist das Ergebnis der bisherigen Entwicklung eher ernüchternd: Außer, daß sich überall etwas tut, daß im fachlichen wie im politischen Raum die Diskussion weiter anhält und in zahlreichen Einzelfällen praktische Erfahrungen gesammelt wurden und werden, die aber in der Regel noch zu sehr das Ergebnis der Ausdauer und der Aktivitäten von Einzelkämpfern sind und so selbst als "Projekte zum Anfassen" noch eher auf Skepsis denn auf Lust zum Nacheifern stoßen, außer all dem hat sich nichts Grundsätzliches getan. Jedenfalls sind z.B. die Grundsätze des BNatSchG immer noch nicht zu den Grundsätzen der gemeindlichen Bauleitplanung geworden; z.B. ist eine UVP noch nicht zwingend vorgeschrieben (in welcher Form auch immer, sie muß sowieso von Fall zu Fall anderes beinhalten und andere Formen und Verfahren benutzen) und so bleibt vorerst beim 'gerechten Abwägen' der wirtschaftlichen und der Umweltbelange die Umwelt meist immer noch auf der Strecke.

Umso wichtiger sind deswegen in dieser Situation die gen. praktischen Erfahrungen, die auswertbar vorliegen. Wenn schon auf den oberen Planungsebenen und in der Gesetzgebung nicht viel Positives (weil nicht an die Wurzel gehend) geschieht, kann die Ökologisierung des Alltagsgeschäftes dieses Minus wettmachen helfen. Dazu bedarf es aber einer Vermittlungsform, die ihnen das absolut einmalige nimmt, die die verallgemeinerbaren Konsequenzen deutlich macht und die solche Arbeiten auch als etwas hinstellt, das den Alltag bereichert und das bisherige Routinegeschäft langweilig werden läßt. Letztlich ist nämlich die kommunale Planungstätigkeit, der konkret gestaltende und entwickelnde, auf jeden Fall aber Eingriffe mit sich bringende Umgang mit der Stadt als Ökosystem der entscheidende Faktor im Guten wie im Schlechten. Und das wissen die Gemeinden, denn sie spüren ja den Druck des gestiegenen Umweltbewußtseins am direktesten, weil das Interesse an einer gesunden Alltagswelt naturgemäß da am größten ist, wo man wohnt und arbeitet, wo Kinder spielen können sollen, wo ältere Menschen ihren Lebensabend verbringen.

Dieser direkte Handlungsdruck zwingt zu entsprechenden Aktivitäten, insbesondere dazu, die Städte wieder wirtlich zu machen. Nicht umsonst steht der Aufgabenbereich "Umwelt" bei den meisten Städten und Gemeinden für die nächsten 10 (!) Jahre an erster Stelle. Womit wir wieder bei der ökologischen Stadterneuerung wären. Übersetzt man die o. zit.

Forderung des Sachverständigenrates in die Planersprache, so kann man sagen, daß ökologische Stadterneuerung der Begriff für diejenigen Aktivitäten ist,

— die bei der Erneuerung des Bestandes, bei Modernisierung, Renovierung und Sanierung, selbst bei Abriß, Rück- oder Umbau auf der Kenntnis von ökologischen Wirkungszusammenhängen aufbauen,

— die Ziel und Zweck sowie Art und Maß aller Einzelmaßnahmen daran messen, ob sie nicht nur den Menschen Nutzen bringen, sondern auch mit den bisher bekannten Naturgesetzen in Einklang zu bringen sind,

— d.h., daß sie keine schädlichen Eingriffe in den Naturhaushalt darstellen,

— sondern im Gegenteil dazu beitragen, die Umwelt zu entlasten und die angestrebten Umweltverbesserungen zu erreichen.

Dabei wird es schwer fallen, dies als absolute Ansprüche zu formulieren, denn ökologisches Planen und Bauen ist eine menschliche Tätigkeit und keine Handlungsmaxime an sich. Im Vergleich zur Natur, die nur nach Naturgesetzen "handeln" kann, hat der Mensch auch andere Alternativen. Deshalb unterliegt auch ökologisches Handeln grundsätzlich dem immer nur relativen, positiv ausgedrückt: dem sich ständig weiterentwickelnden Wissensstand über ökologische Zusammenhänge. Insofern muß auch ökologisches Planen und Bauen flexibel sein, immer wieder aufs Neue die sich ändernden gesellschaftlichen Bedürfnisse, Nutzungsansprüche auf ihre Notwendigkeit und Umweltverträglichkeit überprüfen.

Dabei ist, was ökologisch sinnvoll ist, prinzipiell eine Frage des Standpunktes:

"Gesetzt den Fall, eine Stubenfliege vermöchte sich eine Meinung über ihre Umwelt zu bilden — und wer wollte seine Hand dafür ins Feuer legen, daß sie es wirklich nicht kann? — so würde die Stubenfliege das Fehlen faulenden Fleisches in der Stube als existentielle Zumutung empfinden und von ordentlichen ökologischen Verhältnissen erst dann wieder reden mögen, wenn sich die Katze unter dem Sofa erbricht und damit eine Fülle von Naturressourcen verfügbar macht." (15)

Ökologische Stadterneuerung ist anthropozentrisch, das Wohlbefinden der Menschen im weitesten Sinne des Wortes steht im Mittelpunkt des Interesses. Das aber beinhaltet, daß neben der kurzfristigen Reparatur von Umweltschäden die langfristige Sicherung der natürlichen Lebensgrundlagen auf der Zielliste ganz oben steht und alles, was der Mensch tut oder läßt ist letztlich eine Beeinflussung seiner Lebensgrundlagen.

Für diesen Teil der Aufgabe, die Städte ökologisch zu erneuern, liefert das Bundesnaturschutzgesetz (BNatSchG) präzise Vorgaben:

"Ziele des Naturschutzes und der Landschafspflege
(1) Natur und Landschaft sind in besiedeltem und unbesiedeltem Bereich so zu schützen, zu pflegen und zu entwickeln, daß
1. die Leistungsfähigkeit des Naturhaushalts,
2. die Nutzungsfähigkeit der Naturgüter,
3. die Pflanzen- und Tierwelt sowie
4. die Vielfalt, Eigenart und Schönheit von Natur und Landschaft
als Lebensgrundlagen des Menschen und als Voraussetzung für seine Erholung in Natur und Landschaft nachhaltig gesichert sind."

Inwieweit eine Aufhebung der Einschränkung dieser Ziele auf den Naturschutz und die Landschaftspflege rechtlich zu vollziehen ist, mag dahingestellt bleiben. In der Praxis jedenfalls greift die "Ökologisierung der Fachplanungen" Platz. In immer mehr Abwägungsprozessen (§ 1 (2) BNatschG: "Die sich aus Absatz ergebenden Anforderungen sind untereinander und gegen die sonstigen Anforderungen der Allgemeinheit an Natur und Landschaft abzuwägen.") setzen sich einzelne oder mehrere der "Grundsätze des Naturschutzes und der Landschaftspflege" durch, wie sie § 2 des BNatschG festhält:

"(1) Die Ziele des Naturschutzes und der Landschaftspflege sind insbesondere nach Maßgabe folgender Grundsätze zu verwirklichen, soweit es im Einzelfall zur Verwirklichung erforderlich, möglich und unter Abwägung aller Anforderungen nach § 1 Abs. 2 angemessen ist:
1. Die Leistungsfähigkeit des Naturhaushalts ist zu erhalten und zu verbessern; Beeinträchtigungen sind zu unterlassen oder auszugleichen.
2. Unbebaute Bereiche sind als Voraussetzung für die Leistungsfähigkeit des Naturhaushalts, die Nutzung der Naturgüter und für die Erholung in Natur und Lanschaft insgesamt und auch im Einzelnen in für ihre Funktionsfähigkeit genügender Größe zu erhalten. In besiedelten Bereichen sind Teile von Natur und Landschaft, auch begrünte Flächen und deren Bestände, in besonderem Maße zu schützen, zu pflegen und zu entwickeln.
3. Die Naturgüter sind, soweit sie sich nicht erneuern, sparsam zu nutzen; der Verbrauch der sich erneuernden Naturgüter ist so zu steuern, daß sie nachhaltig zur Verfügung stehen.
4. Boden ist zu erhalten; ein Verlust seiner natürlichen Fruchtbarkeit ist zu vermeiden.
5. Beim Abbau von Bodenschätzen ist die Vernichtung wertvoller Landschaftsteile oder Landschaftsbestandteile zu vermeiden; dauernde Schäden des Naturhaushalts sind zu verhüten. Vermeidbare Beeinträchtigungen von Natur und Landschaft durch die Aufsuchung und Gewinnung von Bodenschätzen und durch Aufschüttung sind durch Rekultivierung oder naturnahe Gestaltung auszugleichen.
6. Wasserflächen sind auch durch Maßnahmen des Naturschutzes und der Landschaftspflege zu erhalten und zu vermehren; Gewässer sind vor Verunreinigungen zu schützen, ihre natürliche Selbstreinigungskraft ist zu erhalten oder wiederherzustellen; nach Möglichkeit ist ein rein technischer Ausbau von Gewässern zu vermeiden und durch biologische Wasserbaumaßnahmen zu ersetzen.
7. Luftverunreinigungen und Lärmeinwirkungen sind auch durch Maßnahmen des Naturschutzes und der Landschaftspflege gering zu halten.
8. Beeinträchtigungen des Klimas, insbesondere des örtlichen Klimas, sind zu vermeiden, unvermeidbare Beeinträchtigungen sind auch durch landschaftspflegerische Maßnahmen auszugleichen oder zu mindern."

Das hat für den ökologisch denkenden und handelnden Planer einige mühsame Konsequenzen:

— er muß sich ständig nicht nur mit neuen/anderen Nutzungsanforderungen auseinandersetzen, er kommt kaum noch darum herum, sich sogar mit anderen Fachplanungen zusammenzusetzen, sich in ihre Probleme hineinzuversetzen und dann gemeinsam nach gemeinsamen Lösungen zu suchen;

— er sollte sich ständig auf dem Laufenden halten, um den jeweils neuesten Stand des Wissens berücksichtigen und in den Entscheidungen zur Geltung bringen zu können;

— er sollte ein solches Maß an Flexibilität und Entscheidungsmut haben (und mit ihm natürlich die politischen Entscheidungsträger!), daß es kein Problem mehr ist, aufgrund neuer Erkenntnisse auch bereits gültige Pläne zu ändern, d.h. fortzuschreiben.

Anders als bei der Gartenstadtidee ist im Rahmen ökologisch orientierter Stadterneuerung eine Beschränkung auf mehr Grünfläche pro Einwohner unzulässig (wenngleich dies, würde es real durchgesetzt, schon eine erhebliche Verbesserung mit sich brächte!) — heute ist dies eine unter verschiedenen Fragen. Heute liefert stadtökologisches (Problem-) Wissen Hinweise, die nicht nur die Planung verändern, sondern bis hin zu Produktionsänderung oder gar Produktverboten (vgl. Asbest) reichen.

Aufgabenstellung

Diese neue Dimension der alten städtebaulichen Aufgabe Stadterneuerung bringt folgende Veränderungen mit sich:

1. Ökologische Stadterneuerung ist nicht mehr reaktives Anpassen baulicher Strukturen an periodisch sich wandelnde Nutzeransprüche oder Leitbilder.

Deren wechselhafte Geschichte ist ja manchmal kaum noch nachzuvollziehen, so schnell haben sie sich geändert. Etwas übertrieben gesagt war es doch manchmal so, daß die reine Bauzeit einzelner Projekte länger dauerte als Aufstieg und Niedergang des zugrunde liegenden Leitbildes. Jedenfalls ging es auch den Leitbildern, die in der Geschichte der BRD für den Städtebau von Bedeutung waren, im Prinzip nicht anders, als den anfangs beschriebenen "Idealvorstellungen": sie wurden in jedem Fall nur bruchstückhaft in die Realität umgesetzt, was sicher heute von Vorteil ist, wenn man daran denkt, wie die Städte heute aussähen, hätte sich z.B. die "autogerechte Stadt" total durchgesetzt.

Eine solche Modeerscheinung eines unsicheren Zeitgeschehens kann allein schon vom Wort her die "ökologische Stadt" nicht sein: beinhaltet dieser Anspruch doch, daß die Stadt nicht ein ewig gültiger Status quo ist, sondern als ein spezielles Ökosystem unter diversen anderen anzusehen ist. Das aber bedeutet, daß Stadt wesensmäßig etwas sich änderndes ist, etwas in Entwicklung befindliches und daher auch "nur" ein dynamisches Gleichgewicht in sich und in den Beziehungen zur umgebenden Natur haben kann. Diese Natureingebundenheit der Stadt ist dabei diejenige Determinante, die für Nutzungsrealisierung und Raumgestaltung in der (künftigen) Stadt relativ enge Grenzen setzt, weil eben Stadt nicht absolut gilt, sondern immer Teil des Naturganzen und der darin entsprechend den Naturgesetzen ablaufenden Prozesse bleibt. Da das menschliche Wissen über diese Naturgesetze sich ständig erweitert, ist voraussehbar, daß sich auf der Ebene der Erscheinungsformen sicher auch das eine oder andere verändern wird, etwa so, wie sich ein Ökosystem und seine Einzelfaktoren auf neue objektive Bedingungen einstellen werden. Diese Veränderungen werden aber nicht das Wesen der ökologischen Stadt verändern — so jedenfalls der Anspruch —, sondern werden das Verhältnis zur Natur nur weiter verbessern in Richtung auf eine Symbiose.

Diesem Anspruch folgend versucht ökologische Stadterneuerung funktions- und zeitübergreifend
+ die vielfältigsten Nutzungsmöglichkeiten in der Stadt zu gewährleisten
+ dabei die allgemeinen Lebensbedingungen insgesamt zu verbessern
+ gleichzeitig zur Entlastung der Umwelt und des Umlandes beizutragen, indem sie die in der Stadt selbst und ihrer konkreten Existenzweise begründeten Ursachen beseitigt (Raubbau an Naturressourcen zur Versorgung wie zur Entsorgung, Bodenverbrauch, Flächenverschwendung...).
Sie verfolgt das Ziel, eine Stadt zu entwickeln, die nicht mehr als ein Fremdkörper in der Landschaft und als ein Parasit im Naturhaushalt existiert, sondern die sich als ein Subsystem unter vielen einreiht in den natürlichen Kreislauf ("Symbiose zum beiderseitigen Vorteil").

Die Überwindung des Stadt-Land-Gegensatzes ist zu einer Überlebensfrage für die Stadt geworden:

Sie kann nicht länger Rohstoffe importieren (sauberes Wasser, saubere Luft, Energie, Rohstoffe zur Verarbeitung...) und im Gegenzug nur ihren Abfall exportieren (Abgase, Schmutzwasser, Kühlwasser, Müll und Reststoffe...). Die ökologischen Grenzen einer weiteren Belastung der Natur sind sichtbar geworden. Und der beste Beitrag, die Umwelt zu entlasten, ist nicht der, Naturschutzgebiete im Außenbereich und Naturdenkmäler im Innenbereich auszuweisen, sondern der, die Ursachen der Belastung zu beseitigen. Der beste Beitrag zur Entlastung des Umlandes der Städte ist der, in den Städten selbst für gesunde Lebensbedingungen zu sorgen:

+ Städte müssen klimagerecht sein

Das bedeutet: sie haben gute Durchlüftungsverhältnisse, es gibt keine wirksamen Wärmeinseln und keine Kaltluftstaus, es sind Strukturen vermieden, die zu Inversionsbelastungen führen können. Es gibt viele Freiräume, einen hohen Grünanteil mit den entsprechenden positiven Wirkungen von Grünflächen für die Versickerung/Verdunstung von Niederschlagswasser, für die Schaffung von Lebensräumen für Tiere und Pflanzen, für die Reaktivierung des Bodens als Träger der natürlichen Reproduktion und Remineralisierung, als Wasserfilter und Wasserspeicher...

+ Städte müssen emissionsarm sein

Das bedeutet: es wird energiesparend gebaut, die Sonnenenergie wird so weit wie möglich genutzt, Fernwärme und Wärme-Kraft-Kopplung, Abwärme aus Produktion und andere endogene Energiepotentiale werden in einem Energieversorgungskonzept optimiert. Das Stichwort Verkehrsberuhigung ist nicht mehr ein Schlagwort für gezielte Maßnahmen zur

Steigerung der Wohnwerte bestimmter Gegenden (zusammen mit den Wohnumfeldverbesserungsmaßnahmen), sondern ein Prinzip zur Steuerung der Verkehrsentwicklung generell: Ausbau des ÖPNV, der Fahrradfahrmöglichkeiten und Zurückdrängung des individuellen Pkw-Verkehrs auf das nachweisbar notwendige Minimum, Ausbau von Fußwegeverbindungen (im Grünsystem) und Wieder-Dezentralisierung von Versorgungseinrichtungen zur Minimierung notwendiger Verkehrswege.

+ Städte müssen den sozialen Erfordernissen gerecht werden

Das bedeutet: Arbeitslosigkeit und Armut werden aktiv abgebaut (kommunale Beschäftigungspolitik), es ist ausreichend Wohnraum zu tragbaren Preisen da für alle Ansprüche. Bau und Gestaltung von Häusern sind so gehalten, daß sie die Kommunikation zwischen den Menschen und Gruppen fördern, soziale Segregation und Ghettobildungen werden aktiv bekämpft; es gibt genügend Verhaltens- und Bewegungs(spiel)räume für alle Altersgruppen. Die Vielfältigkeit des städtischen Lebens ist in allen ihren Teilen erlebbar und nicht nur eine statistische Tatsache. Durchmischung von verschiedenen Funktionen macht das Leben wieder reich an Reizen, vielfältig an Erlebnismöglichkeiten. Stadt wird wieder lebendiger Kulturraum und bleibt nicht länger Produktionszentrum, Verkaufsfläche und Zentrum kommerzieller 'Kultur'.

2. Ökologische Stadterneuerung ist nicht mehr Planung von oben herab. Vielmehr ist sie, wenn sie wirklich kurzfristig überzeugen und damit langfristig wirksam werden will, auf die aktive Mitwirkung aller Beteiligten angewiesen. Dies bedeutet weit mehr, als die bisher rein formal geübte Bürgerbeteiligung ("nach 2a"), es bedeutet auch mehr, als lediglich die Akzeptanz zu erhöhen. Das heißt, die Entscheidungsprozesse müssen tatsächlich öffentlich gemacht und demokratisiert werden, Konflikte und Probleme dürfen nicht mehr verschwiegen und unterdrückt werden, sondern müssen offen zum Austragen kommen. Dies deshalb, weil fast alle ökologisch sinnvollen Maßnahmen mehr oder weniger stark in die Gewohnheiten der Menschen eingreifen und dort Veränderungen erforderlich machen, die oft nur über eine länger andauernde rationale Steuerung und Anleitung erreichbar sind. Aber, das objektiv Richtige oder Sinnvolle kommt halt nur dann zur Geltung, wenn der "subjektive Faktor" mitmacht. Abstrakt gesehen funktioniert das etwa so:

	Die objektive Richtigkeit und Sinnhaftigkeit einer Maßnahme
bedarf der	subjektiven Wahrnehmung und Aneignung,
um dann zu einer	spezifischen Form der Identifikation des Subjekts mit der Maßnahme zu führen.
Dies bringt	Veränderungen im privaten und öffentlichen Interaktionsbereich,
was wiederum Anlaß sein kann	für Modifikationen der Maßnahme selbst
oder zur	Einleitung von anderen Maßnahmen im funktionalen/sozialen Umfeld.
Darüber variiert	die Intensität von Aneignung und Identifikation von neuem
und führt zu einer	anderen ▶

Die Akzeptanz bei Bürgerin und Bürger kann also nicht mehr nur gewollt werden, weil sie die Entscheidungsgänge und das Verwaltungshandeln erleichtern kann, sondern weil sie entscheidende Voraussetzung dafür ist, daß ökologische Maßnahmen nicht nur versuchsweise in die Tat umgesetzt werden, sondern überhaupt die Chance erhalten, das Versuchsstadtium zu überleben und zu einer neuen Alltäglichkeit zu werden.

3. Ökologische Stadterneuerung ist nicht länger Ressortzuständigkeit Einzelner. Vielmehr ist sie querschnittsorientiert, arbeitet interdisziplinär (= ämterübergreifend) und versucht, zu integrierten Konzepten zu kommen (16). Sie orientiert sich u.a. an den drei Grundprinzipien des Umweltschutzes:

+ Verursacherprinzip (= aktiver Umweltschutz an der Quelle der Umweltbelastungen
+ Vorsorgeprinzip (= Vermeidung vor Verminderung, Verminderung vor Substitution)
+ Kooperationsprinzip (= grundsätzlicher und intensiver Informationsaustausch mit allen Beteiligten und Betroffenen).

Sie versucht, das "ökologische Dilemma" der ständigen Defensive, des immer nur Reagieren- und/oder Reparieren-Dürfens zu überwinden und zu einer agierenden, prophylaktisch wirksamen und offensiven Entwicklungsstrategie zu werden (17).

Handlungsmöglichkeiten

Neben einer kaum überblickbaren Zahl von konkreten Maßnahmen (vgl. Tab. 1 aus (18) und Tab. 2 (19)) sind die Städte und Gemeinden von der Sache her gezwungen, eine Reihe von Voraussetzungen zu schaffen, damit die durchgeführten Einzelmaßnahmen auf Dauer sinnvoll zusammengespielt werden können.

Tabelle 1
Städtebauliche Handlungsfelder im Bereich Stadtökologie und umweltgerechtes Bauen

1) Bodenschutz
   a) Freihalten von Flächen von baulicher Nutzung
   b) Berücksichtigung der Bodenqualität und Bodenfunktionen bei der Ausweisung neuer Bauflächen
   c) Ausführung von Bauvorhaben in flächensparender Bauweise
   d) Förderung verträglicher Mehrfachnutzungen von Bauflächen und Bauvorhaben
   e) Sicherung von Umweltschutzanforderungen (z.B. Festlegung nicht überbaubarer und nicht zu versiegelnder Grundstücksanteile) bei Bauflächen und Bauvorhaben
   f) Förderung einer zügigen Neunutzung und Nutzungsverdichtung brachliegender und baulich untergenutzter Flächen ("Flächenrecycling") als Vorsorgemaßnahme gegenüber der zusätzlichen Inanspruchnahme bisher baulich nicht genutzter Flächen
   g) Sanierung kontaminierter und brachliegender Flächen
   h) Rückbau und Reaktivierung des Bodenlebens bisher versiegelter Flächen

2) Stadtklima
   a) Freihalten stadtklimatisch bedeutsamer Ausgleichsflächen von der Bebauung (Erhaltung großer innerstädtischer Freiflächen und Frischluftschneisen)
   b) Gliederung und Gestaltung von Freiflächen und bebauten Flächen zur Verstärkung ihrer stadtklimatischen Funktionen (Begünstigung des Frischluftaustausches, Erhöhung der Luftfeuchte, Verringerung von Temperaturschwankungen, Orientierung an Hauptwindrichtung und Himmelsrichtung)
   c) Erhaltung und Erhöhung des innerstädtischen Grünanteils
   d) Förderung von Dach- und Hausgärten, Dach- und Fassadenbegrünung

3) Wasserhaushalt
   a) Erhaltung und Erweiterung des Anteils der für die Versickerung von Niederschlägen geeigneten Flächen (Begrenzung und Verringerung des Versiegelungsgrades)
   b) Erhaltung und Sicherung von Vorranggebieten für die Wassergewinnung
   c) Förderung des sparsamen Wasserverbrauchs bei privaten Haushalten und Gewerbebetrieben durch bauliche Maßnahmen (wassersparende Armaturen, Kreislaufnutzung von Brauchwasser)
   d) Vorreinigung und dezentrale Versickerung von Brauchwasser
   e) Erprobung der Möglichkeiten dezentraler und naturnaher Abwasserreinigungskonzepte (Pflanzenkläranlage)
   f) Sanierung und Neugestaltung vorhandener Kanalisations- und Abwasserreinigungssysteme (Beseitigung von Leckagen an Kanälen, Sanierung von Regen- und Mischwasserüberläufen, Bau von Regenwasserrückhaltebecken, Verbesserung der Reinigungsleistung von Kläranlagen)
   g) Vermeidung von Gewässerbelastungen durch kleingärtnerisch und landwirtschaftlich genutzte Flächen
   h) Renaturierung von Fließgewässern, Teichen und Pfuhlen

4) Luftreinhaltung
   a) Berücksichtigung der Möglichkeiten passiver Solarenergienutzung und der Verringerung klimatisch bedingter Wärmeverluste von Gebäuden bei der Bauleitplanung und Objektplanung
   b) Verringerung des Wärmebedarfs von Wohn-, Gewerbe- und öffentlichen Gebäuden durch Verbesserung des baulichen Wärmeschutzes und des Wärmespeichervermögens

c) Wahl regenerativer und emissionsarmer Energieträger bei der Gebäudeheizung
d) Erhöhung des Wirkungsgrades bei der Energieerzeugung (Kraft-Wärme-Kopplung, Wärmerückgewinnung)
e) Durchsetzung planungsrechtlicher Vorgaben zur Begrenzung und Verminderung von Luftschadstoffemissionen
f) Förderung der emissionsseitigen Sanierung von Gewerbebetrieben, insbesondere im Bereich von Gemengelagen
g) Vermeidung des Entstehens neuer Zielpunkte mit hohem motorisiertem Individualverkehrsaufkommen (insbesondere großflächige Verbrauchermärkte im städtischen Umland)
h) Förderung des Angebots an geringer luftbelastenden Verkehrsmitteln (Fuß- und Radverkehr, öffentlicher Personennahverkehr, Verbundsysteme von Individual- und öffentlichem Personennahverkehr)
i) Verkehrsberuhigung
j) Parkraumbewirtschaftung

5) Schallschutz
a) Verbesserung des internen Schallschutzes von Gebäuden
b) Nutzung baulicher Abschirmungen bei der planerischen Gestaltung und Sanierung gemischt genutzter Gebiete und städtebaulicher Gemengelagen
c) Berücksichtigung und Sicherung hinreichender Abstandsflächen zwischen Wohn- und geräuscherzeugenden Gewerbe- und Freizeitnutzungen sowie Verkehrswesen
d) Verkehrsberuhigung
e) Verwendung geräuschmindernder Straßenbeläge
f) Verbesserung und stadtgestalterische Einbindung des passiven Schallschutzes insbesondere an hochbelasteten Verkehrwegen, soweit sonstige Schallschutzmaßnahmen nicht hinreichend wirksam oder anwendbar sind

6) Wohnumfeldverbesserung
a) Erhaltung und Verbesserung des Grünbestandes auf Wohn-, Gewerbe- und öffentlichen Grundstücken (Dach-, Fassaden- und Hofbegrünung, Entsiegelung, Anlage von Mieter- und Schulgärten)
b) Erhaltung und Verbesserung des Grünanteils im Straßenraum (Pflanzung und Sanierung von Straßenbäumen, Rückbau von Straßen, Entsiegelung)
c) Sicherung, Erweiterung und qualitative Verbesserung des Bestandes an wohnungsnahen öffentlichen Grünflächen und Freizeiteinrichtungen (einschließlich der Nutzung von Kleingärten, Schulhöfen, Friedhöfen, Sportanlagen, Gewerbebrachen usw. für allgemeine Erholungszwecke)
d) Schaffung von Grünverbindungen, Biotopvernetzung
e) Sicherung, Erweiterung und qualitative Verbesserung des Bestandes an Freiflächen für Freizeit- und Erholungszwecke am Stadtrand und im städtischen Umland

7) Naturhaushalt und Artenschutz
a) Sicherung und Verbesserung des Bestandes an Natur- und Landschaftsbestandteilen
b) Erhaltung, Erweiterung und Vernetzung der Lebensräume wildlebender Arten innerhalb der Stadt durch Entsiegelung und Begrünung sowie durch Berücksichtigung von Fragen des Artenschutzes beim Flächenrecycling
c) Naturnahe Gestaltung und Schaffung von Zonen unterschiedlicher Zugänglichkeit bei öffentlichen Grün- und Freiflächen
d) Erhaltung, naturnaher Ausbau und Renaturierung natürlicher und künstlicher Gewässer

8) Abfallwirtschaft
a) Erschließung von Möglichkeiten der Abfallvermeidung
b) Förderung von Möglichkeiten der getrennten Sammlung, Zwischenlagerung und nachträglichen Trennung von Abfällen, insbesondere durch Bereitstellung geeigneter Flächen und Standorte
c) Förderung des Einsatzes von Recyclingprodukten (Filterrückstände, Schlacken der Abfallverbrennung, Gips aus Rauchgasentschwefelung, Sekundärbaustoffe aus Bauschutt) im Bauwesen und im Garten- und Landschaftsbau (Klärschlamm, Kompost)
d) Erprobung von Möglichkeiten der wohnungsnahen Verwertung von Abfällen (Kompostierung, energetische Nutzung)
e) Information und Beratung über Möglichkeiten der Abfallvermeidung und -verminderung

Tabelle 2
Handlungsmöglichkeiten in bezug auf Wohnumfeldgestaltung

Haus (innen)

— Installation von "Ökotechnik" zum Energiesparen
  · sparsamere, umweltfreundliche Heizsysteme (Fernwärmeanschluß, Gas, Wärmepumpen, passive Sonnenenergienutzung)
  · kombinierte Luft- und Strahlungsheizung
  · Speicherwände, Speicherböden
  · Öffnung nach Süden, Schließung nach Norden
  · Verhinderung von Verschattung
  · aktive Sonnenenergienutzung
  · Haushaltegeräte mit Nutzung außerhalb der Stromspitzen
— Installation von "Ökotechnik" zum Wassersparen
  · Wassersparhähne (Durchflußhemmer), Druckspüler, regulierbare Spülung
  · Regenwassersammlung und -nutzung
  · Grauwassernutzung
  · Regenwasserversickerung vor Ort
  · clivus multrum (Komposttoilette)
— Austausch gesundheitsschädlicher Materialien/Baustoffe, Benutzung unschädlicher Materialien
  Wiederverwendung von Altmaterialien
  · Verwendung von Materialien, die bei Abbau, Produktion, Transport möglichst wenig die Umwelt belasten
— Beachtung der bekannten baubiologischen Kriterien
— Bewohner-gerechte Grundrisse
— Nutzerbeteiligung

Haus (außen)

— Fassadengestaltung/-begrünung
— Dachbegrünung, Dachgärten
— Glasvor- oder -anbauten, Wintergärten, Loggien, Terrassen, Gewächshäuser
— Zugänge zum Hof/Garten
— Wärmedämmungsmaßnahmen
— Wärmeschutzmaßnahmen
— Nutzerbeteiligung

Hof/Garten/Vorgarten

— Entsiegelung und Begrünung, Nutzbarmachen als Freiraum
— Mietergärten, Selbstversorgung
— standortgerechte Vegetationsauswahl, Biotopgestaltung
— Windschutzpflanzungen
— Sichtschutzpflanzungen
— Wurzelraumkläranlage
— Kompostierung, getrennte Müllsammlung
— Förderung der Nachbarschaft und Kommunikation
— Nutzerbeteiligung, Selbstbau
— kindergerechte Freiraumgestaltung
— Ruhezonen
— Gemeinschaftseinrichtungen
— Pflanzenpatenschaften

Straße

— Rückbau und Entsiegelung
— Anlage von Fahrradwegen, Fußwegen
— Straßengestaltung, -bepflanzung mit standortgerechter Vegetation
— Verkehrsberuhigung durch
  · Tempo 30, Spiel-Wohnstraße
  · Schwellen, Pflanzkübel u.ä. bauliche Maßnahmen
  · Verhinderung von Schleichverkehren
— Schaffung neuer Pflanzflächen/Vorgärten/Versickerungsflächen
— flächensparende Unterbringung des ruhenden Verkehrs
— Schließung für Durchgangsverkehr
— Privilegierung des ÖPNV

1. Zentrale inhaltliche Orientierungen für die Maßnahmeträger sind in Form von **umweltpolitischen ökologischen Zielen** von den politischen Entscheidungsträgern zu verabschieden. Dies könnten z.B. folgende sein:
   — Reduzierung von Bodenzerstörung und Bodenversiegelung, Reaktivierung der natürlichen Bodenfruchtbarkeit für den ökologischen Regenerationsprozeß (Reduktion und Remineralisierung) auf möglichst großen Flächen
   — Wiederherstellung und Erhalt gesunder Wasserqualität, Senkung des Wasserverbrauchs
   — Senkung der Immissionen, Vermeidung von Emissionen, Verbesserung des Klimas, Abbau von Lärmbelastungen
   — Renaturierung im Sinne von mehr Grün, von Biotopschutz und Biotopvernetzung, von mehr aktiv nutzbaren Gärten und großzügiger Einbeziehung der Landschaft in die Stadt
   — Senkung des Energiebedarfes
   — Senkung des Abfallaufkommens und des Abwasseraufkommens
   — Verwendung natürlicher und gesunder Materialien
   — Schaffung einer gesunden und sozial-gerechten Wohnumwelt ohne soziale Segregation
   — Abbau der Arbeitslosigkeit u.a. durch Beschäftigungsprogramme im Umweltschutzbereich

2. Zur effektiven Durch- und Umsetzung dieser Ziele und der daran orientierten Einzelmaßnahmen sind entsprechende **Veränderungen im Verwaltungshandeln** durchzusetzen.
   — Das sind nicht nur organisatorische Maßnahmen (z.B. Schaffung einer Organisationseinheit mit eindeutiger Kompetenz für Umweltfragen — wofür es verschiedene Modelle bereits gibt),
   — das sind vor allem solche Maßnahmen, die aus einer "verwaltenden Verwaltung" eine "aktionsorientierte Verwaltung" machen, eine Verwaltung, deren Ziel es ist, nicht künftige Zustände auf dem Planungsweg vorwegzunehmen, sondern auf die Erreichung der

ökologischen Ziele ausgerichtete Prozesse in Gang zu setzen und zu halten.

3. Zum Setzen von Prioritäten — was bei knapper werdenden Mitteln leider immer unumgänglicher wird — ist ein umfangreiches Wissen über den **aktuellen** Stand der Umweltsituation notwendige Voraussetzung. Ansonsten bleibt Umweltpolitik weiterhin voluntaristisch. Wichtig ist also eine **Verstetigung und Vertiefung der Umweltbeobachtung** durch Aufbau eines Umwelt-Beobachtungs-**Systems**, denn einmalige und kurzzeitige Stichproben werden der Problematik nur noch in ganz wenigen Fällen gerecht und gestatten keine Erfolgs- oder Mißerfolgskontrollen, die auf Zeitreihen-Messungen angewiesen sind.

4. Ein weiterer wichtiger Punkt zur Beförderung von Umweltbewußtsein ist die **Integration einer UVP** in alle umweltrelevanten Entscheidungsvorgänge (und was ist nicht umweltrelevant, wenn man z.B. beim Beschaffungsamt nicht nur das Produkt als solches betrachtet, sondern auch sein Herstellungsverfahren . . .?). Dazu gibt es vielfache Versuche einzelner Gemeinden (20).

5. Schließlich sollten die ad-hoc-Einzelmaßnahmen möglichst bald **planerische Einbindungen** erfahren. Hierzu eignen sich nach den Erfahrungen aus der Praxis die **Rahmenpläne** besonders, weil sie als informelles Bindeglied zwischen Flächennutzungsplan und Bebauungsplan die nötige Flexibilität (rechtlich), aber auch gute Möglichkeiten inhaltlicher Festlegungen ("Selbstbindungen") bieten (was z.B. für Entscheidungsfälle nach "31, 34 und 35" von Bedeutung sein kann).

> Handle stets so,
> daß die Lebensbedingungen
> aller ökologischen Systeme
> nicht beeinträchtigt,
> sondern wiederhergestellt
> und
> nachhaltig gesichert werden —
> denn
> nur so
> sicherst Du
> Deine eigene Zukunft!
>
> (Überlebens-Imperativ)

Anmerkungen

(1)
E. Hahn: Ökologischer Stadtumbau, Manuskript, Sept. 1985. Hrsg.: Arbeitsgemeinschaft Ökologischer Stadtumbau, Berlin (West) 1985.

(2)
Zur Diskussion dieses Begriffes:
K. Adam / T. Grohé: Ökologie und Stadtplanung. Deutscher Gemeindeverlag, Köln 1984.

(3)
Ch. Dickens: zit. nach: J. Posener, Vorlesungen zur Geschichte der neuen Architektur. In: Arch +, Heft 69/70, 1983, S. 75

(4)
Vgl. hierzu: J. Posener, Vorlesungen zur Geschichte der neuen Architektur. In: Arch +, Heft 63/64, 1982.

(5)
E. Howard: Gartenstädte von morgen. Das Buch und seine Geschichte. Hrsg.: J. Posener, Berlin 1968.

(6)
Vgl. (4), S. 28.

(7)
F. Engels: zit. nach: G. Hillmann, Aus den Schriften von Friedrich Engels ausgewählt. Bauwelt Fundamente, Bd. 27, S. 136 f.

(8)
Es gibt schon solche Bücher. Z.B.:
U. Gellermann: Armut in der Bundesrepublik. Texte und Bilder. Pahl-Rugenstein Verlag, Köln 1987.

(9)
Weigmann: Ökologie und Umweltforschung. In: Jänicke, Simonis, Weigmann, Wissen für die Umwelt, Berlin-New Yorck, 1985, S. 16 f.

(10)
E.-H. Ritter: Stadtökologie, Manuskript, 1987 (erscheint Ende 1987 in einem Sammelwerk zum Stand der Kommunalwissenschaften, Hrsg. Prof. Dr. Hesse, Speyer)

(11)
BDA, BDLA, FLL und SRL: Neues Städtebaurecht — Forderungen der Planer, Stellungnahme der AG Baugesetzbuch der Planerverbände, vervielfältigtes Manuskript, S. 7, Bonn, Juli 1985.

(12)
R. Lutz/Th. Krötz: Ökopolis — Konzept für eine menschen- und umweltgerechte Stadt, Studie im Auftrag der Fraktion Die Grünen im Landtag von Baden-Württemberg, Tübingen 1985.

(13)
W. Seeler: Menschenfreundliche — menschenfeindliche Stadt, Loccumer Protokolle 8/85 des Kolloquiums Neue 'Wege zur menschlichen Stadt', Februar 1985, S. 65 f.

(14)
Rat von Sachverständigen für Umweltfragen, Umweltgutachten 1978, Stuttgart 1978.

(15)
J. Dahl: Der unbegreifliche Garten. Stuttgart 1984.

(16)
Zu dieser Diskussion s. T. Grohé: Ökologie und Stadtplanung. In: Adam/Grohé, Ökologie und Stadtplanung, Köln 1984.

(17)
Ein solches offensives Ziel könnte z.B. die "Naturhaushaltswirtschaft" sein, wie sie K. Otto-Zimmermann in: Der landkreis, Heft 6/1987, S. 250 ff. zur Diskussion gestellt hat.

(18)
J. Hucke: Experimenteller Wohnungs- und Städtebau — Forschungsfeld Stadtökologie und umweltgerechtes Baues, Studie im Auftrag des BMBau, Manuskript (Juli 1987).

(19)
Zusammengestellt vom Verf. anläßlich des 7. Workshops "Ökologisches Bauen" der Theodor-Heuss-Akademie (Oktober 1987).

(20)
Ein sehr ausführlich beschrebens Verfahren hat z.B. die Stadt Dortmund erarbeitet: Umweltamt Dortmund, Umweltverträglichkeitsprüfung Dortmund, Beitrag zur Bauleitplanung, Dortmund, Hamburg, August 1987

Fred Ranft

Ökologische Stadterneuerung — Ansätze einer qualitativen Stadtentwicklung

1. Zur Ausgangslage

Städte "importieren" Rohstoffe, Nahrungsmittel, saubere Luft und sauberes Wasser aus dem Umland. Dies führt zu Beeinträchtigungen im Umland durch den Abbau von Bodenschätzen, intensivem, oft monokulturellem Anbau von Nahrungsmitteln (mit großem Einsatz von Energie, Dünger, Pflanzenschutzmitteln), der Gewinnung von Trinkwasser (mit allen Folgen der oft hiermit verbundenen Grundwasserabsenkung) sowie den Umweltbelastungen des Transportes.

In städtischen Haushalten, der Industrie, dem Kfz-Verkehr, Kraftwerken und Heizungen werden die "Umweltgüter" verbraucht. In der Folge entstehen schädliche Abgase, Abwässer, Abfälle und Lärm. Diese werden zu einem überwiegenden Teil ins Umland "exportiert". Hinzu kommt, daß seit ein paar Jahren deutlich erkennbar das ökologische Gleichgewicht in diesen sogen. "Ausgleichsräumen" gestört ist. Die Stabilität dieser Kreisläufe war aber eine Voraussetzung für die "ausgleichende Wirkung" dieser Freiräume, die ja die Entnahme von Umweltgütern und die Zuführung von Umweltlasten im gegenwärtigen Ausmaß erst möglich erscheinen ließ. Die Gründe für die sich abzeichnenden erheblichen Veränderungen (Störungen) liegen u.a.:

1. in einer immer weiter fortschreitenden Versiegelung des Bodens (Flächen-"Verbrauch") sowie einer Durchschneidung und Verinselung der verbleibenden Landschaft durch weiter fortschreitendes Siedlungswachstum mit entsprechenden (linearen) Infrastrukturen,
2. in einer qualitativen Entwertung der verbleibenden Landschaften und Freiflächen durch Denaturierung: Nährstoffentzug durch einseitige Dauernutzung (z.B. Monokulturen) bzw. Unterbrechung des natürlichen Mineralkreislaufes durch Schaffung maschinengerechter Agrarflächen (Beseitigung von Feldhölzen, Hecken, Wällen, Trockenlegung von Feuchtgebieten, begradigen von Flüssen usw.) auf der einen Seite. Andererseits ist zusätzlich die Nährstoffübersättigung durch Überdüngung ein besonderes Problem. Der Einsatz von Unkrautvernichtungsmitteln sowie die zunehmende Freizeit- und Erholungsnutzung bringen weitere Schädigungen mit sich.

3. in einer zunehmenden Belastung der Freiräume durch Schadstoffeintrag aus der Luft, mit dem Niederschlagswasser und den Abwässern sowie durch eine Vielzahl anderer menschlicher Aktivitäten wie Mülldeponien, Rohstoffabbau, Energietransport (Überlandleitungen für Strom, Pipelines), Veränderungen im Wasserhaushalt usw.

Diese u.a. negativen Wirkungen der "Arbeitsteilung" zwischen Städten und ihrem Umland müssen zur Vermeidung weiterer Umweltschäden abgebaut werden. Zentrales Ziel einer ökologisch orientierten Planung und ökologischen Bauens muß es also sein, die Selbstregenerationsfähigkeit der Städte wiederherzustellen bzw. dauerhaft zu stärken.

Das bedeutet: Der "Import" von Umweltgütern muß verringert werden z.B. durch:

— weniger Brennstoffe durch Energieeinsparung

— weniger Frischwasser durch Wassereinsparung bzw. Mehrfachnutzung von Wasser

— weniger Nahrungsmittel durch teilweise Selbstversorgung (Anbau von Gemüse und Obst in Mietergärten und Permakultur)

Das bedeutet auch: Der "Export" von Umweltschäden muß verringert werden z.B. durch:

— geringere Schadstoffabgabe an die Luft durch Energieeinsparung in Gebäuden, Stärkung des öffentlichen Personennahverkehrs, Förderung alternativer Produktionstechniken

— geringeres Müllaufkommen durch Recycling, weniger Verpackungsmaterial, Hauskompostierung usw.

— geringere Gewässerverschmutzung durch umweltverträgliche Produktionsverfahren, umweltschonende Waschmittel usw.

— Verringerung der Flächeninanspruchnahme ("Flächenverbrauch") durch Stärkung der "Innenentwicklung" . . .

Die Notwendigkeit umweltverbessernder Maßnahmen ist sicherlich unbestritten. Um jedoch die Selbstregenerationsfähigkeit der Städte wirksam zu stärken, bedarf es ökologischer Konzepte, die möglichst breit angelegt sind und gleichzeitig mehrere Ziele verfolgen:

1. Wiederherstellung und Erhalt einer stabilen wirtschaftlichen Basis und Abbau der Arbeitslosigkeit

2. Stabilisierung der zur Verfügung stehenden Mittel für die weiteren investitionsintensiven Aufgaben wie:

3. Wiederherstellung und Erhalt natürlicher Bodenverhältnisse auf möglichst großen Flächen
4. Wiederherstellung und Erhalt eines geregelten Wasserkreislaufes und gesunder Wasserqualität, Senkung des Wasserverbrauchs und des Abwasseraufkommens
5. Vermeidung von Emissionen und Verminderung der Immissionen
6. Verminderung der Lärmbelastungen
7. Wiederansiedelung und Erhalt natürlicher Elemente der Landschaft, Flora und Fauna, Sicherung von Biotopen und Gestaltung von Biotopvernetzungen, Schaffung von mehr aktiv benutzbaren Grünräumen, Einbeziehung landschaftlicher Elemente in die Stadt (Grünzüge)
8. Verbesserung des Stadtklimas
9. Verminderung des Energieumsatzes, Senkung des Energiebedarfs
10. Vermeidung/Verminderung/Verwertung von Abfällen
11. Alle diese Umweltverbesserungen müssen stets sozial verträglich sein, d.h. negative Wirkungen wie z.B. soziale Verdrängungsprozesse u.ä. sind strikt zu vermeiden.

Alle diese Einzelziele sind in ihrer Allgemeinheit unstrittig. Schwierigkeiten ergeben sich allerdings, wenn Maßnahmen, die entsprechend der ökologischen Problemstellung fachübergreifend angelegt sein müssen, in die ressort-geprägte Alltagspraxis umgesetzt werden sollen. Einige Elemente solcher übergreifender Handlungsfelder zeigt die folgende Tabelle:

- Funktionsmischung, kleinräumige und verträgliche Zuordnung unterschiedlicher Nutzungsarten (z.B. Wohnungen und Betriebe)
- Innerstädtische Nachverdichtung (Wohnen)
- Flächenrecycling in kleineren Gewerbegebieten
- Energetische Sanierung im Gebäudebestand
- Rückbau von Gebäuden und Bodenversiegelungen mit anschließender Begrünung
- Erhalt bzw. Ausbau von Freiflächen für Kaltluftproduktion bzw. -transport in verdichteten Siedlungsräumen
- Sicherung/Ausbau von Freiflächen mit ökologisch wichtigen Funktionen
- Erhalt von Flächen mit landwirtschaftlicher und naturnaher Prägung sowie Biotopen
- Erhalt und Ansiedlung von standortgerechter Vegetation in Mietergärten, Vorgärten (Pflanzstreifen, Fassadenbegrünung), auf Brachflächen und Baulücken im hochverdichteten Innenstadtbereich
- Rückbau von überdimensionierten Verkehrsflächen zugunsten von Fußgängern und Radfahrern
- Anlage von Radwegenetzen

- Begrünung im Straßenquerschnitt bei konventionell ausgebauten Straßen und bei verkehrsberuhigenden Maßnahmen
- Ausweisung/Gestaltung von flächendeckend verkehrsberuhigten Gebieten in städtebaulich und verkehrlich benachteiligten Wohn- und Mischgebieten
- Verkehrsberuhigende Maßnahmen zur Beschleunigung und Bevorrechtigung von Bussen + Taxis
- Entwicklung des schienengebundenen Verkehrs (Straßenbahnen- U-Bahnen, S-Bahnen...)
- Wassersparende Maßnahmen im Gebäudebestand
- Maßnahmen in der Abwasserversorgung
- Maßnahmen in der Müllreduzierung und -verwertung
- Planung und Einsatz umweltverträglicher Energieversorgungssysteme

In einem ökologischen Konzept werden diese Einzelelemente entsprechend der jeweiligen Problemstellung unter Beachtung der Wirkungen und Nebenwirkungen sowie möglicher Konflikte eingesetzt.

Ein Beispiel:

Das Bebauen von innerstädtischen Baulücken oder Brachflächen hat z.B. zunächst positive Auswirkungen, da hierdurch das weitere Siedlungswachstum reduziert werden kann. Im Einzelfall sind jedoch auch erhebliche negative Auswirkungen möglich, wenn z.b. Frischluftschneisen verbaut, große Flächen versiegelt oder Vegetationsbestände beseitigt werden. Es bleibt also dem Einzelfall überlassen, ob die Bebauung einer Baulücke sinnvoll oder ökologisch verträglich ist. Gebaut werden sollte nur dann, wenn

- die Durchlüftung des Stadtquartiers durch die Bebauung nicht verschlechtert wird,
- kein schutzwürdiges Biotop gefährdet wird,
- das Baukonzept ökologisch verträglich ist (geringe Versiegelung der Freiflächen, Dach- und Fassadenbegrünung, Regenwasserversickerung oder -nutzung, klimagerechte Bauweise, Sonnenenergienutzung, gesunde Baustoffe...),
- kein schutzwürdiges Biotop gefährdet oder ein dringend notwendiger Freiraum beseitigt wird.

Die Entscheidung zum Einsatz des Elementes Baulückenbebauung kann also je nach Rahmenbedingungen und Detailausführung im Einzelfall positiv oder negativ ausfallen.

Auch bei anderen Elementen gibt es vordergründig zunächst positive, bei genauerem Hinsehen jedoch eindeutig negative Aspekte.

Ein Beispiel hierfür ist die Elektroheizung. Sie stellt vor Ort eine sehr saubere Beheizungsart dar. Berücksichtigt man jedoch die Stromerzeugung (evtl. in Kraftwerken mit geringem Wirkungsgrad), die aufwendige, mit Flächenbeanspruchung und Verunstaltung des Landschaftsbildes verbundene Stromverteilung sowie die Leitungsverluste, so fällt die ökologische Gesamtbilanz eindeutig negativ aus.

Insofern bedarf es umfassender Analysen, um die Einzelelemente sinnvoll als ökologische Bausteine einsetzen und zur Wirkung bringen zu können. Grundsätze für die Anwendung dieser Elemente sind z.B.:

— Die Wirkungsverflechtungen und möglichen Nebenwirkungen müssen (wie oben beispielhaft erläutert) beachtet werden.

— Bevorzugt sollen Elemente eingesetzt werden, die an der Wurzel des Übels ansetzen, d.h. z.b. zunächst den Energiebedarf reduzieren und erst dann diesen reduzierten Verbrauch mit einer umweltfreundlichen Technologie befriedigen; oder zunächst verkehrsreduzierende Maßnahmen und Motorkapselung vor passivem Lärmschutz (Lärmschutzwände, Lärmschutzfenster).

— Außerdem sollten nicht unbedingt teure, 100 %ige Luxuslösungen (für wenige), sondern massenhaft preiswerte, eventuell 50 %-Lösungen eingesetzt werden. Benötigt werden keine Ökovillen, sondern eine breite Umsetzung ökologischer Konzepte (der Einsatz von Regenwasser für die Toilettenspülung in Verbindung mit Durchflußbegrenzern ist eine kostengünstige Maßnahme, die den Verbrauch von hochwertigem Trinkwasser reduziert und zudem sogar noch wirtschaftlich ist).

— Die Maßnahmen sollten die Innenentwicklung stärken, damit vorhandene Infrastrukturen besser ausgelastet sind und das Siedlungswachstum reduziert werden kann.

2. Wirkungen ökologischer Einzelmaßnahmen

Wenn die Umsetzungen einer ökologischen Stadterneuerung ein neues städtebauliches Leitbild

— Abkehr von der Strategie rein quantitativen Wachstums

— dafür Konzentration auf das qualitative Wachstum

zur Folge hat, und wenn, wie R. Sellnow schreibt, die ökologische Erneuerung eine ganzheitliche Betrachtung und die Offenlegung und Orientierung der angestrebten Ziele und Werte verlangt, dann wird klar, daß hier das Aufgabenfeld der traditionellen Stadtplanung bei weitem überschritten wird. Wir können uns aber, wie T. Grohé dargelegt hat, keine neue (dann ökologisch orientierte) Umwelt bauen. Wir müssen vielmehr mit der heute bereits gebauten vorlieb nehmen und diese Stück für Stück mit allen Unzulänglichkeiten in der Praxis (herkömmliche nach Fachsparten strukturierte Ausbildungs-, Arbeits- und Entscheidungsstrukturen) aber mit Blick auf die ökologischen Ziele umbauen.

Vor diesem Hintergrund des umfassenden Anspruchs scheinen die heute praktizierten Versuche ökologischer Optimierung städtebaulicher Planung oft bruchstückhaft. Dennoch, die gestellte Forderung ist nicht als Ganzes, sondern nur in Einzelschritten umsetzbar. Daher sollen im folgenden Einzelhandlungsfelder diskutiert werden. Sie entsprechen dem gegenwärtigen "Stand der Technik". Auch wenn hierdurch in der Regel keine Utopien in die Planungspraxis umgesetzt werden, so sind diese Einzelmaßnahmen im Hinblick auf das angestrebte Ziel sicherlich wirkungsvoll, wenn der einzelne Fachplaner bei der Umsetzung seiner Teilmaßnahme die ökologische Ziele berücksichtigt und so die Einzelbeiträge zu einem integrierten Gesamtkonzept werden läßt nach dem Motto:

— Ökologisch denken, in Einzelschritten vorgehen.

2.1 Funktionsmischung

Die seit den 30er Jahren propagierte Trennung städtischer Funktionen hat zu erkennbaren Nachteilen geführt. Eine Mischung von Wohnen, Arbeiten, Erholen und Dienstleistungen kann dagegen positive Auswirkungen haben. Ein weiteres Siedlungswachstum und der damit verbundene Flächenverbrauch kann reduziert werden, neue Erschließungsmaßnahmen (Verkehr, Ver- und Entsorgung) sind nicht mehr erforderlich, der öffentliche Nahverkehr wird besser ausgelastet. Durch die räumliche Nähe von Wohnen und Arbeiten wird ein höheres Verkehrsaufkommen und die damit verbundenen Schadstoff- und Lärmemissionen vermieden (vgl. hierzu auch den Beitrag von L. Franz). Gegebenenfalls ergibt sich auch eine bessere Nutzung der vorhandenen Ver- und Entsorgungsstrukturen (z.B. durch die Nutzung von Abwärme aus Betrieben zur Beheizung von Wohngebäuden).

Eine kleinräumige Vermengung von Wohnungen und nicht störenden Betrieben erfordert

— die Beseitigung städtebaulicher Mißstände und damit die Verbesserung des Wohnumfeldes,

— die Reduzierung der Immissionen auf ein vertretbares Maß,

— die Beseitigung oder Reduzierung betrieblicher Entwicklungshemmnisse,

— die Humanisierung der Arbeitswelt.

2.2 Innerstädtische Nachverdichtung

Eine innerstädtische Nachverdichtung kann positive und negative Auswirkungen auf verschiedene stadtökologische Zielbereiche haben.

Positive Wirkungen

Im Zielbereich zum Erhalt der natürlichen Bodenfunktionen wird durch das Bereitstellen von Wohnflächen in bereits bebauten Gebieten ein Beitrag zur Reduzierung des Siedlungswachstums und damit eine Schonung des Außenbereiches erreicht.

Bei einer Bebauung von Baulücken ist der spezifische Heizenergieverbrauch der Gebäude geringer. Außerdem bieten Gebäude mit hoher baulicher Dichte gute Voraussetzungen für einen Fernwärmeanschluß bzw. das Einbinden in ein Energieversorgungskonzept. In Innenstädten lassen sich unterschiedliche Bedürfnisse wie z.B. Wohnen, Arbeiten und Einkaufen oft in geringer Entfernung ermöglichen. Hierdurch sowie durch die oft gute Anbindung an den ÖPNV werden Verkehrsvorgänge reduziert bzw. umweltfreundlich abgewickelt. Im Zielbereich der Verringerung von Emissionen und Immissionen aus Hausbrand und Verkehr werden also positive Auswirkungen erreicht.

Negative Wirkungen

Das Bebauen und Versiegeln innerstädtischer Bereiche hat oft negative Folgen für das Stadtklima und die natürlichen Bodenfunktionen, insbesondere wenn

— die Durchlüftung der Städte durch Neubauten behindert wird. Hier kann keine "Verdünnung" der mit Schadstoffen angereicherten Luft durch frische Luft aus dem Umland erfolgen.

— Auch wenn vorhandene Vegetation beseitigt wird, wirkt sich dies auf Sauerstoffproduktion, Staubfilterung, Schattenwurf aus, abgesehen von den psychischen Wirkungen des Grünmangels.

— Auf versiegelten Flächen kann kein Niederschlagswasser versickern, ohne Verdunstung ergibt sich eine niedrigere Luftfeuchtigkeit bei höheren Temperaturen.

Durchschnittlich 9,9 % der dem Strukturbereich Wohnen zuzuordnenden Flächen stehen als Baulücken o.ä. als weiteres Baulandpotential zur Verfügung. Geht man davon aus, daß der Wohnflächenanspruch in der BRD jährlich um 2 % weiter wächst, so ist überall zumindestens eine vierjährige Reserve vorhanden (1). Hinzu kommen potentielle Wohnflächen durch Ausbau von Dachgeschossen bzw. die Aufstockung von Gebäuden. Die tatsächliche Verfügbarkeit muß jedoch sehr viel niedriger eingeschätzt werden. Die Bereitschaft der Eigentümer, rechtliche und finanzielle Gründe stehen hier oft dagegen. Außerdem muß im Einzelfall geprüft werden, ob statt einer Wohnnutzung nicht teilweise Arbeitsplätze angesiedelt werden sollen, um eine Nutzungsmischung zu erreichen. Durch innerstädtische Nachverdichtung wird nicht nur die Nachfrage nach Baugrundstücken vor der Stadt geringer, auch neue Erschließungsmaßnahmen (in der Größenordnung von weiteren ca. 25 % der Grundstücksflächen) sowie anteilig die Flächen für neue Wohnfolgeeinrichtungen entfallen. Die innerstädtische Nachverdichtung kann erreicht werden durch:

— Bebauen von Baulücken

— Bebauen von Brachflächen

— Ausbau von Dachgeschossen

— Aufstocken von Gebäuden

— Bauen "in der 2. Reihe"

2.3 Energetische Modernisierung im Gebäudebestand

Die Wirkung dieser Maßnahme ist aus ökologischer Sicht grundsätzlich positiv einzuschätzen. Sie konzentriert sich im wesentlichen auf den stadtökologischen Zielbereich der Verminderung bzw. Vermeidung von Emissionen und Immissionen. Wirkungskomponenten sind:

— Die Verringerung des spezifischen Wärmebedarfs. Durch geringeren Bedarf an Heizenergie werden Ressourcen geschont und Emissionen aus Heizungsanlagen reduziert, hierdurch:

— Weniger Luftverschmutzung mit Schadstoffen, Stäuben, Ruß usw. Hierdurch werden neben den für die Gesundheit von Mensch und Natur relevanten Aspekten durch die erhöhte Sonneneinstrahlung auch die Voraussetzungen für eine aktive und passive Sonnenenergienutzung verbessert.

— Durch die verringerten Emissionen aus den Schornsteinen sowie weniger sonstige Verbrennungsrückstände wird die Belastung der Böden verringert (weniger Niederschläge von Schadstoffen oder Deponien für Verbrennungsrückstände). Damit wird auch ein Beitrag zur Verbesserung der Qualität von Grund- und Niederschlagswasser geleistet.

— Durch einen geringeren Wärmeverlust der Gebäude wird die für das städtische Klima typische Überwärmung im Winter reduziert.

Durch alle angesprochenen Maßnahmen werden die Emissionen wie Schwefeldioxyd, Stickoxyd, Kohlenmonoxyd, Staub usw. infolge des geringeren Wärmeverbrauchs der Gebäude reduziert. Zusätzlich wirken die Maßnahmen zu Wärmeversorgungssystemen über den Wirkungsgrad und die Rückhaltungsmöglichkeiten der zentralen Anlagen emissionsmindernd. Eine Untersuchung zur möglichen Energieeinsparung für den Raumwärmebedarf von Haushalten und Kleinverbrauchern ergab für die BRD ein theoretisches Einsparpotential von 61 % des Endenergieverbrauchs. Das wirtschaftliche Einsparpotential liegt immerhin noch bei 34 %. Selbst unter Berücksichtigung von Umsetzungshemmnissen sind mittelfristig, bis zum Jahr 2000, Einsparmöglichkeiten von 18 % für die Raumheizung möglich (2).

Die Komponenten einer energetischen Sanierung sind so vielfältig, daß ihre Darstellung hier den Rahmen sprengen würde. Sie reichen von der

— Einbindung in Energieversorgungskonzepte (s. 2.10) über

— die Berücksichtigung von Flächen für Wärmeversorgungsanlagen, Leitungstrassen, Wärmespeicher usw. von der

— Optimierung der Siedlungsstruktur mit der Wärmeversorgung, über

— geeignete Bauformen,

— Ausrichtung der Gebäude auf dem Grundstück,

— passive Sonnenenergienutzung,

— Verringerung der Gebäudeauskühlung bis

— zur Verringerung des Windeinflusses.

2.4 Stadtklimatisch günstige Bau- und Siedlungsweisen im Gebäudebestand

Das Stadtklima ist der wichtigste Umweltfaktor für den Stadtbewohner und besonders bei austauscharmen Wetterlagen wirksam. Es wird im wesentlichen bestimmt durch die Temperatur, die Luftfeuchtigkeit, Niederschläge und den Luftaustausch.

Temperatur

Der innerstädtische Temperaturverlauf wird bestimmt durch

— die Speicherung von infraroter Sonnenstrahlung in Baustoffen (dunkle Baustoffe wie z.B. Asphalt auf Straßen speichern besonders gut);

— durch die Umwandlung von ultraviolettem Sonnenlicht in Infrarotstrahlung, z.B. durch Glasscheiben

— und durch die durch menschliche Einwirkung freigesetzte Energie z.B. zur Gebäudebeheizung für Gewerbe-Prozeßwärme oder die Wärme aus den Verbrennungsmotoren der Kraftwagen. In Gebieten, in denen die drei o.g. Bestimmungsfaktoren besonders ausgeprägt sind, kommt es zur Bildung sog. Wärmeinseln, deren Intensität mit der Größe der Stadt wächst.

Bei austauscharmen Wetterlagen liegt die Temperatur in diesen Gebieten um bis zu 10° C über der Temperatur des Umlandes.

Luftfeuchtigkeit

Die relative Luftfeuchtigkeit ist in städtischen Gebieten im Winter um 2 und im Sommer um bis zu 20 % geringer als im Umland. Auch die über städtischen Gebieten erhöhte Niederschlagsneigung führt nicht zur Anhebung der relativen Luftfeuchtigkeit, da der größte Teil des städtischen Niederschlags nicht im Boden gespeichert wird, sondern durch den hohen Anteil an versiegelten Flächen oberirdisch abfließt. Die Versiegelung städtischer Bodenflächen führt zu großen stadtklimatischen Problemen. Der Rückgang an verfügbaren unversiegelten Bodenflächen von 1962 bis 1980 betrug z.B. bei einer drei- bis fünfgeschossigen Bebauung ca. 35 % (3).

Niederschläge

Niederschlagsmenge und Niederschlagshäufigkeit werden bestimmt durch

— die städtische Überwärmung: Erhöhte Wärme in der Stadt kann die Luft über der Stadt zum Aufsteigen bringen und unter geeigneten Bedingungen zum Entstehen von Niederschlägen führen;

— die Rauhigkeit: Die Häuser der Stadt wirken bremsend auf die horizontale Luftbewegung; auch hierdurch kann die Luft zum Aufsteigen und ggfs. zur Kondensation ihres Wassergehaltes veranlaßt werden;

— die Dampfproduktion: Erhöhte Dampfproduktion aus Kraftwerken, bestimmten Fabriken, Verbrennung von Öl in Motoren und Öfen erhöhen die Niederschlagsneigung;

— durch Staub und Aerosol: Staubpartikel in der Luft wirken als Kondensationskerne und sind der wesentliche Faktor für die Auslösung von Niederschlägen.

Durch das Zusammenwirken der vorgenannten Faktoren erhöht sich die mittlere Niederschlagsmenge über Städten um 5—16 % (3). In einzelnen Fällen sind Erhöhungen von 50—100 % gemessen worden.

Luftaustausch

Luftaustausch in städtischen Gebieten bedeutet die Zufuhr frischer, ggf. kühler Luft und den Abtransport bzw. die Verdünnung verunreinigter, überwärmter Luft. Dieser Austausch findet durch sog. "Flurwinde" statt.

Das heißt, überwärmte Luft steigt auf, worauf Luft aus der Umgebung nachströmt. Diese Erscheinung fällt am Stadtrand, in der Nähe der freien Feldflur besonders auf. Neben den Flurwinden sind auch die "Hangwinde" — kühle, bergabwehende bzw. fließende Winde in den Abend- und Nachtstunden — am Luftaustausch beteiligt. Bei austauscharmen Wetterlagen können innerstädtische Grün- und Freiflächen als Quellen kühler und sauberer Luft zu begrenzten Lokalwinden führen.

Die Wirkungen von Maßnahmen im stadtklimatischen Bereich sind aus ökologischer Sicht eindeutig positiv einzuschätzen. Sie beziehen sich neben den stadtklimatischen Verbesserungen auch auf die Verbesserung der Bodenqualität sowie die Verbesserung der Grundwasserspeisung.

Verbesserungen des Stadtklimas können erreicht werden, wenn

— die menschlichen Einflüsse verringert werden: weniger Energieverbrauch (Heizung, Produktion, Verkehr), kein weiteres Vernichten von Pflanzen und Freiräumen, kein Versiegeln von Flächen, sondern mehr Grün und offene, wasseraufnahmefähige Bodenflächen;

— der Austausch städtischer Luftmassen durch Frischluft aus dem Umland verbessert wird.

Der Stadtplaner kann die stadtklimatischen Bedingungen beeinflussen, z.B. durch

— die Versickerung oder Speicherung von Regenwasser auf dem Grundstück,

— die Begrünung von Fassaden, Dächern und Höfen,

— die Aktivierung der Vorgärten,

— die Verbesserung im Wohnumfeld durch Blockentkernung, Entsiegelung von Freiflächen, Bepflanzung mit standortgerechter Vegetation, Einrichtung von Mietergärten,

— durch das Freihalten der Frischluftschneisen von Bebauung,

— durch die Vermeidung von Freiflächenversiegelungen, stattdessen die Verwendung von regenwasserspeichernden bzw. die Versickerung fördernden Materialien.

— durch das Öffnen von verrohrten Bächen,

— durch den Einbau von verträglichen und den Austausch von unverträglichen Baumaterialien.

2.5 Erhaltung von stadtklimatisch und stadtökologisch wirksamen Freiflächensystemen

In der Grün- und Freiraumplanung gibt es viele Übereinstimmungen zwischen ökologischen und fachplanerischen Zielen. Die ökologischen Wirkungen zusammenhängender Freiflächensysteme sind:

— Die Luftfeuchtigkeit wird deutlich erhöht.

— Die Temperaturen in begrünten Bereichen sind wesentlich niedriger als in der bebauten Umgebung.

— Die Windgeschwindigkeit wird gesenkt.

— Der Anteil an reflektierter Sonnenstrahlung und Schallwellen ist sehr niedrig.

— Es wird Sauerstoff produziert.

— Auf den großen unversiegelten Flächen können Niederschläge versickern und so das Grundwasser anreichern.

— Die natürliche Bodenschichtung mit ihrer Pufferwirkung gegen verschmutztes Oberflächenwasser bleibt erhalten.

— Der Vegetationsbestand wirkt als Staubfilter, Sicht- und Lärmschutz.

Stadtklimatisch und stadtökologisch wirksame Freiflächensysteme können geschaffen bzw. erhalten werden durch die folgenden Komponenten:

— Erhöhung des innerstädtischen Freiflächenanteils

— Erhaltung des natürlichen Bodenreliefs

— Renaturierung von Brachflächen

— Ökologisch wirksame Durchmischung von extensiver und intensiver Bodennutzung

— Erhalt von unversiegelten Flächen für die Versickerung und Verdunstung von Oberflächenwasser

Qualitätsorientierte Grünflächenplanung und Pflege auf **kleinen** Flächen

Kleine Grünflächen mit standortgerechter Vegetation können einen Beitrag zur Komplettierung von natürlichen Kreisläufen (z.B. Nahrungsketten) leisten und an den extremen Standorten der Innenstadt das Mikroklima verbessern. Geeignet sind Vorgärten, Mietergärten, Höfe, Baulücken, Brachflächen, aber auch Dach- und Fassadenbegrünungen. Durch die Vernetzung kleinerer Grünflächen können Biotope für Kleinstlebewesen und Insekten entstehen (ökologische Nischen), die wiederum für höhere

Tierarten die Nahrungsgrundlage abgeben und damit die Voraussetzung für das Überleben anderer Arten bilden. Qualität und Vernetzung des Stadtgrüns auf kleinen Flächen verdeutlicht die folgende Abbildung.

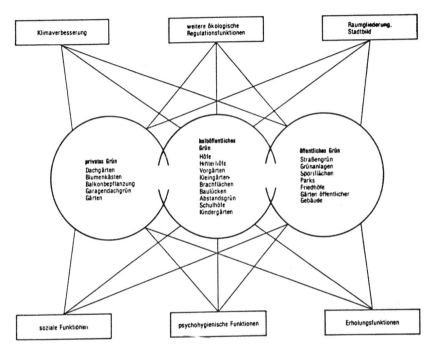

Abbildung:
Grundkategorien des Stadtgrüns und ihre Vernetzung (4)

Neben den stadtklimatisch und ökologisch positiven Wirkungen bieten grüne Freiräume und durchgrünte Bereiche Anreize zum Verweilen und Möglichkeiten zu kurzer Erholung und Kommunikation. Grüne Freiräume haben eine psychohygienische Funktion. Da, wo es nicht vorhanden ist, entstehen Mangelgefühle ("städtebauliche Defizite im Wohnumfeld"). Das Beobachten sich verändernder Wachstumszustände (blühen, verwelken, reifen) und das Lebendige (Vögel, Kleintiere, Insekten) fördert nicht nur bei Kindern Kreativität und Phantasie. Auch die Möglichkeit zur Kurzzeiterholung und der ästethische Aspekt durchgrünter Städte erhöht die Qualität der innerstädtischen Lebensbedingungen.

2.6 Maßnahmen im Verkehrsbereich

Straßen mit ihren Faktoren

— Lärm-, Staub- und Schadgasemissionen der Kfz
— Temperaturerhöhung durch dunkle Asphaltflächen
— Verminderung der Luftfeuchtigkeit durch Versiegelung
— Bedrohung und Gefahren (vor allem für alles, was nicht im Kfz sitzt)
— Zerschneidung städtischer Funktionen
— Kommunikations- und Aufenthaltsfeindlichkeit
— ästethischer Mangel

stellen die gravierendste Belastung des Stadtbewohners dar. Unmittelbar wirksame Maßnahmen zur Reduzierung dieser Belastungen müssen als erstes an der Quelle, d.h. am Kraftfahrzeug selbst und an der Verkehrsmenge und als zweites an der Dimensionierung und Gestaltung der Fläche ansetzen. Verkehrsberuhigung und Wohnumfeldverbesserung ist daher nicht mehr ein Ziel für Einzelmaßnahmen, sondern **Prinzip** der gesamten Stadtverkehrsplanung. Integrierte Verkehrskonzepte können durch eine Optimierung der Einzelverkehrsströme und flächenhafte Verkehrsberuhigung unnötige Verkehre vermeiden. "Regelquerschnitte" können zugunsten örtlich und funktional dem Bedarf angepaßter Dimensionierungen reduziert werden. Hier gibt die EAE 85 (Empfehlungen für die Anlage von Erschließungsstraßen) eine Fülle von Lösungsmöglichkeiten. Die Festlegung der Linienführung der Hauptverkehrswege durch möglichst "unempfindliche" städtische Bereiche im Zusammenhang mit der Standortwahl verkehrserzeugender Einrichtungen kann ein wesentlicher Beitrag zur Umweltverträglichkeit sein.

Nicht die Bereitstellung von Verkehrsflächen für stetig steigende Verkehrsmengen steht im Vordergrund ökologisch orientierter und daher integriert denkender Verkehrsplanung, sondern Versuche, Individualverkehre wo immer möglich zu reduzieren. Die Mischung städtischer Funktionen, d.h. das kleinräumige und verträgliche Nebeneinander von Wohnen, Arbeiten, Erholen und Versorgen ist hier ein wichtiger Ansatz. Ein weiterer ist die Unterstützung nicht Kfz-gebundener Verkehrsvorgänge, wo immer es geht (Ausbau und Bevorzugung des ÖPNV, Anlage von besseren, kürzeren, begrünten Rad- und Fußwegenetzen). Nach Ausschöpfung der Möglichkeiten zur Reduzierung der Verkehrsvorgänge stehen Maßnahmen zu ihrer Verträglichkeit. Diese umfassen

— die Festsetzung und den Bau von (begrünten) Immissionsschutzanlagen,
— geeignete Gebäudeformen mit Ausrichtung auf ruhige Bereiche
— oder, wo dies schwer möglich ist, den Vorbau von Wintergärten zur Lärmminderung.

Nicht im direkten Einflußbereich liegen Maßnahmen am Kfz selbst. Diese betreffen die Minderung

— der Lärmemissionen durch Motorkapselung,
— der Schadgasemissionen durch Katalysator,
— der Asbestemissionen durch asbestfreie Bremsbeläge.

Durch die Integration all dieser genannten Belange in das verkehrsplanerische Denken können die Städte auch mit dem Kfz wieder leben.

2.7 Rationelle Wassernutzung

Wasser ist immer noch der Faktor, der durch sein Vorhandensein menschliches, pflanzliches und tierisches Leben ermöglicht bzw. durch sein Nichtvorhandensein dieses ausschließt. Der Zwang zur Wassereinsparung wird verstärkt durch

— die aus Umweltbelastungen resultierende Verschlechterung der Grundwasserqualität (eine Reihe von Brunnen mußte aus diesem Grunde bereits stillgelegt werden).

— Die verstärkte Wasserentnahme in den Wassergewinnungsgebieten führt zur Absenkung des Grundwasserspiegels (im hessischen Ried in ca. 10—15 Jahren um 7—8 m). Die Absenkung des Wasserspiegels führt zur Einschränkung in der landwirtschaftlichen Nutzung und zu nicht meßbaren ökologischen Schäden.

— Der Ferntransport großer Wassermengen zur Versorgung von Ballungsräumen bringt Störungen im natürlichen Gleichgewicht.

Sieben- bis achtmal soviel Wasser wie im Jahre 1850 verbrauchen Bundesbürger heutzutage. Sämtliche Wasserentnahmen aus dem Grundwasser stellen Eingriffe in ein feingliedriges, meist unsichtbares Wasserkreislaufsystem dar. Das Wissen über Art, Verlauf, Ausdehnung und Geschwindigkeit von Grundwasserströmen ist gering. Die Folgen von übermäßigen Entnahmen, die über die Neubildungsfähigkeit hinausgehen, sind Grundwasserabsenkungen, verbunden mit Schädigungen der Rückhalte- und Reinigungskraft des Bodens.

Geeignete Maßnahmen zur Verminderung des Trinkwasserverbrauchs sind:
— die Rückhaltung und Nutzung des Niederschlagswassers,
— die Mehrfachnutzung von Trink- und Brauchwasser,
— die Reduzierung des Wasserverbrauchs (z.B. durch Einbau von Durchflußbegrenzern in WC's).

2.8 Maßnahmen zur Wasserentsorgung

In der Abwasserentsorgung wird unterschieden zwischen dem häuslichen Abwasser, gewerblichen und industriellen Abwässern und dem Niederschlagswasser. Durch die Kanalisation werden vielfach oberirdisch und unterirdisch verlaufende Wasserströme unterbrochen und gestört. Durch tiefe Rohrgräben und zusätzlich verlegte Drainagen erfolgt eine Ableitung des Wassers aus angeschnittenen wasserführenden Bodenschichten. Zusätzlich werden vielfach Sickerungen bei Neubauten von Gebäuden und Straßen angeschlossen. Dem Untergrund wird auf diese Weise Wasser entzogen und dadurch das vorhandene Gleichgewicht zusätzlich gestört. Diese negativen Wirkungen können reduziert werden:

— Durch die Freilegung verdohlter Wasserläufe besteht die Einleitungsmöglichkeit für Hangwasser und Drainageabflüsse. Die hydraulische Belastung von Kläranlagen wird vermindert.

— Die Trennung von Schmutzwasser- und Regenwasserableitung erlaubt unterschiedliche Klärsysteme.

— Regenwasserklärbecken können in offener Bauweise als Teich Biotopcharakter erhalten und so zusätzliche Funktionen erfüllen.

— Bei gesonderten Schmutzwasserableitungen muß die Reinigung zusätzliche Regenwassermengen nicht mehr aufnehmen.

— Die Entsiegelung von Flächen und die Anlage von Pflanzzonen, insbesondere bei Verkehrsflächen, ist in der Lage, die Abflußbeiwerte bei Niederschlägen erheblich zu verringern. Zusätzlich können veränderbare Wasserspiegel in Teichen, Rückhaltebecken u.a. das Entwässerungsnetz erheblich entlasten.

— Durch die Trennung von Fremdwasser aus Drainagen und Quellen belastet das ständig fließende unverschmutzte Wasser nicht mehr die Kanäle und Kläranlagen und kann sinnvoll genutzt werden.

— Naturnahe Klärverfahren sollten insbesondere bei Streusiedlungen und Einzelhäusern zugelassen werden.

— Natürliche, offene Abläufe, Wassergräben und Bäche sollten erhalten werden.

— Durch die Entsiegelung der öffentlichen und privaten Flächen wird die Abflußspende vermindert.

Als Beispiel für Maßnahmen der Abwasserentsorgung können natürliche Klärverfahren gelten. Die Wirkungsweise der natürlichen Klärverfahren ist von klimatischen Bedingungen ebenso abhängig, wie von der möglichen toxischen Belastung des Abwassers. Mit Ausnahme von Streusiedlungen,

Gehöften und kleinen Ortsteilen werden deshalb z.Z. natürliche Klärverfahren hauptsächlich als Schönungsteiche und Nachbehandlungsanlagen im Zusammenhang mit mechanisch-biologischen Kläranlagen verwendet. Die ersten Wurzelraumentsorgungsanlagen werden gebaut und untersucht, um genaue Aufschlüsse über Wirkungszusammenhänge, Dimensionierung und Reinigungsleistung zu erzielen. In verschiedenen Bebauungsplänen sind bereits flächenverbindend Kläranlagen u.a. festgesetzt.

2.9 Ökologische Abfallbewirtschaftungskonzepte

Spätestens durch die Skandale um Altlasten ist das Müllproblem allgemein ins Blickfeld gerückt. Das Müllaufkommen ist nicht nur ein mengenmäßiges Problem, sondern vor allem ein Problem der Zusammensetzung. Schwer oder nicht abbaubare, sogar giftige Stoffe (Kunststoffe, Lacke, Lösungs- und Reinigungsmittel, Batterien...) haben einen zunehmenden Anteil am Müllaufkommen. Ein erhebliches Gefährdungspotential für Böden und Grundwasser liegt auch in dem hohen Anteil des Mülls, der in sog. ungeordneten Deponien gelagert wird. Eine nachträgliche Behebung der Schäden (Schadstoffeintrag in den Boden und ins Grundwasser) ist kaum möglich. Daher ist auch der Begriff "Entsorgung" hier irreführend: Der Sorgen können wir uns so nicht entledigen, wir können sie allenfalls zwischenlagern. Die Aufgabenstellung ökologischer Abfallbewirtschaftungskonzepte lautet also, das Müllvolumen zu reduzieren sowie das Gefährdungspotential durch Müll zu verringern. Wesentliche Elemente sind

— die Vorsorge, d.h. die Abfallvermeidung,

— die Abfallverminderung,

— die Abfallverwertung

— und schließlich die Reststoffbeseitigung.

Die Müllvermeidung ist sowohl eine politische Aufgabe als auch ein Aspekt der Bewußtseinsbildung der Konsumenten. Die Müllproduzenten (Hersteller und Verbraucher) müssen durch Druck und Überzeugungsarbeit zur Reduzierung des Verbrauchs mülltrachtiger Produkte bewegt werden. Einwegbehälter und verpackungsintensive Produkte oder Waren aus giftigen, nicht abbaubaren oder nicht recycling-fähigen Stoffen müssen reduziert werden. In (6) werden Elemente eines ökologischen Abfallbewirtschaftungskonzeptes genannt:

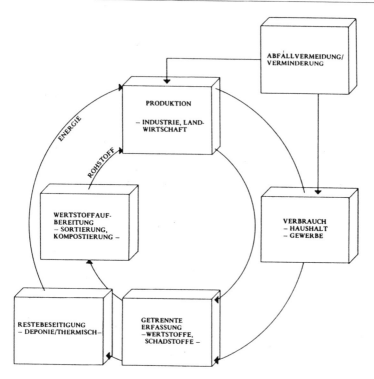

Abbildung:
Grundpfeiler eines ökologischen Müllkonzeptes (5)

— Auflagen bei der Erteilung von Betriebsgenehmigungen (Produktionsbetriebe, Gaststättenbetriebe mit Einwegbehältern)
— Beschränkung des In-Verkehr-bringens (z.B. keine Einweg-Getränkeautomaten)
— öffentliches Vergabe- und Beschaffungswesen (keine Einwegbehälter in Großküchen, Beschaffung reparaturfreundlicher, langlebiger, schadstoffarmer Güter)
— öffentliche Förderung von Abfallvermeidungsmaßnahmen (Verkauf loser Waren, Förderung entsprechender Läden, "Sperrmüll"-Börsen)
— Einflußnahme über die Besteuerung (Kopplung des Gewerbesteuerhebesatzes mit Abfallvermeidungsmaßnahmen)
— Einflußnahme über die Müllgebühren (keine degressive Staffelung der Müllgebühren)

- Erhöhung der Sammelfrequenzen von Problemstoffsammlungen
- Verbesserung der stationären und mobilen Sammlungen durch Verkleinerung des Erfassungsradius
- gezieltere und wirksamere Öffentlichkeitsarbeit
- Verlängerung der Öffnungszeiten von Annahmestellen
- Altstoffsammlung für schwermetallhaltige Produkte (z.B. Lametta, Bleikuppen von Weinflaschen, Kupfer- und Messingdrähte usw.)
- Aufstellen von Depotcontainern für Batterien
- stärkere Verpflichtung des Handels zur Rücknahme von Problemstoffen (Altöl, Autoakkus, Batterien, Arzneimittel, Farbreste usw.)
- Förderung der Eigenkompostierung vor Ort oder über eine "grüne Tonne" in der Stadtgärtnerei
- Kombination von Hol- und Bringsystemen wie z.B. beim Sperrmüll, bei Altpapier oder Textilien

Der komplizierteste Teil der Aufgabe wird die Erfassung von Sondermüll in Industrie- und Gewerbebetrieben sein.

2.10 Umweltverträgliche Energieversorgungssysteme

Alle Emissionen schlagen sich irgendwo als Immissionen nieder; so werden durch die sog. Hohe-Schornstein-Politik weiträumig Gebiete auf Kosten anderer, bisher unbelasteter Gebiete von Immissionen entlastet. Die Erfahrungen mit globalen Schäden wie dem Waldsterben haben dazu geführt, daß man sich vor allem an einer Reduzierung der Emissionen orientiert. Dies gelingt zum einen durch die Verbesserung der Gesamtwirkungsgrade. Bei dem Einsatz energiesparender Technologie wird durch die Nutzung regenerativer Energiequellen, der Abwärmenutzung und auch der energetischen Abfallnutzung oder der Biogasnutzung eine entsprechende Primärenergieeinsparung erzielt. Neben der Verminderung von Schadstoffemissionen werden auch die anderen durch den Energieverbrauch bedingten Umweltbelastungen gemindert:

- Belastung der Gewässer mit Schadstoffen und Abwärme,
- Flächenanspruch der Energieumwandlungs- und Verteilungsanlagen sowie des Bergbaus,
- Sickerwasser aus Bergehalden,
- negative Beeinflussung des Klimas wie CO_2-Emissionen, Abwärme
- und die Beeinträchtigung des Landschaftsbildes.

Der Einsatz umweltverträglicher, meist leitungsgebundener Energieversorgungssysteme bedeutet die Verdrängung anderer Energiesysteme und/oder Versorgungssysteme, mit deren mengenmäßigen und spezifischen Emissionen. Die damit verbundene Emissionsverminderung kann örtlich, überörtlich und auch global wirksam werden. Deshalb müssen die alternativen Wärmeversorgungssysteme in ihrer gesamten Prozeßkette von der Primärenergiegewinnung bis hin zur Nutzenergieanwendung (Kraft, Licht, Wärme) ökologisch bewertet werden. Wenn man nur die ortsnahen Emissionen betrachtet, wird möglicherweise ein energetisch hoch-effizientes und mit minimalen Gesamtemissionen verbundenes kommunales Heizkraftwerk zugunsten einer Elektrowärmeversorgung verdrängt. Dabei werden die mehrfach höheren Emissionen im außerhalb des Planungsraumes liegenden Kraftwerk übersehen.

Umweltverträgliche Energieversorgungssysteme können einerseits **zentral** hergestellte Wärme z.b. aus der Kraft-Wärme-Kopplung oder der Abwärmenutzung verteilen oder andererseits Sonnenenergie oder Umweltwärme **dezentral** nutzen. Im ersten Fall schränken die zentralen Systeme größeren Maßstabs individuelle Lösungen stark ein, da sie nur bei einer relativ großen Anschlußdichte zu realisieren sind. Die dezentrale Nutzung von Umweltwärme kann ökologische Probleme mit sich bringen (z.B. bei intensiver Grundwasser-Wärmepumpen-Nutzung oder unzureichender Wartung). Die Zentral-Dezentraldiskussion hinsichtlich der Energieversorgung ist gegenwärtig noch nicht abgeschlossen. Die Argumente lassen sich folgendermaßen zusammenfassen:

Argumente pro zentral:

— wirtschaftliche Energieerzeugung in optimierten Anlagen mit hohem Wirkungsgrad, evtl. mit Kraft-Wärme-Kopplung,
— hohe Schadstoffrückhaltung durch den Einsatz neuester Technologie,
— Versorgungssicherheit durch optimale Wartung von Fachleuten, die rund um die Uhr verfügbar sind.

Argumente pro dezentral:

— der Betreiber kann sein Beheizungssystem frei wählen,
— der mit Aufwand, Verlusten und oft auch Umweltzerstörung (Hochspannungsmasten bei Strom, Unfallrisiko bei Heizöltransporten) verbundene Transport und die Verteilung des Energieträgers entfällt,
— das System ist flexibel den jeweiligen Standortbedingungen anpaßbar.

Städte wurden eingangs schon als "Parasiten" beschrieben, die von den Rohstoffen des Umlandes leben und die Abfallprodukte ihrer Existenz und Wirtschaft dem Umland überlassen. Energieversorgungskonzepte und alternative Energieträger können dazu beitragen, diese einseitige Beziehung zu verändern, indem sie zur Reduzierung des Energieverbrauchs beitragen und auf umweltfreundlichere Energieträger bzw. -technologien zurückgreifen. Hierdurch werden Verbrennungsvorgänge und -mengen und dadurch auch die Emissionen reduziert.

Die Darstellungen dieses Kapitels waren zunächst nur geeignet, einen Überblick über das Spektrum ökologischer Handlungsfelder zu geben. Umgesetzte Beispiele werden in den folgenden Beiträgen vorgestellt.

3. Gegenwärtig verfügbare Instrumente

Die Umsetzung von Maßnahmen der ökologisch orientierten Stadterneuerung kann erfolgen durch

— behutsames Vorgehen mit sog. "weichen" Instrumenten oder
— mit Hilfe der gegebenen städtebaulichen Rechtsmittel.

Der Einsatz letzterer Instrumentarien ist vor allem dann erforderlich, wenn ein öffentlicher Initiator (Träger der Planungshoheit) seine Vorstellungen trotz Unwilligkeit des Eigentümers durchsetzen und langfristig (z.B. gegen Veränderungen bei Eigentümerwechsel) sichern will. Diese Vorgehensweise ist bei Maßnahmen der Stadterneuerung sicherlich die langwierigere und schwerfälligere; sie sollte also nur angewandt werden, wenn eine behutsame Vorgehensweise nicht möglich oder sinnvoll erscheint.

3.1 Behutsame Vorgehensweise

Zu den verfügbaren Instrumenten zur Sicherung stadtplanerischer Handlungsmöglichkeiten gehören:

— stadtweite Problemerfassung, z.B. Klimakarten, Bodenkarten, Lärmkarten, Belastungskarten (Boden, Wasser, Luft), Kartierung von Emittenten und anderen Belastungsverursachern (z.b. Modal-Split im Straßenverkehr), Biotopkartierung, Baulückenkataster, Altlastenkataster, "Stadtschrottkataster" etc.;
— Motivierung der Eigentümer, Mieter und sonstiger relevanter Personenkreise zu Mitwirkungsbereitschaft bei der Realisierung ökologisch sinnvoller Maßnahmen (Baulückenbebauung, Begrünung, Einrichtung von Mietergärten . . .);

- baurechtliche und rechtliche Beratung von Eigentümern und Mietern im Zusammenhang mit der Realisierung ökologisch sinnvoller Maßnahmen, z.B. Muster-Nutzungsverträge zu Mietergärten, Gestattungsverträge zwischen Kommune und Hauseigentümer bei Fassadenbepflanzung im Bürgersteigbereich, Beratung zur Baulückenbebauung;
- Sonderfinanzierungsprogramm z.B. von Bund, Land oder Kommune, der städtischen Sparkasse, der kommunalen Versorgungsunternehmen (Energie, Wasser, öffentlicher Nahverkehr), gezielte Bereitstellung von Mitteln des öffentlich geförderten Wohnungsbaus für ökologisch sinnvolle Baukonzepte, Vergabe von Grundstücken zu günstigen Erbpachtbedingungen, Information über neue Finanzierungsmodelle (Energiekaution ...);
- Beratung der Versorgungsunternehmen (Stadtwerke) zu Energie- und Wassereinsparungsmöglichkeiten mit dem Ziel, die "Betriebsphilosophie" zu ändern: Nicht mehr der Verkauf von möglichst viel Energie oder Wasser ist das Ziel, sondern möglichst effektive Schonung der Ressourcen!;
- Erprobung neuer Organisationsmodelle, z.B. Beteiligung von Versorgungsunternehmen an energetischen Modernisierungsmaßnahmen (Übernahme von privaten Heizwerken durch Stadtwerke, die dann Wärme anstatt Brennstoff verkaufen und daher an optimaler Auslegung der Heizsysteme interessiert sind);
- Beratung über die Möglichkeiten steuerlicher Abschreibung bzw. Förderung;
- Öffentlichkeitsarbeit, motivierende Programme, Aktionen, Broschüren; z.B. Straßenfest mit Information über Verkehrsberuhigung, Fassaden-, Dach-, Hofbegrünung oder den Anschluß an ein Fernwärmenetz;
- Wettbewerbe zur Begrünung oder Hofentkernung, Aufruf zur Pflegeübernahme oder Patenschaften (geringer kommunaler Aufwand mit Multiplikator-Wirkung für die ökologische Erneuerung);
- Wettbewerbsverfahren, Einbeziehung ökologisch relevanter Aspekte in städtebauliche und bauliche Wettbewerbsverfahren;

  Wettbewerbsvorbereitung: Ermittlung ökologisch relevanter Daten des Planungsgebietes, Nennung von zu beachtenden Standardwerken der ökologischen Fachliteratur sowie ökologischer Zielvorstellungen und Beurteilungskriterien;

  Wettbewerbsbearbeitung: Berücksichtigung der stadtökologischen Ziele und Nachweis über deren Erreichung (z.B. Berechnung des Versiegelungsgrades, Verschattungsplan, Liste der empfohlenen Materialien ...);

  Wettbewerbsbeurteilung: Auswahl geeigneter Vorprüfer und Preisrichter mit Kenntnissen ökologischer Wirkungszusammenhänge, deutliche Berücksichtigung ökologischer Aspekte bei der Preisfindung, entsprechende Hinweise bei den Aussagen zur Realisierung der Planung;
- fachliche Beratung über die bestmögliche Ausgestaltung stadtökologisch wirkungsvoller Maßnahmen;
- Aktionen zur Stärkung der Benutzung des öffentlichen Nahverkehrs, z.B. Tarifgestaltung (grüne Karte, Umwelt-Karte, die verbilligt über einen Zeitraum von einer Woche die Benutzung des gesamten Liniennetzes personenunabhängig ermöglicht), Aufbau von Betriebsbussystemen (bei größeren Betrieben) bzw. Sonderabgaben, wenn dies unterbleibt;
- zusätzlich zu diesen Aktionen kann die Kommune sich grundsätzlich durch die Liegenschaftspolitik engagieren, z.B. Ankauf von stadtökologisch relevanten Gebäuden oder Grundstücken, evtl. Verkauf nach ökologischer Verbesserung;
- ökologische Verbesserung stadteigener Gebäude und Grundstücke als "Initialzündung" sowie Verbesserungen auf öffentlichen Flächen (umweltverträgliche Gebäudematerialien oder Begrünung, "grün in der Stadt", Radverkehrssysteme, flächenhafte Verkehrsberuhigung);
- Pflege-/Baumpatenschaften; Bäume in der Stadt sind extremen Lebensbedingungen ausgesetzt (begrenzter Lebensraum, Lufttrockenheit, Wassermangel, befestigte Bodenflächen, Verkehrsschäden, Stamm- und Wurzelschäden durch Streuen von Auftausalzen). Hier können Stadtverwaltungen die Bürger zur Mithilfe bei der Pflege dieser Bäume auffordern. Aufgaben der Baumpaten können sein: den Boden säubern und lockern; sie können die Bäume/Pflanzen begießen und düngen sowie Schäden beim Gartenamt melden.

3.2 Städtebauliche Rechtsmittel

Zur Sicherung der Handlungsmöglichkeiten stehen der Gemeinde eine Reihe gesetzlicher Instrumente zur Verfügung. Der folgende Überblick nennt die wesentlichen, im Alltagsgeschäft relevanten Rechtsmittel:

— Städtebauförderungsgesetz, StBauFG (jetzt BauGB §§ 24, 87—89 und 136 ff). Die Vorgehensweise nach StBauFG eignet sich besonders bei Erneuerungsgebieten mit komplexen Planungsaufgaben. Das StBauFG bietet zwar materiell keine Rechtsmittel zur Durchsetzung ökologisch-städtebaulicher Ziele; es verschafft dem Planer jedoch eine ausreichende Zeitspanne für die Planungsphase und eine — begrenzte — Eingriffsmöglichkeit gegenüber privaten und öffentlichen Bauherren, die Vorhaben entgegen den ökologischen Zielsetzungen realisieren wollen. Das bodenrechtliche Instrumentarium des StBauFG mit seinen Genehmigungsvorbehalten, die praktisch einer Veränderungssperre gleichkommen, wird aber wegen seiner kurz- bis mittelfristig investitionshemmenden Wirkung oft nur noch zögernd angewandt. Die Änderung des StBauFG mit der Einführung des vereinfachten Sanierungsverfahrens fördert zwar den Verfahrensablauf, setzt aber den Planer wieder dem Zwängen des oft einer ökologisch angepaßten Planung entgegenstehenden Entwicklungsdruckes im Sanierungsgebiet aus. Die "vorbereitenden Untersuchungen des StBauFG" bieten jedenfalls die Möglichkeit einer umfassenden ökologischen Bestandsaufnahme. Sie sind als Einzeluntersuchungen auch dann möglich, wenn ansonsten die vorbereitende Untersuchung weitgehend oder ganz verzichtet werden soll. Die Anwendung des StBauFG verleiht der ökologischen Zielsetzung insofern eine stärkere Durchsetzbarkeit, als dem Argument der zunächst möglicherweise höheren Kosten ökologisch angepaßter Maßnahmen mit der öffentlichen Förderung der unrentierlichen Kosten begegnet werden kann.

— Baugesetzbuch (BauGB), Baunutzungsverordnung (BauNVO)
Während das StBauFG lediglich einen formellen Rahmen für die Entwicklung und Umsetzung einer Planung liefert, stellt das BauGB (in Verbindung mit der BauNVO) neben den Verfahrensmaßregeln auch das "Werkzeug" für die verbindliche Fixierung der Planung zur Verfügung. Dies gilt sowohl für die Argumente zur Begründung der Planung (abwägungsrelevante Belange) wie auch für die konkreten Festsetzungsmöglichkeiten. Ökologisch orientierte Planungen können sich auf die folgenden Belange berufen und sie in den Abwägung anderen Belangen vorziehen (§ 1 Abs. 5 BauGB):
o allgemeine Anforderungen an gesunde Wohn- und Arbeitsverhältnisse
o die Belange des Umweltschutzes
o des Naturschutzes und der Landschaftspflege, insbesondere des Naturhaushaltes
o des Wassers, der Luft und des Bodens einschließlich seiner Rohstoffvorkommen sowie das Klima
o die Belange des Verkehrs einschließlich des öffentlichen Personennahverkehrs
o der Versorgung insbesondere mit Energie und Wasser
o der Abfallentsorgung und der Abwasserbeseitigung
o dem sparsamen Umgang mit Grund und Boden
Die konkreten Darstellungs- und Festsetzungsmöglichkeiten des BauGB (§ 5 BauGB für die vorbereitende, § 9 BauGB für die verbindliche Bauleitplanung) erlauben zumindest eine Planfixierung, die ökologisch sinnvolle, d.h. die natürlichen Lebensgrundlagen weitgehend schonende Maßnahmen nicht verhindert bzw. sogar begünstigt. Die phantasievolle und politisch getragene Kombination der Festsetzungsmöglichkeiten von BauGB/BauNVO und die Ausschöpfung aller Differenzierungsmöglichkeiten bei der Planfestsetzung können den Grad der Zielerreichung für eine ökologisch orientierte Planung wesentlich erhöhen. Da sich die Regelungsmöglichkeiten der Bauleitplanung aber weitgehend auf die Festsetzung von Art und Maß der Nutzung, der Bauweise, der Stellung der Baukörper, der Geschoßzahl, der Anordnung der Freiflächen und ihrer Nutzung bzw. Bepflanzung, der Anordnung der Verkehrsflächen und ihrer Zweckbestimmung, der Gliederung der Baugebiete und von Vorkehrungen zum Schutz vor schädlichen Umwelteinwirkungen beschränken, bedarf es des komplementären Einsatzes anderer rechtlicher Instrumente, um eine ganzheitliche ökologisch orientierte Planung durchzusetzen:

— Landschaftsplanung (komplementär zum Siedlungsraum Festsetzungen für den Außenbereich). Abgeleitet aus den Naturschutz- und Landschafts(pflege)gesetzen der Länder können im Rahmen der Bauleitplanung bzw. in Landschaftsplänen ökologisch relevante Festsetzungen getroffen werden. Die rechtliche Verbindlichkeit von Landschaftsplänen ist in den einzelnen Ländern unterschiedlich geregelt (in NW liegt die Landschaftsplanung in der Planungshoheit der Kreise und kreisfreien Städte; der Landschaftsplan ist eigenständiger Fachplan mit rechtsverbindlichen Festsetzungen ("Bebauungsplan" für den Außenbereich). Allgemeingültige Regeln zur Fixierung ökologisch sinnvoller Maßnahmen sind daher in diesem Rahmen nicht möglich.

- Satzungen nach Bauordnungsrecht der Länder zur Gestaltung von baulichen Anlagen und der nicht überbaubaren Grundstücksflächen; durch Satzungen nach Bauordnungsrecht der Länder können die Festsetzungen von Bebauungsplänen ergänzt und die planerischen Vorgaben für den Bauherrn insgesamt detailschärfer gestaltet werden. Regelungstatbestände sind z.B.:
  o Vergrößerung bzw. Verringerung von Abstandsflächen zwischen Gebäuden,
  o Gestaltung unbebauter und bebauter Grundstücke,
  o Gestaltung baulicher Anlagen,
  o Gestaltung der Abstellplätze für Pkw,
  o Erhaltung von Bäumen.

- Gestaltungssatzungen. Nach Maßgabe der Bauordnungen der Länder können örtliche Bauvorschriften zur Gestaltung auch als Festsetzungen in Bebauungspläne übernommen werden. Derartige Gestaltungssatzungen können zwar ökologisch sinnvolle Vorschriften enthalten (z.b. Dachbegrünung), ihr primärer Regelungszweck ist jedoch die äußere Gestaltung der Baukörper oder Grundstücke.

- Gebote nach den §§ 176—179 BauGB. Durch den Ausspruch eines Bau-, Pflanz-, Nutzungs- oder Abbruchgebotes können Maßnahmen ökologischer Stadterneuerung durchgesetzt werden. Hierbei ist zu be-achten, daß der Ausspruch eines Abbruch-, Nutzungs- oder Pflanzgebotes stets auf den Festsetzungen eines gültigen Bebauungsplanes beruhen muß. Ein Baugebot kann ohne Bebauungsplan nur ausgesprochen werden, um innerhalb von im Zusammenhang bebauten Ortsteilen unbebaute oder geringfügig genutzte Grundstücke entsprechend den baurechtlichen Vorschriften zu nutzen oder einer baulichen Nutzung zuzuführen, insbesondere zur Schließung von Baulücken (§§ 176, 178 BauGB). Die nach BauGB mögliche Anordnung von Geboten wird in der Praxis jedoch nur selten eingesetzt, da komplizierte Verfahrensvorschriften und drohende Entschädigungspflichten die Gemeinden abschrecken.

- Satzungen nach Kommunalverfassungsrecht (Gemeindeordnungen z.B. Baumschutzsatzungen, Vorgartensatzungen). Grundsätzlich wird durch eine Satzung der Gestaltungsspielraum von Architekten, Eigentümern oder Nutzern im Wohnumfeld eingeschränkt und stößt daher oftmals bei Gemeinderäten und Gemeindeverwaltungen auf Vorbehalte. In diesem Zusammenhang ist auch das Problem "private Präventivmaßnahme" nicht zu vernachlässigen: Eine in Aufstellung be-findliche Baumschutzsatzung war schon oft Anlaß, zukünftig erhaltenswerte Bäume als unliebsame Planungshindernisse rechtzeitig zu entfernen.

- Anschluß- und Benutzungszwang. Ein weiteres Beispiel für eine selbständige Ortssatzung ist der Anschluß- und Benutzungszwang. In Stadterneuerungsgebieten ist der Anschluß an ein Fernwärmenetz oft sinnvoll, um Emissionen in den ohnehin schon stark belasteten Innenstädten zu verringern. Günstige Voraussetzung ist die hohe Baudichte in den Innenstädten (kurze Leitungsführung = niedrigere und geringere Wärmeverluste). Dieser Vorteil wird jedoch nur dann voll wirksam, wenn es gelingt, den Baubestand schnell und möglichst vollständig ans Netz anzuschließen. Hierbei kann der Anschluß- und Benutzungszwang hilfreich sein. Gemäß § 19 der nordrhein-westfälischen Gemeindeordnung vom 1.10.1984 können die Gemeinden bei öffentlichem Bedürfnis durch Satzung für die Grundstücke ihres Gesamtgebietes oder eines Teilgebietes den Anschluß an Einrichtungen zur Versorgung mit Fernwärme (Anschlußzwang) und die Benutzung dieser Einrichtungen (Benutzungszwang) vorschreiben. Ein Zwang ist jedoch immer ein schlechtes Argument. In der Regel mühsamer, aber letztlich wirksamer ist es, Kunden z.B. durch höhere Wirtschaftlichkeit und gleichbleibenden Komfort bei mehr Um-weltfreundlichkeit für einen Anschluß an die Fernwärme zu gewinnen.

- Öffentlich-rechtliche Verträge. Auch ohne Bauleitplanverfahren oder parallel dazu kann die Lösung von Umweltproblemen im Einzelfall dauerhaft gesichert werden. Beispiel: Ein Verhandlungsergebnis über die Reduzierung von Emissionen eines Gewerbebetriebes innerhalb eines bestimmten Zeitraumes kann mittels eines öffentlich-rechtlichen Vertrages fixiert werden. Weitere Planungen der Kommune können dann unmittelbar nach Vertragsabschluß von diesen geringen Emissionen ausgehen.

- Bodenvorratspolitik. Bei Grundstücksverkäufen kann die Kommune als Verkäuferin im Rahmen eines privatrechtlichen Vertrages bestimmte ökologisch sinnvolle Elemente sichern (z.B. Prozentanteil der Versiegelung, erhaltenswerte und zukünftige Begrünung, Verwendung ökologisch verträglicher Baumaterialien).

- Festsetzung nach Fachgesetzen. Eine Vielzahl von ökologisch bedeutsamen Maßnahmen und Eingriffen in die Natur vollzieht sich nach Festsetzungen aufgrund von Fachgesetzen (Bundesfernstraßengesetz, Bundesbahngesetz, Wasserhaushaltsgesetz usw.). Im Rahmen der jeweiligen Planfeststellungs-

verfahren können bei möglichst umweltschonender Planung zusätzlich Ausgleichsmaßnahmen für unvermeidbare Eingriffe in den Naturhaushalt festgelegt werden.
— Umweltverträglichkeitsprüfung (UVP). Immer mehr Kommunen führen die UVP in ihr Verwaltungshandeln ein. Gegenstand der UVP können inhaltliche Lösungsalternativen, Verfahrenswege, neue Vorhaben oder bestehende Situationen sein. Die UVP kann für das gesamte ökologisch relevante Verwaltungshandeln eingesetzt werden (Satzungen, Verwaltungsvorschriften, Verträge, Beschaffung von Materialien und Geräten, Vergabe von Aufträgen, Subventionen, Haushaltspläne, Bauleitplanung, Planfeststellung, Programme usw.). Eine Arbeitshilfe "Umweltverträglichkeitsprüfung in der Kommunalverwaltung" gibt hier Hinweise (7).

In diesem Beitrag konnte das große Spektrum stadtökologischer Ziele, die Fülle der Problemstellungen, Wirkungen, Wirkungsverflechtungen und Lösungsmöglichkeiten nur ansatzweise dargestellt werden. Umsetzungsversuche erfolgen z.Z. trotz mannigfacher Widerstände mit Hilfe vielfältiger Instrumente.

Um bei der Durchführung dieser komplexen Aufgabe letztlich erfolgreich zu sein, sind ein eindeutiger politischer Wille sowie engagiert Handelnde notwendig.

Anmerkungen

(1)
H. Dieterich: Fallstudien zum Baulandpotential für städtischen Lückenwohnungsbau. MFPRS-Forschungsprojekt 78.08, Kurzfassung in der Schriftenreihe des BMBau 03.097

(2)
P. Hofer, K. Masuhr, Prognos AG: Die Entwicklung des Energieverbrauchs in der Bundesrepublik Deutschland und seine Deckung bis zum Jahr 2000. Studie im Auftrag des Bundesministers für Wirtschaft, Juni 1984

(3)
R. Schmidt: Das Klima im Städtebau. In: Referateblatt zur Raumentwicklung der Bundesforschungsanstalt für Landeskunde und Raumordnung (BfLR), Bonn, Sonderheft 2/1980

(4)
T. Grohé: Flächensparendes Bauen — neue Ansatzpunkte zum Schaffen gesunder Wohnumwelt. In: Deutscher Rat für Landespflege, Heft 47 Flächensparendes Planen und Bauen, Oktober 1985, S. 710

(5)
Th. Koch, J. Seeberger, H. Petrik: Ökologische Müllverwertung, Reihe Alternative Konzepte des C.F. Müller-Verlags, Karlsruhe 1986, Bd. 44, S. 383

(6)
Ebenda, S. 384 f.

(7)
K. Otto-Zimmermann, Kommunalentwicklung Baden-Württemberg GmbH: Arbeitshilfe Umweltverträglichkeitsprüfung in der Kommunalverwaltung, Stuttgart 1987

Reinhard Sellnow
Auf der Suche nach Inhalten und Formen ökologischer Stadterneuerung — Aufforderung zu unkonventionellem Verwaltungshandeln

1. Zum Begriff der ökologischen Erneuerung

Der Begriff "Ökologie" als naturwissenschaftliche Fachrichtung hat einen präzisen Inhalt. Der Zoologe Ernst Haeckel bezeichnete damit (1866) die "Lehre vom Naturhaushalt", d.h. "die Wissenschaft von den Beziehungen des Organismus zur umgebenden Außenwelt, wohin wir im weiteren Sinne alle Existenzbedingungen rechnen können".

Dieser neue Wissenschaftsbereich widmete sich der systematischen Erforschung des Wirkungsgefüges (Vernetzungen, Kreisläufe, Abhängigkeiten, Wechselwirkungen usw.) zwischen Lebewesen/Lebensgemeinschaften und ihren natürlichen Lebensräumen. Der Mensch selbst war und ist in den biologischen Ökologiebegriff als Einfluß- und Bestimmungsfaktor nicht einbezogen. Nun zeigen der Zustand und die Not der natürlichen Umwelt, daß es nicht viel Sinn macht, den Menschen als Gestaltungs- und Veränderungsfaktor in der Betrachtung von Lebenszusammenhängen in der Natur unberücksichtigt zu lassen. Weiterhin zeigen der Zustand und die Not der menschlichen Lebenswelt (z.B. in der Stadt), daß es sinnvoll sein könnte, ökologische Erkenntnisse auf sie anzuwenden.

Wenn der Mensch aber einbezogen wird, dann übersteigt eine ökologische Betrachtung notwendigerweise die Betrachtung der "äußeren" Lebensbedingungen, wie Boden, Wasser, Luft, Pflanzen- und Tierwelt. Der Mensch ist nicht nur ein w e i t e r e s Lebewesen, das in die Betrachtung einbezogen wird, er ist auch ein ganz b e s o n d e r e s.

In seiner L e i b l i c h k e i t / K ö r p e r l i c h k e i t ist er Teil der Natur und damit s c h i c k s a l h a f t den Bedingungen des nichtmenschlichen Daseins unterstellt. Alles, was er dem nichtmenschlichen Dasein zumutet oder antut, wirkt zwangsläufig auf ihn als Teil des Naturganzen zurück: entweder förderlich oder schädlich. Und gleichzeitig ist der Mensch durch seine G e i s t e s b e s t i m m t h e i t als einziges Lebewesen auch nicht-schicksalhaft, sondern s e i n s h a f t den Bedingungen der Natur unterstellt, d.h. er kann sich gegenüber sich selbst, gegenüber seiner Umwelt und Mitwelt in Grenzen autonom, also selbstbestimmt und "frei" verhalten.

Die Art und Weise, wie der Mensch diese Geistbestimmtheit in seinen Fähigkeiten wie D e n k e n , V e r - n u n f t , V e r a n t w o r t u n g , E t h i k , K u l t u r usw. einsetzt, bestimmt maßgeblich seine eigene Ökologie, d.h. das Wirkungsgefüge unter den Menschen sowie zwischen den Menschen und ihren natürlichen Lebensräumen. Die Umweltprobleme, mit denen wir immer stärker konfrontiert sind, können daher durchaus als gebautes Denken, stofflich gewordene Vernunft, manifest gewordene Kultur und materieller Ausdruck unserer derzeitigen Ethik betrachtet werden.

Wenn Haeckel für die naturwissenschaftliche Ökologie fordert, a l l e Existenzbedingungen der Lebenwesen in die Betrachtung einzubeziehen, so müssen in analoger Anwendung auch a l l e Existenzbedingungen des Menschen in eine ö k o l o g i s c h zu nennende Betrachtung mit einbezogen werden. Da unser tägliches Handeln, die Organisation unseres Zusammenlebens, unser Umgang mit äußerer und innerer Natur aber wesentlich von unserem derzeitigen Denken, unserer besonderen Art von Vernunft und Verantwortung, der von uns z.Z. anerkannten und praktizierten Ethik und Kultur bestimmt werden, müssen a u c h d i e s e Faktoren Gegenstand einer ö k o l o g i s c h zu nennenden Betrachtung sein. Ohne sie wären wesentliche Einflußgrößen unberücksichtigt, und wir könnten weder die Umweltprobleme der Verangenheit und Gegenwart verstehen, noch wirksame Lösungsansätze für die Zukunft entwickeln.

Hierin, im Erkennen (1), daß unser praktiziertes Denken nicht das einzig mögliche Denken ist, daß eine verdrängte Ethik eben auch eine — und meist eine schlechte — ist und daß z.B. Wirtschaftlichkeitsberechnungen für Umweltinvestitionen nicht nur ein Entscheidungsinstrument, sondern gleichzeitig auch Ausdruck einer bestimmten Kultur sind, liegt die Chance eines neuen bewußten Seins (Bewußtseins) und damit der U m k e h r aus der Sackgasse der Umweltprobleme. Eine Lösungssuche a l l e i n im materiellen und technischen Bereich führt im besten Fall zu eingesparten Kilowattstunden, etwas länger reichenden Rohstoffvorräten oder etwas langsamerer Vergiftung unserer Umwelt, kurz: zu einer V e r l ä n g e r u n g der Sackgasse.

Was bedeuten diese Vorbemerkungen grundsätzlicher Art nun für die Begriffsbestimmung einer "ökologischen Erneuerung", angewandt auf unsere menschliche Lebenswelt, z.B. in der Stadt.

Es lassen sich daraus zwei f o r m a l e Mindestbedingungen ableiten:
Eine Erneuerung soll dann ö k o l o g i s c h genannt werden,
— wenn das Bemühen um eine g a n z h e i t l i c h e Betrachtung/Lösung und
— die O f f e n l e g u n g d e r O r i e n t i e r u n g, d.h. der angestrebten Ziele, Werte, Verantwortung usw. gegeben ist.

Ganzheitlich ist hier als "alle wesentlichen Einfluß- und Bestimmungsfaktoren umfassend" zu verstehen, was sowohl den quantitativen Aspekt hat, keine wesentlichen Faktoren unberücksichtigt zu lassen, als auch den qualitativen, das Wirkungsgefüge zwischen den Einzelfaktoren zu erfassen, das aus der Summe der Einzelteile erst ein Ganzes macht.

Eine ganzheitliche Betrachtung strebt nicht nach Vollständigkeit i.S. eines 100%igen Faktenwissens (was ja nie zu erreichen wäre), sondern eben nach Wesentlichkeit, und die setzt bei ihrer Bestimmung Unbegrenztheit und Offenheit in der Suche, Betrachtung und Bewertung von Einflußfaktoren sowie ihren Vernetzungen, Abhängigkeiten und Wechselwirkungen voraus.

Fehlende Daten und Fakten können eine ganzheitliche Betrachtung/ Lösungssuche erschweren, das bewußte Weglassen ganzer (Lebens-) Bereiche, Aspekte und Ebenen (z.b. wegen fehlender Kenntnis, fehlender Einwirkungs- und Steuerungsmöglichkeiten, fehlender Zuständigkeiten, gegebener Arbeitsteilung usw.) macht eine ökologische Betrachtung jedoch fast unmöglich, da vielleicht gerade in den ausgeklammerten Bereichen der Schlüssel zum Verständnis des Gesamtzusammenhanges liegt.

Die Summe allen Faktenwissens, erklärenden (Zusammenhänge) und instrumentellen (Methoden) Wissens der betrachteten Situation sagt aber noch nichts über die Richtung der angestrebten Erneuerung aus; eine ganzheitliche Betrachtung als solche ist noch ziel- und wert-los.

Erst mit der Erfüllung der zweiten formalen Voraussetzung der **Offenlegung der Orientierung**, d.h. der angestrebten Ziele, Werte, Verantwortung, Politik usw., wird ein Erneuerungsvorschlag begründbar, nachvollziehbar und überprüfbar. Das Erkennen und Beschreiben von Kreisläufen und Vernetzungen in der Stadt sagt allein noch nichts über ihren Sinn und Wert; erst in Verbindung mit einem erklärten Ziel, das sich als Wert hinterfragen läßt, gewinnen sie an Bedeutung und Aussagekraft.

Diese zweite Bedingung des Begriffes einer ökologischen Erneuerung erscheint mühevoll und schwer zu erfüllen. Die Unterscheidung in Fakten einerseits und Ziele und Werte andererseits ist eher unüblich. Nur: Gerade weil wir hier nicht gewohnt sind zu trennen, merken wir nicht mehr, wann wer über welche Ziele und Werte befindet. Wir übernehmen mit den Gutachten und Empfehlungen der Experten auch deren zugrundeliegendes Denken und ihre Werthaltungen, die selten offengelegt sind.

Ein Atomphysiker kann uns vielleicht die Wahrscheinlichkeit eines Reaktorunglücks berechnen, aber niemals mit diesem Wissen die Frage beantworten, ob wir dieses Restrisiko auch eingehen sollen. Ein Rußfilter im Schornstein mag betriebswirtschaftlich unrentabel sein, es ist aber nicht nur eine Frage der Unternehmensführung, ob er deshalb auch unzumutbar ist.

Ein und dasselbe Dach in einer historischen Altstadt kann — bei ökologischer Zielsetzung — der Energiegewinnung durch Sonnenkollektoren, der Stadtklimaverbesserung durch Begrünung und der Stadtkultur durch Nichtveränderung (Denkmalschutz) dienen. Darüber hinaus kann durch bauliche Investitionen, die zu Mieterhöhungen führen, eine Mieterverdrängung bewirkt werden, die ggf. gewachsene Nachbarschaftsbeziehungen zerreißt und die Sozialstruktur verändert. Welche dieser jeweils "für sich" ökologischen Maßnahmen ist denn nun die "richtig" ökologische? Und wer vermag das aufgrund welcher Ausbildung, Spezialisierung und Arbeitsteilung, mit welchem Denken und welchen Maßstäben zu entscheiden?

Unsere eigentliche Not liegt genau hier: im Nichterkennen der jeweiligen Wert-Frage, Wert-Haltung, Wert-Schätzung, die unser Denken, unser Entscheiden und Handeln beinhaltet.

Ob eine Lösung "gut" oder "schlecht" genannt wird, bemißt sich meistens nach Kriterien wie leicht, schnell, be-quem, billig, einträglich, rentabel usw., selten jedoch daran, ob sie verantwortlich mit Boden, Wasser, Luft, Pflanzen-/Tierwelt und nicht zuletzt mit dem Menschen von Heute und den Generationen von Morgen umgeht.

Und noch seltener bewerten wir eine Lösung nach Kriterien, die eine menschenbezogene Nützlichkeit und eine aus langfristigem Überleben orientierte Klugheit übersteigen, die aus einer absolute Werte anerkennenden Ethik stammen.

Geisteswissenschaften und Religion vermögen Denkanstöße und erste Ansätze zu geben, — allein auch sie sind überfordert, kurzfristig das gesellschaftliche Übergewicht auszugleichen, daß das mathematisch-naturwissenschaftliche Denken nach der Trennung der Natur- von den Geisteswissenschaften in über 300 Jahren gewonnen hat. Gezielte Rückblicke in die abendländische Geschichte und die geistige Orientierung anderer Kulturen zeigen, daß hiermit nichts Unmögliches verlangt wird. Dennoch finden wir dort nur Anregungen und Beispiele, keine Patentrezepte. Die Aufgabe, eine geistige Orientierung an unserem Ort und für unsere Zeit zu finden, nimmt uns niemand ab.

Insofern ist mit den beiden Bedingungen der ganzheitlichen Betrachtung und Offenlegung der Orientierung ein hoher Anspruch formuliert, eine große, schwierige und langwierige Aufgabe. Doch mangels einer Alternative, die leichter und bequemer ist und trotzdem eine "Umkehr" und nicht nur eine "Verlängerung" der Sackgasse verspricht, haben wir keine Wahl. Es gibt keinen entscheidungsfreien Raum. Selbst während einem "Augenzumachen", Abwarten oder Hoffen auf eine unerwartete Wende bleibt die Entwicklung ja nicht stehen. Jeder von uns geht jeden Tag aufs Neue mit Natur um und nutzt ganz selbstverständlich seine Fähigkeit zu Denken und zu bewußtem Sein. Damit haben wir vielfältigste Anwendungsbereiche und Probiersituationen. Wir können sofort damit anfangen, uns zu bemühen, ökologisch orientiert zu denken und zu werten, wo immer wir privat oder beruflich stehen. Dazu ist ein mutiges, dennoch sensibles Herantasten nötig, ein phantasievolles Probieren neuer Wege, um durch Versuch und Irrtum wieder ein Gespür für das Ganze zu bekommen. Es stehen dabei durchaus auch kurzfristige Lösungen zur Verfügung, die sofort handlungswirksam werden können: V o r s i c h t , B e s c h e i d e n h e i t und ggf. V e r z i c h t aus Anerkennung und Respekt vor dem großen Nichtwissen über ökologische Zusammenhänge.

"Ökologisch" würde dann in seinem eigenen Wortsinne gebraucht, nämlich abgeleitet von "oikos" und "logos" (griech.) als Wort oder Lehre vom Haus oder Haushalt. Haushalten heißt, a l l e Erfordernisse des Hauses gleichzeitig im Blick haben und abwägen, um auf Dauer das Haus (oder den Haushalt) als Ganzes zu erhalten.

Wenn deutlich geworden ist, daß es im Kern nicht um neue Technologien, sondern um neues Denken geht, wenn die Not nicht nur in verschmutzter Luft und belastetem Boden, sondern auch in der fehlenden geistigen Orientierung gesehen wird, dann können wir den umstrittenen Ökologie-Begriff vielleicht auch wieder aufgeben und die angestrebte Erneuerung geistig, kulturell oder ethisch nennen, und die sogenannten "ökologischen" Maßnahmen sind dann wieder einfach vernünftige, vertretbare, verantwortliche, haushälterische oder vom "gesunden Menschenverstand" geprägte Lösungen.

2. Förderung einer ökologischen Erneuerung "von unten" durch die Stadtverwaltung

Schon lange bevor sich Politiker und Stadtverwaltungen für ökologische Lösungsansätze interessiert haben, haben es besorgte und engagierte Bürger getan — einzeln, in Gruppen, Initiativen oder Organisationen. Mit unterschiedlicher Motivation, aber oft aus Einsicht in die Grenzen des Wachstums, des Raubbaus an der Natur und der Belastung der Umwelt, waren und sind sie bereit, persönliche Konsequenzen für ihren Lebensalltag zu ziehen. Gesamtgesellschaftlich sicherlich noch eine Minderheit, versuchen sie konsequent Lebensformen, Verhaltensweisen und real lebbare Alternativen zu entwickeln, die einer persönlich empfundenen Verantwortung für die Lebensgrundlagen künftiger Generationen und für die Welt als Lebensraum aller Geschöpfe Rechnung tragen.

Als Beispiele (2) für Versuche einer umweltverträglichen Lebensweise durch engagierte Bürger seien genannt:
— Haushalt/Verbraucherverhalten: z.B. gesunde Ernährung, eigene Vorratswirtschaft und Selbstversorgung, gemeinschaftliche Beschaffungsformen, sparsamer Umgang mit Energie und Wasser, weniger Chemikalieneinsatz, Wahl umweltfreundlicher Produkte, Nutzung des Gebrauchtwarenmarktes, Überprüfung der Konsumbedürfnisse, Müllvermeidung/Mülltrennung usw.;

- Gesundheit: z.B. gesunde Lebensführung, eigenverantwortliche Gesundheitsvorsorge, Hausmedizin im Bagatellbereich, gesundheitsbezogene Selbsthilfegruppen, Unterstützung von Gesundheitsinitiativen und -läden usw.;

- Soziale Beziehungen: z.B. gutes Familienklima, mehrere Generationen unter einem Dach, Nachbarschaftshilfen, Arbeits- und Lebensgemeinschaften, Hilfen für Ausländer, soziale Selbsthilfegruppen, Bürgerinitiativen, Vereine, selbstverwaltete Bürgerhäuser mit Räumlichkeiten für Begegnung, Spiel, Sport und gemeinsame Freizeitgestaltung, Straßenfeste usw.;

- Kultur: z.B. Entwicklung und Pflege einer Stadtteilkultur, wie Kleinkunst, Traditionspflege, Wandmalerei, lokale Ausstellungen für Hobbykünstler, Stadtteilfeste, Vereinsleben, Stadtteilzeitung, Medienwerkstatt, Volkshochschule usw.;

- Arbeit/Gewerbe: z.B. Selbsthilfeprojekte (Abfallbörse, Recyclingstation usw.), Ausbildungsprojekte für arbeitslose Jugendliche, Teilzeitarbeitsplätze, lokale Versorgung mit umweltfreundlichen Produkten und Dienstleistungen, Integration von Arbeiten und Wohnen, Existenzgründung in "ökologischen" Nischen usw.;

- Wohnung/Haus: z.B. Verwendung ökologischer Baustoffe, Wärmedämmung, passive und aktive Sonnenenergienutzung, Wärmerückgewinnung, Optimierung vorhandener Heizsysteme, Reduzierung von Trinkwasserverbrauch und Abwasser, Regenwassernutzung, Kombination dieser Maßnahmen in ökologischen Siedlungen usw.;

- Wohnumfeld/Grün in der Stadt: z.B. Hof-Fassaden- und Dachbegrünung, Mietergärten, Kompostierung, Teiche und Tümpel, Kleintierhaltung, Baum-, Bach- und Grünflächenpatenschaften, biologischer Gartenbau, Schulgärten, Kinderbauernhof/Jugendfarm usw.;

- Verkehr: z.B. öfter zu Fuß, Fahrrad, ÖPNV, Fahrgemeinschaften, Mitfahrzentrale, Autostopp, freiwillig Tempo 30 in Wohngebieten bzw. 80/100 km/h auf Landstraßen und Autobahnen, umweltverträgliche Kfz-Technologien (Katalysator, asbestfreie Bremsbeläge) usw.

Nachdem es keine Frage sein dürfte, daß es sich hierbei um p r i v a t e Bemühungen handelt, die dasselbe Ziel der langfristigen Sicherung von Lebensgrundlagen verfolgen, das die Verwaltung als eigenen Auftrag für die Gesamtstadt hat, kann ein ö f f e n t l i c h e s Interesse an diesen Versuchen und ihren Ergebnissen unterstellt werden.

Die Verwaltung hätte nun die einzigartige Möglichkeit, durch ein unbürokratisches und weitgehend auflagenfreies Angebot an Hilfen und Förderungen, diese privaten Bemühungen zu erleichtern und zu unterstützen, ohne selbst aktiv und verantwortlich an den Einzelmaßnahmen beteiligt zu sein. Sie könnte damit relativ schnell und preiswert an den Ergebnissen und Erfahrungen teilhaben, ohne sich selbst mit den Vorhaben sogleich identifizieren zu müssen. Weiter ist zu bedenken, daß die Mitarbeiter der Verwaltung im Begleiten der privaten Maßnahmen zwanglos fachlich-ökologische Kompetenz erwerben und sich mit anderen Denkweisen auseinandersetzen können.

Da diese Öffnung der Verwaltung gegenüber privaten, ökologischen Maßnahmen grundsätzlich für alle Dienststellen gilt, wird der ganzheitliche und bereichsübergreifende Ansatz dieser Aufgabe unterstrichen und damit auch der Gefahr entgegengewirkt, die ökologische Erneuerung in der Stadt als Spezialaufgabe im Zuständigkeitsbereich von neuen Umweltschutzreferaten oder -ämtern mißzuverstehen.

Jede Stadtverwaltung verfügt über ein Potential an Hilfsmöglichkeiten für private, ökologische Maßnahmen, das sofort zur Verfügung gestellt werden könnte, kaum eines neuen Haushaltsansatzes oder einer Personalmehrung bedarf (da weitgehend bereits vorhanden), keine Zuständigkeiten antastet und keine Ämter- oder Referatsneuordnung erfordert. Seitens der Verwaltung bedarf es lediglich der Offenheit und Neugier, des Wohlwollens und Interesses, aus den Erfahrungen der Anwender zu lernen. Es wäre zudem ein erfreulicher Gewinn an Austausch und Bürgernähe, eine lebendige, zielgerichtete Ausfüllung des Schlagwortes, daß die Verwaltung für den Bürger da ist.

Es wäre auch völlig unnötig, einen parteipolitischen Richtungsstreit über die Einführung oder Nichteinführung zu betreiben, da es in den meisten Städten Teile und Ansätze einer derartigen Förderung bereits gibt, — sie heißen nur anders. Und oft genügt es, vorhandene Hilfsangebote eines Amtes sinngemäß auf das Aufgabenfeld eines anderen Amtes zu übertragen. So läßt sich — ausgehend von bereits bestehenden Hilfen einzelner Ämter — diese Förderungsidee durchaus langsam, abgestuft und der Bürgernachfrage angepaßt entwickeln. Eine Ausweitung, bis hin zu einem eigenständigen, alle Lebensbereiche der Bürger abdeckenden, "Förderprogramm für private, ökologische Maßnahmen" wäre dann nachfrage- und erfolgsgebunden und somit auch parteiübergreifend politisch leichter zu beschließen.

An beispielhaften Hilfs- und Fördermöglichkeiten (3) seien hier genannt:

1. Bereich Information

Um die Grundidee und Auseinandersetzung mit ökologischen Lebensweisen an breite Teile der Bevölkerung heranzutragen, könnten verstärkt eigene Publikationen des Presseamtes bzw. die städtischen Kontakte zur Lokalpresse genutzt werden. Auch jede andere Verwaltungsdienststelle könnte aufgaben- und zielgruppenspezifisch die Bevölkerung ansprechen, so z.B.

— das Gesundheitsamt mit Vorträgen und Filmen zu Gesundheitsvorsorge,
— das Jugendamt mit Informationen und Veranstaltungen in Jugendfreizeitheimen,
— das Amt für Kultur und Freizeit mit Veranstaltungen in Kulturläden, Bürgerhäusern und Begegnungsstätten,
— die Volkshochschule mit entsprechenden Kursangeboten,
— die Stadtbücherei mit themenbezogenen Büchertischen,
— das Reinigungs- und Fuhramt mit Müllfibeln,

— das Gartenbauamt mit Broschüren und Vorträgen zum biologischen Gartenbau,

— das Stadtplanungsamt oder Amt für Stadterneuerung mit Schriften zu Wohnungsmodernisierungen, Fassaden-, Dach- und Hinterhofbegrünungen usw.

2. Bereich Raum/Fläche

Da Stadtbewohner i.d.R. nicht über Nebengebäude, Scheunen, Werkstätten usw. verfügen und die Wohnungen zu klein sind, entsteht für Gruppeninitiativen schnell eine Raum- und Flächennot. Möglichkeiten, diese Raumnot zu lindern, bestehen

— im Öffnen kommunaler Gebäude (Schulen, Kindergärten, Freizeitheime, Begegnungsstätten, Bibliotheken, Kantinen, Rathäuser usw.) zur optimalen Belegung durch Mehrfachnutzung,

— in Vermittlungshilfe zu anderen Institutionen (freie Wohlfahrtsverbände, Kirchen, Vereine, Universitäten),

— in Vermietung/Verpachtung von städtischen Gebäuden,

— in der Anmietung von Räumen und Häusern durch die Stadt.

Flächennot kann gelindert werden durch

— die Bereitstellung von Freiflächen für Einzelveranstaltungen (Schulen, Straßen und Plätze, Parkplätze, ggf. Grünanlagen),

— die Bereitstellung von Freiflächen zur befristeten oder Dauernutzung (Baulücken, abgeräumte Flächen, Brachflächen usw.)

3. Bereich Material

Fast jede Dienststelle der Stadtverwaltung verfügt über Material, das Initiativen und Gruppen als technische Infrastruktur zur Verfügung gestellt werden könnte, damit sie sich auf die eigentlichen Inhalte ihres Anliegens konzentrieren können. In Frage kommen:

— technische Geräte (Plattenspieler, Tonband, Video, Film, Mikro, Verstärkeranlagen, Fotolabor usw.),

— Werkzeuge, Maschinen, größere Gartengeräte, Leitern, Komposthexler, Kreis- und Motorsägen, Schweißgerät,

— Fahrzeuge, wie Lkw und Minibus, Spezialfahrzeuge des Reinigungs- und Fuhramtes oder des Bauhofes,

— Möbel (Podium, Tische, Bänke, Zelte, Planen, Stelltafeln usw.),

— Sonstiges, wie Literatur, Kopierer, Matrizen usw.

4. Bereich Personal

Die Möglichkeiten, Personal als verwaltungsseitige Hilfestellung anzubieten, sind vielfältig. Der Einstieg in Form von Beratung oder der Übernahme begrenzter, qualifizierter Arbeiten ist durch die anfangs kleine Zahl von Einzelfällen sicherlich ohne Personalmehrung möglich.

Denkbar wären hier:
— Information und Beratung über Verwaltungshilfen,
— Information und Aufklärung über Gesetze, Verordnungen, Durchführungsbestimmungen, Verwaltungsprozesse usw.,
— Beratung von Fachdienststellen im Sinne der Hilfe zur Selbsthilfe (Beispiel: Gartenbauamt bei Pflanzenauswahl für Hofbegrünungen, Gesundheitsamt mit Kontaktvermittlung zu Selbsthilfegruppen usw.).

Bei fortgeschrittener Entwicklung, der Nachfrage und guter Bewährung wären dann auch
— die Übernahme begrenzter, qualifizierter Arbeiten durch Mitarbeiter der Verwaltung (Lkw-Fahrten, Spezialarbeiten bei Hofbegrünungen, Organisationshilfe, Medientechniker für Veranstaltungen usw.),
— die volle Personalkostenübernahme, wenn Aufgaben erfüllt werden, die im öffentlichen Interesse liegen und sonst von der Stadt selbst erbracht werden müßten (z.B. im Müllbereich, Sozialbetreuung) und
— die Schaffung von ABM-Stellen, die den Anwendern zur Verfügung stehen,

denkbar.

5. Bereich Finanzen

Obwohl die Finanznot vielfach das drängendste Problem der Projekte überhaupt ist, sollte mit Zuschüssen äußerst vorsichtig verfahren werden. Bei Zuschüssen sind klare (und in diesem Falle ökologisch begründete) Vergabekriterien nötig, um keine dauerhafte Subventionswirtschaft entstehen zu lassen, um Mitnehmereffekte zu vermeiden und um das öffentliche Interesse an einer Förderung mit Steuergeldern gut begründen zu können. Als weitere Möglichkeiten neben verlorenen Zuschüssen sind Bürgschaften, Darlehen, Einnahmeverzicht, begrenzte Kostenübernahme und nicht zuletzt eine indirekte Förderung durch den Kauf von Gütern und Dienstleistungen ökologischer Art zu nennen.

Eine wesentliche Erleichterung für eine unbürokratische Abwicklung verwaltungsseitiger Hilfen ist die Erarbeitung eines Kriterienkataloges (4), der als Maßstab für die ökologische Qualifikation und damit Förderungswürdigkeit einer Maßnahme herangezogen wird. Die Frage, ob bestimmte Maßnahmen eindeutig ökologisch seien, ist niemals absolut, sondern immer nur relativ, abhängig von den Umständen, Personen, Lebensbedingungen und Sachzwängen des Einzelfalles zu beantworten. Dennoch gibt es durchaus Hilfsmittel und Maßstäbe, die Tendenzaussagen ermöglichen.

Grundlage hierfür sind Erkenntnisse der Ökologie im engeren, naturwissenschaftlichen Sinne über Organisationsprinzipien der Natur selbst. Die Frage ist: Können Grundregeln und Kriterien, die über Millionen Jahre hinweg zwar Veränderung und Entwicklung in der Natur zuließen, aber nie die Lebensgrundlagen des Gesamtsystems infragestellten (Fließgleichgewicht), Anleitung oder gar Vorbild für die Organisation unseres menschlichen Zusammenlebens in der Stadt sein?

Mit der gleichzeitigen Warnung vor blinder, pauschaler Übernahme (eine "autogerechte" Stadt müßte sonst als besonders ökologisch gelten, da das Straßensystem in hervorragender Weise das Kreislauf- und Vernetzungskriterium erfüllt) soll dazu ermuntert werden, sich der inhaltlichen Füllung des Begriffes der ökologischen Sanierung über eine grundsätzliche Auseinandersetzung mit den Lebensprinzipien natürlicher Ökosysteme zu nähern.

Beispielhaft seien Grundregeln genannt wie:
— Anpassung an die Faktoren des Standortes
— Optimale Nutzung des örtlichen Naturpotentials an Energie und Materie
— Vernetzung der Stoff- und Energieflüsse, Einbindung in globale Kreisläufe
— Selbststeuerung in Regelkreisen / Rückkopplung
— Angemessene Größe und Dichte
— Relative Eigenständigkeit und notwendige Vernetzung mit benachbarten Systemen
— Entwicklung als offener Prozeß mit zunehmender Vielfalt und Stabilität
— Prinzip der Symbiose usw.

Suche nach Inhalten und Formen

oder Kriterien wie:

tendenziell/ökologisch	tendenziell/nicht ökologisch
kleinteilig	großteilig
dezentral	zentral
selbstversorgend, selbstbestimmt	fremdversorgend, fremdbestimmt
eigeninitiativ	fremdinitiativ
verträglich im Gesamtzusammenhang	unverträglich, störend, hemmend
umkehrbar	nicht oder nur aufwendig umkehrbar
rohstoffsparend	rohstoffverschwendend
energiesparend	energieverschwendend
umwoltfreundlich	umweltfeindlich
eher funktionsorientiert	eher wachstumsorientiert
relative Eigenständigkeit in der Vernetzung	Abhängigkeit von zentralen Einheiten

Mit einer derartigen, versuchsweisen Orientierung kann ein täglicher "Überzeugungskleinkrieg" zwischen Antragstellern und Mitarbeitern der Verwaltung vermieden werden, wenn letztere im Einzelfall vielleicht Mühe haben, die Förderungswürdigkeit einer Maßnahme zu bestimmen.

Diese Vorgehensweise, sich mit dem Gedankengut und den praktischen Beispielen einer privaten, ökologischen Erneuerung des Lebens in der Stadt vertraut zu machen, würde nicht nur Ernsthaftigkeit in einer umfassenden ökologischen Lösungssuche, gepaart mit Bürgernähe, beweisen. Fast wichtiger ist noch, daß damit auch eine Grundlage für Vertrauen und Glaubwürdigkeit gelegt wird, wenn die Stadtverwaltungen sich künftig an Konzepte einer ökologischen Erneuerung "von oben" heranwagt und mit umfassenden Lösungsansätzen natur- und umweltfreundliche Rahmenbedingungen für das Leben in der Stadt schaffen wollen, die notwendigerweise in private Bereiche der Lebensführung der Bürger eingreifen.

Der Stadtrat der Stadt Nürnberg hat am 13.11.1986 einstimmig beschlossen, das Gutachten "Arbeitshilfe zur ökologischen Erneuerung in der Stadt — Möglichkeiten privater Maßnahmen und deren Förderung durch die Stadtverwaltung" (s. (2)) im Rahmen des Projektes "Ökologische Stadterneuerung Gostenhof-Ost" auf seine Umsetzbarkeit hin zu prüfen und erste Erfahrungen zu sammeln.

3. Förderung einer ökologischen Erneuerung "von oben" durch die Stadtverwaltung

Es ist Auftrag eines Stadtrates und einer Stadtverwaltung, eine Daseinsvorsorge zu betreiben, die der einzelne Bürger für sich selbst nicht erbringen kann und die die langfristigen Lebensgrundlagen so sichert, daß nachfolgende Generationen noch Gestaltungsraum für ein gesundes, selbstbestimmtes Leben vorfinden.

Will sich eine Stadtverwaltung der Aufgabe einer Suche nach umweltverträglichen, ökologischen Lösungen stellen, hat sie zwei Möglichkeiten des Vorgehens, die sich jedoch durchaus ergänzen und gemeinsam verfolgt werden können.

1. Sektorale Vorgehensweise

Zunächst liegt es nahe, entsprechend der Referats- und Ämtergliederung sowie der Aufgabenverteilung die Dienststellen anzuweisen, innerhalb ihrer Zuständigkeiten nach umweltverträglichen Lösungen, Maßnahmen, Modellversuchen usw. Ausschau zu halten, sich entsprechendes Wissen anzueignen, nach Erfahrungen anderer Städte zu forschen und eigene Pilotprojekte zu starten.

Dies könnte dann beispielsweise heißen,

— daß sich das Stadtplanungsamt um entsprechende Festsetzungen (oder auch gerade Nichtfestsetzungen) in einem Bebauungsplan bemüht, der eine ökologische Siedlung ermöglichen soll;

— daß die Bauordnungsbehörde ihre Ermessensspielräume in der Landesbauordnung ausschöpft, um bestimmte biologische Baustoffe (z.B. Lehm) oder Konstruktionen (z.B. Holzbalkendecken) zu genehmigen;

— daß das Hochbauamt bei städtischen Vorhaben (z.B. einem Kindergarten) mit gutem Beispiel vorangeht und modellhaft ein Öko-Haus ermöglicht, das der Stadt und privaten Bauherren als Muster und Erfahrung dienen kann;

— daß das Gartenbauamt sich der Entsiegelung unnötig asphaltierter Flächen im öffentlichen Straßenraum annimmt, keine Chemikalien zur Düngung oder Unkrautbekämpfung einsetzt und auf Grün- und Freiflächen eine naturnahe Gestaltung und Pflege praktiziert;

— daß von der Verkehrsabteilung ein Konzept flächendeckender Verkehrsberuhigung entwickelt wird, das die Gewichtung zwischen Fußgängern, Radfahrern und Autofahrern neu verteilt und daß von den Verkehrsbetrieben der Öffentliche Nahverkehr durch entsprechende Tarifgestaltung und Qualitätssteigerung attraktiver gemacht wird;

— daß die Städtischen Werke Konzepte zu einer kommunalen Energieversorgung entwickeln, die sowohl eine dezentrale Energiegewinnung fördern, als auch den sparsamen Umgang mit Energie und Wasser honorieren;

— daß das Reinigungs- und Fuhramt Modellvorhaben der getrennten Müllsammlung, der kleinräumlichen Kompostierung und des Recycling einrichtet;

— daß das Beschaffungsamt sich einen Kriterienkatalog für umweltfreundliche Produkte zur Leitlinie macht und von Katalysatorautos über Reinigungs- und Putzmittel bis zum Lebensmitteleinkauf der Rathauskantine ein Vorbild für umweltbewußtes Verbraucherverhalten abgibt;

— usw.

In all diesen und vielen weiteren Bereichen liegen Vorschläge und oft mehrjährige Erfahrungen auf dem Tisch. Sofern nicht in der eigenen Stadt vorhanden, lassen sie sich leicht als Informationen anderer Städte zusammentragen (5) und ausprobieren. Im Hinblick auf erstrebenswertes, umweltverträgliches Handeln kann die Stadt so eine Vorbildfunktion erfüllen und Rahmenbedingungen schaffen, die ein umweltverträgliches Handeln der Bürger erleichtern.

Der bisherige Schwerpunkt von Umweltschutzvorschlägen liegt im materiellen und baulich-technischen Bereich; er zielt i.d.R. auf Energieeinsparungen und Schonung knapper oder stark belasteter Ressourcen ab. Hier steht die Aufgabe an, auch alle übrigen Dienststellen der Stadtverwaltung zur Mitwirkung aufzufordern und die Möglichkeiten ökologischer Lösungen in den Aufgabenbereichen Jugend, Gesundheit, Soziales, Bildung, Kultur usw. zu prüfen.

So wichtig diese Vorgehensweise ist, sie darf nicht darüber hinwegtäuschen, daß es sich um s e k t o r a l e Ansätze innerhalb von klaren Verwaltungszuständigkeiten handelt, die isoliert und unvernetzt nebeneinanderstehen. Wenn nicht besondere Organisationsformen der verwaltungsinternen Abstimmung dazukommen, können diese Einzellösungen im G e s a m t z u s a m m e n h a n g des Lebens in der Stadt neue Ungleichgewichte und Probleme schaffen, miteinander konkurrieren (Finanzen, Flächen, Personal) und sich in der positiven Wirkung wieder neutralisieren. Wie ökologisch ist die Förderung einer umweltfreundlichen Altbaumodernisierung, wenn sie so teuer wird, daß die ursprünglichen Mieter hinterher ausziehen müssen, weil sie die Mieten nicht mehr bezahlen können (Sozialverträglichkeit) und wie wenig wirksam ist die Förderung der technischen Installation einer Kompostanlage im Wohnblock durch das Gartenbauamt, wenn die Volkshochschule nicht gleichzeitig mit Kursen über die richtige Handhabung aufklären kann?

2. Integrierte Vorgehensweise

Dem Problem der isolierten, sektoralen Entwicklung "ökologischer" Lösungen kann durch eine g a n z h e i t l i c h e Betrachtung begegnet werden. Sie muß sich bemühen, der gesamten Lebenswirklichkeit in der Stadt Rechnung zu tragen und Einzelmaßnahmen in ihrer Vernetzung, ihren Abhängigkeiten und Rückwirkungen zum Stadtganzen zu erfassen. Erst eine solche haushälterische Betrachtungsweise, die — unter Offenlegung von Zielen und Werten — von einer Verantwortung für die Stadt als Ganzes geprägt ist und darüber nicht deren Einbettung in übergeordnete Zusammenhänge vergißt, kann eigentlich ö k o l o g i s c h genannt werden.

Hier ist festzustellen, daß dies zwar wünschenswert, derzeit jedoch kaum zu leisten ist. Das Zusammenspiel einer Vielzahl "ökologischer" Einzellösungen mit all seinen Folge- und Nebenwirkungen kann weder modelltheoretisch erfaßt werden, noch liegen praktische Erfahrungen dazu vor.

Was für die Gesamtstadt noch nicht zu leisten und u.U. sogar riskant wäre, könnte jedoch an k l e i n e r e n , ü b e r s c h a u b a r e r e n E i n h e i t e n entwickelt und erprobt werden. Ökologische Erkenntnisse über das Wirkungsgefüge von Einflußfaktoren bei e i n z e l n e n H ä u s e r n liegen seit langem vor. Ökologische Erneuerungskonzepte in bezug auf die materiellen Ressourcen und Kreisläufe in einem ganzen W o h n b l o c k liegen mit der Studie zum Block 108/Berlin-Kreuzberg von Martin Kuenzlen/Oekotop (6) vor und sind in Teilen dort und in anderen Projekten umgesetzt worden.

Die nächst höhere Entwicklungsstufe wäre die Größenordnung der ökologischen Erneuerung eines ganzen Quartiers, Wohnviertels oder S t a d t t e i l s . Damit wird erstmals eine Dimension erreicht, die (fast) alle Lebenselemente der Gesamtstadt beinhaltet oder ihr sehr nahe kommt. Gleichzeitig wird ein gut überschaubarer Rahmen geboten, in dem sich Veränderungen, ihre Voraussetzungen, Rahmenbedingungen, Folge- und Nebenwirkungen gut beobachten lassen. Eine ökologische Stadt(teil)erneuerung in ganzheitlicher, a l l e L e b e n s b e r e i c h e u m f a s s e n d e r Betrachtungsweise, kann somit das ideale Lernfeld sein, Erfahrungen zu sammeln, die sich später einmal begründet auf die Gesamtstadt übertragen lassen. Ausgangspunkt und Grundlage einer ökologischen Stadt(teil)erneuerung können dabei durchaus die Erfahrungen sein, die in den letzten Jahren mit Verfahren der "einfachen" Stadterneuerung gesammelt wurden. Auf eine vertiefte Darstellung wird an dieser Stelle verzichtet (7).

A u f b a u e n d auf diesen Projekten, die sich vorrangig eine Verbesserung der Wohnverhältnisse (Altbaumodernisierung, Wohnumfeldverbesserung, Verkehrsberuhigung) — in Einzelfällen auch der Gewerbesituation — zum

Ziel gesetzt hatten, würde eine **ökologische Stadt(teil)erneuerung** nach praktischen Erfahrungen mit folgenden Leitlinien (8) suchen müssen:

1. Die Durchführung einer ökologischen Stadt(teil)erneuerung ist gekennzeichnet vom Bemühen um eine **ganzheitliche** Betrachtungsweise aller wesentlichen Lebenszusammenhänge im Stadtteil mit ihren Vernetzungen, Abhängigkeiten und Wechselwirkungen — unabhängig von Zuständigkeiten und Steuerungsinstrumenten.

2. Die ganzheitliche Betrachtung aller Lebenszusammenhänge führt zu einer **Erweiterung** der Handlungsfelder von Stadterneuerung; d.h. neben die herkömmlichen Bereiche Altbaumodernisierung, Wohnumfeldverbesserung/Stadtgrün, Verkehr, Ver- und Entsorgung und Gewerbe treten gleichwertig neue Bereiche wie Bildung, Kultur/Freizeit, Haushalt/Verbraucherverhalten, Gesundheit, soziale Beziehungen usw.

3. In allen Handlungsfeldern der Stadterneuerung muß nach speziell **ökologischen** Inhalten und Formen gesucht werden (Frage der Kriterien!). Während in den baulich-technischen Bereichen schon viele Vorschläge auf dem Tisch liegen, wird in den neuen Bereichen noch erhebliche Grundlagenarbeit geleistet werden müssen.

4. Die Suche nach ökologischen Lösungen sollte in allen Handlungsfeldern über die Möglichkeiten einer **Nachsorge** (Beispiel: Müllrecycling) hinaus besonders die einer **Vorsorge** (Beispiel: Müllvermeidung) umfassen. Dies bedeutet auch, daß gleichrangig neben technischen Lösungsansätzen auch die jeweiligen Chancen einer Bewußtseins- und Verhaltensänderung in der Bevölkerung auszuloten sind. Verhaltensändernde Lösungen sind gegenüber baulich-technischen auf lange Sicht oft weniger aufwendig, kosten- und damit mietpreiswirksam.

5. Das Ziel einer Verbesserung der Lebensqualität ist im **Dialog mit der Bevölkerung** des Stadtteils inhaltlich zu füllen, wobei neben einer Anhebung des Lebensstandards der Stellenwert einer Verminderung von Natur- und Umweltbelastungen im weitesten Sinne und einer Stärkung immaterieller Werte, wie soziale Beziehungen, Gesundheit, Bildung, Kultur, Identifikation mit dem Stadtteil usw. zu ermitteln ist.

6. Ökologische Stadt(teil)erneuerung muß sich auch um bisher eindeutig private Verhaltensweisen der Bürger kümmern, wenn diese in der Summenwirkung eine Belastung und Beeinträchtigung von Natur und Umwelt oder der Lebensqualität im Stadtteil bedeuten. Damit werden bisher gültige Grenzen zwischen **öffentlichen und privaten Angelegenheiten** in Frage gestellt. Allerdings muß sie sich auch

um eine Art und Weise dabei bemühen, die der Bürger annehmen kann und die er nicht als Bevormundung und bürokratische Willkür empfindet.

7. Da ökologische Maßnahmen i.d.R. ein geändertes Nutzerverhalten erfordern und in bisher nicht gekannter Weise in den Alltag und das Privatleben der Bürger eingreifen, sind alle Durchführungsschritte der Stadterneuerung von besonderer Ö f f e n t l i c h k e i t s a r b e i t und B ü r g e r m i t w i r k u n g zu begleiten. Dies führt gegenüber der "einfachen" Stadterneuerung zu einem ungleich größeren Aufwand an Information und Aufklärung, Motivation, Beratung und letztlich Betreuung. Dem ist durch neue Formen der Beteiligung und Mitwirkung, aber auch durch ausreichendes, qualifiziertes Personal und entsprechenden Finanzmitteleinsatz Rechnung zu tragen.

8. Da die Verwaltung derzeit weder quantitativ noch qualitativ über genügend ökologische Kompetenz in allen Handlungsbereichen verfügt, müssen neue Wege gefunden werden, e x t e r n e F a c h l e u t e mit ökologischen Arbeitsschwerpunkten, Ideen und Erfahrungen zur Mitarbeit zu gewinnen. Diese externe Kompetenz sollte nicht nur zur Beratung der Verwaltung, sondern gleichermaßen dem Bürger im Stadtteil zur Verfügung stehen. Probleme der Glaubwürdigkeit und beschränkte Eingriffs- und Steuerungsmöglichkeiten lassen es angeraten erscheinen, sich zur Durchführung des Projektes eines oder mehrerer Träger zu bedienen, die das Vertrauen beider Seiten genießen. Hierzu und in der Umsetzung des Projektes empfiehlt sich die Z u - s a m m e n a r b e i t mit Bürgern, Gruppen, Initiativen und Organisationen, die den ökologischen Weg aus eigener Überzeugung, mit Eigeninitiative und in Selbsthilfe gehen. Werden angemessene Formen der Zusammenarbeit gefunden, steigert sich die Personalkapazität des Projektes dadurch erheblich und es stehen Beispiele, Vorbilder und Multiplikatoren zur Verfügung.

9. Der ganzheitliche, lebensbereichsübergreifende Ansatz einer ökologischen Stadt(teil)erneuerung steht zunächst im Gegensatz zur Aufgabengliederung einer arbeitsteiligen Verwaltung und deren Zuständigkeitsregelungen. Hier sind neue Formen der v e r w a l t u n g s i n t e r - n e n Z u s a m m e n a r b e i t zu entwickeln, die ämter- und referatsübergreifend der ungeteilten Lebenswirklichkeit im Stadtteil Rechnung tragen. Dies gilt auch für eventuell beteiligte andere Dienststellen der öffentlichen Hand außerhalb der Kommunalverwaltung.

10. Dem Prinzip der F r e i w i l l i g k e i t ist ein hoher Stellenwert beizumessen. Angesichts i.d.R. begrenzter Finanzmittel für ein großes Projektgebiet sind ökologische Maßnahmen vorrangig mit denen zu betreiben, die sie wollen, als sie gegen den Widerstand derer durchzusetzen, die sie (noch) nicht wollen.

4. Herausforderungen für die Stadtverwaltung

Ohne Frage ist es ein schwieriges Vorhaben für eine Stadtverwaltung, diese Leitlinien zur Grundlage für eine ökologische Stadt(teil)erneuerung zu machen. Die besonderen Problemfelder und Herausforderungen für die Verwaltung seien noch einmal in drei Punkten zusammengefaßt:

1. Die strukturellen und organisatorischen Schwierigkeiten, die sich aus dem G e g e n s a t z einer notwendigen, ganzheitlichen Betrachtung und Handlungsweise in dem Projekt einerseits und der Aufgabengliederung einer arbeitsteiligen und hochspezialisierten Verwaltung mit klaren Zuständigkeitsregelungen andererseits ergeben.

2. Die ggf. unzureichende oder gar fehlende ö k o l o g i s c h e K o m p e t e n z in den Handlungsfeldern und ihrer Vernetzung; die inhaltlichen Vorbehalte der Mitarbeiter der Verwaltung gegen ökologische Maßnahmen, die Zielen und Werten entsprechen, die sie persönlich nicht teilen; die ggf. fehlende Glaubwürdigkeit gegenüber den Bürgern, plötzlich "ökologischer Vorreiter" sein zu wollen, wenn in der Vergangenheit oder parallel zum Projekt nach anderen Maßstäben gehandelt wurde und wird;

3. Die Notwendigkeit, einer weitergehenden O f f e n h e i t, d.h. in neuen Formen und viel größerem Umfang Öffentlichkeitsarbeit zu betreiben und Bürgermitwirkung zu ermöglichen, kleinteilig und einzelfallbezogen vorzugehen sowie Interesse und Bereitschaft beim Bürger für eine umweltverträgliche Lebensweise zu wecken, ohne auf "harte" Vollzugsinstrumente, wie Festsetzung, Anordnung, Kontrolle und ggf. Strafe zurückgreifen zu können sowie die Einsicht, Erfolg (im Sinne einer Akzeptanz beim Bürger) weniger selbst und direkt bewirken zu können, als über die Einschaltung und faire Zusammenarbeit mit engagierten Bürgern, Gruppen, Initiativen und Organisationen, die als Träger und Multiplikatoren der ökologischen Ideen und Maßnahmen wirken, weil sie sie wirklich und inhaltlich (mit)tragen.

Die erste Herausforderung wirft die Frage auf, wie das Ü b e r m a ß an Arbeitsteilung und Spezialisierung in der Verwaltung wieder auf ein angemessenes und vertretbares gebracht werden kann, so daß nicht nur "einzelne Bäume, sondern auch der Wald" gesehen wird, oder anders ausgedrückt, daß jede Dienststelle über ihre Zuständigkeit für einen Teilaspekt das Stadt-Ganze nicht aus den Augen verliert, das es insgesamt zu fördern gilt.

Abgeleitet aus den Organisationsmodellen der integrierten Stadtentwicklungsplanung der 70er Jahre, die damals schon ein dienststellen- und referatsübergreifendes Handeln erfordert haben, lassen sich relativ leicht projektbezogene Formen der internen Zusammenarbeit entwickeln. Als Beispiel sei wiederum auf die Verwaltung der Stadt Nürnberg verwiesen, die für diesen Arbeitsbereich (analog auch für andere) seit Jahren eine "Projektgruppe Stadterneuerung" hat, die monatlich Grundsatzfragen aus diesem Bereich behandelt. Vollzugsfragen werden in einer "Koordinierungsgruppe Stadterneuerung" in Anwesenheit aller betroffenen Dienststellen projektbezogen diskutiert und entschieden.

Diese Form interner Zusammenarbeit setzt jedoch voraus, daß die gegebene Amts- und Referatsautonomie relativiert wird und auf Sachbearbeiterebene in den Koordinierungsgruppen gemeinsam entwickelte Lösungen i.d.R. verbindlich für den Vollzug der Dienststellen sind.

Koordinierungsgruppen allein stellen jedoch nicht automatisch die angemessene inhaltliche Bearbeitung der angestrebten ökologischen Orientierung sicher. Sie müssen ergänzt werden um den offiziell erlaubten, ja erwünschten (!) Spielraum für Experimente und Neuerungen, d.h. eine extensive Auslegung von Normen, Richtlinien, Durchführungsbestimmungen, Zuständigkeitsregelungen usw. Geschieht dies nicht mit dem notwendigen Gewicht und der Rückendeckung höherer und höchster Stellen der Verwaltungshierarchie, besteht größte Gefahr, daß das junge, noch kleine und zarte Pflänzchen "ökologischer Lösungen und Verfahren" erdrückt wird von der Macht der Gewohnheit ("Das haben wir schon immer so gemacht!; wo kommen wir denn da hin?; da kann ja jeder kommen!").

Die zweite große Herausforderung für Stadtverwaltungen ist die Frage der unzureichenden ökologischen Kompetenz ihrer Mitarbeiter. Abgesehen von vereinzelter Privatinitiative und persönlichem Engagement hat bisher kaum ökologisch orientierte Aus- und Fortbildung stattgefunden. Der Nachholbedarf, der sofort entsteht, wenn sich Kommunen größere Projekte einer ökologischen Stadterneuerung vornehmen, ist kurzfristig mit einigen Büchern oder Fachseminaren nicht zu decken. Diese können sich erst mittelfristig auswirken, insbesondere dann, wenn man den Bildungsinhalt nicht nur im engen Bereich umweltfreundlicher Materialien und Technologien sieht, sondern auch und besonders im weiten Bereich eines allgemeinen ökologischen Denkens und Wertewandels in allen Handlungsfeldern der Stadterneuerung bzw. der Verwaltung überhaupt. Die Notwendigkeit, neben einer fachbezogenen, vollzugsorientierten auch eine allgemeine, auf das zugrundeliegende Denken, Bewußtsein, die Ziele und Werte orientierte Mitarbeiterfortbildung anzubieten, wird zunehmend erkannt und ausprobiert (dem Verfasser sind Beispiele aus Kiel, Erlangen und Nürnberg bekannt), wobei teilweise mutig auf der Referenten- und Amtsleiterebene begonnen wird (Stadt Erlangen).

Das Angebot an Information, Aus- und Fortbildung für Mitarbeiter der Verwaltung ist natürlich nicht gleichbedeutend mit der sofortigen Akzeptanz oder gar aktiven Umsetzung der Inhalte. So wie in der Gesamtbevölkerung eine ökologisch vertretbare Lebensweise nur von einem Bruchteil aus Überzeugung praktiziert wird, ist dies auch bei den Verwaltungsmitarbeitern der Fall. Die plötzlich angeordnete dienstliche Aufgabe, ein ökologisches Projekt zu bearbeiten und zu fördern, kann daher nicht nur auf Schwierigkeiten mangels Wissen und Erfahrung, sondern auch mangels Verstehen und Wollen stoßen. Es wäre eine menschliche Überforderung der Mitarbeiter, draußen im Stadtteil glaubwürdig ökologische Ziele und Inhalte vertreten zu müssen, von denen sie selbst nicht überzeugt sind, zumindest Zweifel haben und über keine Erfahrung verfügen.

Dasselbe Problem stellt sich für die Leitung eines Projektes der ökologischen Stadterneuerung in der Verwaltung. Entscheidungskompetenz ist ohne Ansehen der Person an die Stufen in der Hierarchie gebunden. Je nach Einzelfall kann ein großes Problem für die Durchführung einer ökologischen Stadterneuerung daraus erwachsen, daß die i n h a l t l i c h e ökologische Kompetenz in der Verwaltung ganz anders verteilt ist als die f o r m a l e Entscheidungskompetenz, die das Projekt qua Aufgabengliederungsplan zuständigkeitshalber leitet und leiten muß. Wenn der Inhaber der qua Amt vergebenen formalen Leitungskompetenz nicht die jeweiligen Grenzen seiner inhaltlichen Kompetenz und Erfahrung kennt und unkonventionelle Lösungen dafür findet, ist der Erfolg des Projektes durch Fehlentscheidungen inhaltlicher Art, in der Art des Vorgehens und durch Spannungen im Arbeitsklima (Motivation, Engagement) gefährdet.

Lösungen dieses sicherlich häufig auftretenden Problems sind nur fallbezogen zu entwickeln, können jedoch im allgemeinen auf den Ebenen

— einer Trennung von formaler und inhaltlicher Leitung bei unveränderter Organisationsstruktur,

— der Einrichtung einer zeitlich befristeten, projektbezogenen Sonder-Organisationsform durch Freistellung von Mitarbeitern,

— einer festinstallierten, kontinuierlichen externen Projektberatung durch Fachleute (Expertenkreis) oder

— gar einer weitgehenden externen Projektbearbeitung durch einen inhaltlich kompetenten Träger

gesucht werden.

Alle Lösungen setzen jedoch die Einsicht voraus, daß die neuen ökologischen Inhalte und Prozesse nicht automatisch, sofort und gut mit den alten Verwaltungsstrukturen bewältigt werden können und daß — zumindest für eine Übergangszeit, in der die Verwaltung sich auch die inhaltliche ökologische Kompetenz aneignet — neue und ggf. unkonventionelle Formen der Leitung und Abwicklung gefunden werden müssen.

Auch die dritte große Herausforderung der viel weitergehenderen Offenheit und Transparenz der Verwaltung sowie der neuen Formen von Öffentlichkeit und Bürgermitwirkung berührt den schwierigen Punkt der Einsicht in die G r e n z e n von Verwaltungshandeln in diesem Bereich.

So erfreulich der Rückgang von Augen- und Kopfverletzungen um 90 % nach Einführung der Gurtpflicht für Autofahrer ist, so wenig darf das Instrument von Verbot und Strafe zum alleinigen Modell für die Verbreitung einer umweltverträglichen Lebensweise sein. Wenn wir nicht im Dschungel von umweltfreundlichen Gesetzen, Anordnungen, Vorschriften, Verboten, Kontrollen und Strafen, die den Alltag reglementieren, ersticken wollen, müssen wir beizeiten die Möglichkeiten der Information, Motivation und Überzeugung ausloten und nutzen. Einsicht in Notwendigkeit, rechtverstandene Freiheit und Verantwortung das sind die Alternativen zum Umweltpolizeistaat, der am Ende des Weges von Verboten und Strafen steht.

Für die Verwaltung heißt dies auch Einsicht in die engen Grenzen der d i r e k t e n Machbarkeit und Erreichbarkeit ökologischer Ziele und Ergebnisse aus eigener Kraft, neue Wege der partnerschaftlichen Zusammenarbeit mit Bürgern Gruppen und Initiativen und den Mut und das Vertrauen zur Delegation von Aufgaben nach Außen, die dort glaubwürdiger und wirksamer erfüllt werden können.

5. Neue Trägerformen in der ökologischen Stadterneuerung

Die bisherigen Ausführungen zu den Inhalten ökologischer Stadterneuerungsprojekte haben deutlich gemacht, daß ein Träger in diesem Bereich andere (zumindest zusätzliche) Anforderungen erfüllen muß, als ein Träger, der im Bereich der "normalen" Sanierung oder Stadterneuerung tätig ist (9). Er soll die Aufgabe erfüllen, im Auftrag der Stadtverwaltung in einem festgelegten Gebiet ökologische Maßnahmen, die der Erneuerung der Lebenszusammenhänge dienen, anzuregen, zu fördern und bei der Durchführung behilflich zu sein.

Je nach Art und Umfang der beabsichtigten ökologischen Erneuerung stellt sich die Trägerfrage ganz verschieden:

— Im Bereich der privaten ökologischen Lebensgestaltung braucht es zunächst einmal keinen Träger (wenn man von der Informations- und Motivationsaufgabe absieht). Der Einzelne, die Familie oder die Gruppe ergreift die ökologischen Maßnahmen selbst, die er für sinnvoll und notwendig hält. Art, Umfang und Ausgestaltung orientieren sich am gegebenen Bewußtsein, an den Fähigkeiten, der verfügbaren Zeit und nicht zuletzt dem Geld. Die Maßnahmen haben die Größe, die von Betreibern selbst bewältigt werden kann und den eigenen Bedürfnissen entspricht.

— Übersteigen ökologische Maßnahmen den Rahmen des Einzelnen, der Familie oder den einer kleinen Gruppe, so daß ein höherer Grad von Organisation oder Vernetzung notwendig wird (z.B. bei einer Bürgerini-

tiative), so ist damit die Stufe einer Trägerfunktion erreicht. Gibt sich die Gruppe die Rechtsform eines Vereins oder einer Gesellschaft, so wäre die Voraussetzung gegeben, im Auftrag der Stadtverwaltung, in diesem Teilbereich als Träger zu wirken (z.b. Bürgerinitiative zur Beratung, Planung und Durchführung von Hinterhofbegrünungen).
Bei diesen Initiativen — sie seien hier als lokale "Klein"-Träger bezeichnet — würde es sich überwiegend um Dienstleistungsaufgaben der (ökologischen) Information, Motivierung, Beratung, Betreuung, der Organisation und des Managements handeln. Die ökologischen Maßnahmen und Projekte wären eher kleine, nachbarschaftliche Projekte mit geringerem Finanzvolumen.

— Die nächste Ebene würde überwiegend technisch-bauliche Aufgaben mit großem Finanzvolumen umfassen und auch die Möglichkeit einer treuhänderischen Tätigkeit für die öffentliche Hand mit einschließen. Es handelt sich hierbei um den klassischen Bereich der Sanierung und Stadterneuerung im engeren Sinne, also um den Stadtumbau mit Altbauerneuerung, Wohnumfeldgestaltung, Verkehrsberuhigung, Gewerbebestandssicherung usw. Hier muß fast zwangsläufig auf einen erfahrenen Bauträger zurückgegriffen werden, der die Bedingungen des BauGB (ehem. StBauFG) hinsichtlich der Gemeinnützigkeit sowie Erfahrung und Solidität im Bau- und Modernisierungsgeschäft erfüllt.

Da die letztgenannte Träger-Gruppe im Normalfall nicht über Kenntnisse und Erfahrungen im Ökologie-Bereich verfügt und auch selten die genauso wichtigen Anforderungen wie: Erfahrung im mieterorientierten, sozialverträglichen, kleinteiligen Modernisieren von Wohnungen, Berücksichtigung, ja, Förderung von Mieterinitiativen und Selbsthilfegruppen, Bereitschaft zur Erprobung neuer Rechts- und Eigentumsformen usw., erfüllt, sind neue Träger-Konstruktionen für den Bereich einer ökologischen Stadterneuerung unbedingt erforderlich.

Ein Lösungsweg besteht in der N e u g r ü n d u n g eines Trägers, der den Besonderheiten des Aufgabenbereiches einer ökologischen Sanierung in Form und Inhalt Rechnung trägt. Neugründungserfahrungen liegen aus Berlin vor, wo aus den besonderen Umständen der Hausbesetzungen leerstehender Häuser heraus (soziale Zielsetzungen, Modelle neuer Eigentumsformen) die Sanierungsträger "Sozialpädagogisches Institut der Arbeiterwohlfahrt" (Stiftung) (10) und die "Stadtbau GmbH" gegründet wurden.

Da ein neugegründeter Träger u.U. nicht über den notwendigen professionellen Erfahrungsschatz im Bau- und Modernisierungsgewerbe verfügt und — je nach Aufgabenumfang — auch nicht in allen Handlungsfeldern praktische Erfahrungen mit ökologischen Maßnahmen und Projekten einbringen kann, ist eine Lösung eventuell in einer partnerschaftlichen Kooperation zwischen einem Bauträger einerseits und einem — wahrscheinlich jedoch mehreren — lokalen "Klein"-Trägern für die ökologischen Elemente zu suchen (11). Wie die partnerschaftliche Kooperation inhaltlich, formal und rechtlich genau aussieht, kann dann nur noch im Einzelfall bestimmt werden, wenn Art und Umfang der ins Auge gefaßten Maßnahmenbereiche feststehen, Finanzvolumen, rechtliche Anforderungen, eventuelle "Sachzwänge" usw. bekannt sind und konkrete Gespräche mit möglichen lokalen "Klein"-Trägern über ihre Teilnahme stattgefunden haben.

Als ideale Anforderungen an einen Träger oder eine Träger-Gruppe für ökologische Stadterneuerungsprojekte können genannt werden: Möglichst vor Ort bekannt sein, Vorbild in den eigenen Angelegenheiten (Beachtung ökologischer Grundsätze bei der eigenen Tätigkeit), Glaubwürdigkeit (bei der Verfolgung ökologischer Ziele), gegenseitiges Vertrauen, Einfühlungsvermögen in und Respekt vor der Lebenssituation der Betroffenen (kein Überstülpen ungewollter, ökologischer Lösungen), weltanschauliche und parteipolitische Unabhängigkeit, Offenheit und Flexibilität, Geduld und Toleranz, Einsatzbereitschaft, Unterscheidungsvermögen, Mut zu Einzelfall- statt generellen Lösungen, Vertrauen der Öffentlichen Hand usw..

Die eigentliche Neuerung dieses Trägerkonzeptes besteht im Einbezug der sogenannten lokalen "Klein"-Träger. Sie haben den großen Vorteil der überschaubaren eigenen Größe, des geringen Grades an Bürokratisierung, inhaltlichen Engagements sowie der Bürgernähe durch Orts- und Problemkenntnis, persönlichen Bekanntheit und der Glaubwürdigkeit durch gelebtes Vorbild. Werden angemessene Formen der Zusammenarbeit gefunden, die die Betroffenen weder als Ausbeutung noch als "Schmücken mit fremden Federn" empfinden, steigert sich die Personalkapazität des Gesamtvorhabens erheblich und es stehen Beispiele, Vorbilder und Multiplikatoren zur Verfügung.

Als Beispiele für diese Art von lokalen "Klein"-Trägern seien genannt:

a) Gruppen und Vereine mit Umweltorientierung, wie z.B. Bund Naturschutz, Allgemeiner Deutscher Fahrrad-Club, Wissenschaftsläden, Gesundheitsläden, Energiesparläden, Erzeuger-Verbraucher-Gemeinschaften, Bürgerinitiativen (z.B. Jugendfarm e.V., Urbanes Wohnen e.V./München) usw.;

b) Gruppen und Vereine mit sozialer Zielsetzung, wie z.B. Nachbarschaftshilfen, Oma-Hilfsdienst, Bürgerzentren, Zentren für Selbsthilfegruppen, Elterninitiativen usw.;

c) Gruppen und Vereine mit kultureller Zielsetzung, wie z.B. kleine Stadtteiltheater oder Kinos, Künstlergruppen (z.B. Wandmaler), Zeitung, Medienwerkstätten (z.B. Video) usw.;

d) Umweltorientierter Einzelhandel mit engagiertem Kundenstamm, wie z.B. Naturkostläden, biologischer Gartenbedarf, biologische Baustoffe, Dritte-Welt-Läden, Tauschläden/Gebrauchtwarenmärkte usw.;

e) Ökologisch orientierte Fachleute/Fachfirmen, wie (Landschafts-) Architekten, Gärtner, Ökologen, Soziologen, Sozialarbeiter, Ingenieure, Energieberater usw..

Je nach beabsichtigtem Aufgabenumfang der ökologischen Sanierung oder Stadterneuerung wäre in dem betreffenden Stadtteil oder in der Gesamtstadt nach derartigen Gruppen, Vereinen und Organisationen Ausschau zu halten. Wenn sie über Fachkompetenz und Erfahrung verfügen und dazu bereit sind, könnten sie von der Stadt beauftragt werden, als Träger Informationen über ökologische Maßnahmen und Projekte zu verbreiten, Bürger und Bürgergruppen zu motivieren, zu beraten und bei der Durchführung behilflich zu sein.

6. Zum Verhältnis Stadtverwaltung — Träger

Während für den baulich-technischen Bereich mit den Erfahrungen aus Sanierungsprojekten nach StBauFG klare Vereinbarungen zwischen Stadtverwaltung und Träger getroffen werden können, ist dies im ökologischen Bereich sehr viel schwieriger, da Art, Umfang und Prozeßablauf im vorhinein schwer zu bestimmen sind. In den ökologischen Fragen kann der Träger nicht das bis in kleinste Einzelfragen weisungsgebundene Instrument und Werkzeug der Verwaltung sein. Er müßte wegen jeder Maßnahme, die aus ökologischer Unkenntnis oder persönlicher Erfahrungsferne Stirnrunzeln in der Verwaltung verursacht, einen täglichen "Überzeugungskleinkrieg" führen. Andererseits, wenn die Verwaltung öffentliche Finanz- und Sachmittel einem Träger überläßt, muß dies auf der Grundlage eines Trägervertrages mit Kontrollmöglichkeit geschehen.

Der Ausweg aus diesem Dilemma kann zunächst nur heißen, auf der Grundlage gegenseitigen Vertrauens ein Leistungsverzeichnis mit dem größtmöglichen Gestaltungsspielraum festzulegen. Es stellt eine Art "ökologisches Verzeichnis" dar, einen "Erwartungsrahmen", aus dem nach Interesse und Bedarf der Bewohner die Maßnahmen erst im Prozeßablauf selbst festgelegt werden. Es muß sogar möglich sein, ökologische Maßnahmen zu realisieren, die im "Erwartungsrahmen" gar nicht enthalten sind, sondern erst im Laufe des Projektes als Möglichkeit erkannt werden.

Ungelöst ist noch das Problem, wie letztlich die Entscheidungen über den ökologischen Wert einer Maßnahme getroffen werden. Hier ist wichtig, daß von der Stadtverwaltung anerkannt wird, daß den ökologischen Projekten eine andere Werthaltung, ein anderes Denken zugrundeliegt, aus dem heraus die Maßnahmen zu verstehen und zu bewerten sind. Somit ist die Bereitschaft gefordert, sich auf dieses Denken einzulassen und aus ihm heraus das ökologische Konzept des Trägers zu beurteilen. Der Träger wiederum muß sich bemühen, in diesem Lernprozeß das ökologische Gedankengut anschaulich zu vermitteln und anwendungsbezogen anzubieten. Dies könnte zur gemeinsamen Anerkennung einer Art "ökologischen Prüfliste" führen, die z.B. in der Art der in Kapitel II genannten ökologischen Kriterien als Meßlatte für die Beurteilung und Begründung von Maßnahmen dient.

Ein besonderes Zeichen der Offenheit und des Vertrauens wäre es, wenn sich die Verwaltung weitgehend auf die formale Kontrolle korrekter Finanzabwicklung beschränkt und die inhaltliche nicht allein, sondern gemeinschaftlich mit den betroffenen Bürgern im Stadtteil ausübt. Dies könnte in der Weise geschehen, daß eine Art Stadtteilkonferenz als projektbegleitendes Diskussions- und Kontrollforum ins Leben gerufen wird, auf dem die Auseinandersetzung über die Entwicklung des Stadtteils zwischen Verwaltung, Träger, Fachleuten, Politikern, Bürgern und Initiativen gemeinschaftlich betrieben wird. Mit seiner inhaltlichen Arbeit ist der Träger oder sind die Träger der Stadtteilkonferenz gegenüber verantwortlich. Die Verwaltung kann sich dort argumentativ einbringen, aber nicht als Geldgeber direkt durchsetzen.

Eine derartige Lösung ist zwar nicht die Regel, aber auch nicht völlig ungewöhnlich, wie die Arbeit des Advokatenplaners im Rahmen der Sanierung des Martinsviertels in Darmstadt zeigte, den die Stadt zwar finanzierte, aber inhaltlich nicht anweisen konnte und wollte. Ähnlich ist die soziale Betreuung der Abenteuerspielplätze in Nürnberg geregelt, die von der Stadt bezahlt, inhaltlich jedoch von einem privaten Verein (Elterninitiative) bestimmt wird.

7. Schlußbemerkung

Mit dem Vordringen ökologischer Orientierung in allen Lebensbereichen ist viel in Bewegung geraten. Alte Grenzen lösen sich auf, neue sind noch kaum sichtbar und müssen aktiv gesucht werden. Die Vorgehensweise heißt Versuch und Irrtum, orientiert an Maßstäben und Kriterien, die wiederum am Ergebnis überprüft werden müssen. Jedem Beteiligten muß klar sein, daß Versuche auch fehlschlagen und Erwartungen enttäuscht werden können, Patentrezepte sind nicht zu erwarten.

Wenn gleichzeitig von zwei prinzipiellen Herangehensweisen: ökologische Stadterneuerung "von unten" und ökologische Stadterneuerung "von oben" gesprochen wird, so ist noch einmal zu betonen, daß es sich nicht um zwei separate Wege handelt, die entweder/oder gegangen werden können. Der Weg "von unten" ist zwar früher und ohne politische oder verwaltungsseitige Unterstützung begonnen worden, aber er stößt in seinen Möglichkeiten an Grenzen von Stadt- und Gesellschaftsstrukturen sowie Rahmenbedingungen des Zusammenlebens, die ohne Hilfe "von oben" von Einzelnen nicht verändert werden können. Und umgekehrt können Stadtrat und Verwaltung soviel Ökologie "von oben" beschließen wie sie wollen, wenn die Neigung und Bereitschaft des Bürgers nicht da ist, sie freiwillig zu vollziehen, "ist in allen drei Mülltonnen der Getrenntsammlung dasselbe drin". Es kann also nur um einen gemeinsamen Weg gehen, wenn größtmöglicher Erfolg angestrebt wird.

Dieser gemeinsame Weg bei der ökologischen Orientierung in der Erneuerung unserer Städte hat drei Ebenen, die in enger Wechselbeziehung zueinander stehen:

— die Wissensebene (ökologisches Faktenwissen, erklärendes Wissen über Zusammenhänge, instrumentelles Wissen über Methoden und Verfahren),

— die Bewußtseins- und Wertebene (ökologische Orientierung, Ziel- und Wertewandel, Ethik, Kultur, Politik usw.),

— die Gestaltungsebene (die zum Wissen und Bewußtsein passende Strukturen und Organisationsformen sucht).

Während die ersten beiden Ebenen anerkannter Weise zur Ökologie- und Umweltdiskussion gehören, ist das für die dritte keineswegs selbstverständlich. Und dennoch können neues Wissen und Wertewandel nur schlecht wirksam werden, wenn sie sich nicht in ebenfalls geänderten, angemessenen Formen entfalten können. Verwaltungsstrukturen und die Organisation unseres öffentlichen Lebens sind zwar schwerfällig — aber nicht heilig. Wenn sie ihre Aufgabe unzureichend erfüllen, müssen sie infragegestellt und ggf. geändert werden.

Insofern sind die geäußerten Gedanken und Vorschläge zur Förderung einer ökologischen Erneuerung durch die Stadtverwaltung eine Momentaufnahme in einem bewegten Gestaltungsprozeß — mehr als ein Anfang, aber ganz sicher noch nicht das Ende.

Anmerkungen

(1)
Vertiefende Ausführungen, Anregungen und Erfahrungsberichte hierzu in: R. Sellnow "Ökologisch denken lernen — Erfahrungen aus Ökologischen Denkwerkstätten" Arbeitsmaterialien für die Erwachsenenbildung. Deutscher Volkshochschul-Verband, Holzhausenstr. 21, 6000 Frankfurt/M. 1 (in Vorbereitung, erscheint voraussichtlich im 3. Quartal 1987)

(2)
Auswahl aus 128 typischen Beispielen privater, ökologischer Maßnahmen im Gutachten R. Sellnow: "Arbeitshilfe zur ökologischen Erneuerung in der Stadt — Möglichkeiten privater Maßnahmen und deren Förderung durch die Stadtverwaltung", Beiträge zum Nürnberg-Plan Reihe E, Heft 22, Okt. 1986 (vergriffen). Nachdruck für den Buchhandel: Dortmunder Vertrieb für Bau- und Planungsliteratur, Dortmund (Juni) 1987

(3)
Vgl. Gutachten "Arbeitshilfe . . ." (siehe (2))
Als Kurzfassung in R. Sellnow: "Private ökologische Erneuerung des Lebens in der Stadt — Kann die Verwaltung helfen?", in: "Ökologisch orientierte Stadterneuerung", Heft 1/2.1986, Informationen zur Raumentwicklung (Bundesforschungsanstalt für Landeskunde und Raumordnung, Bonn)

(4)
Ein ausführlicher Vorschlag hierzu wurde in Kapitel I des Gutachtens "Arbeitshilfe..." (siehe (2)) gemacht

(5)
Anregungen und Beispiele finden sich z.B. in Gebersmann/Lange: "Vorschläge zu einem kommunalen Maßnahmenkatalog Umweltschutz für die politischen Parteien in Hagen", Hagen 1984, oder in "Städte für eine bessere Umwelt", Heft 13 der Reihe E, Beiträge des Deutschen Städtetages zur Stadtentwicklung und zum Umweltschutz, Köln 1985.
Als regelmäßiger maßnahmen- und beispielorientierter Informationsdienst für Städte, Gemeinden und Landkreise sei auf die 14tägig erscheinende Zeitschrift "Umwelt kommunal" (Redaktion: Bachwiesenstr. 25a, 7000 Stuttgart 1) hingewiesen.

(6)
Martin Küenzlen/Oekotop: "Ökologische Stadterneuerung — Die Wiederbelebung von Altbaugebieten", Karlsruhe 1984

(7)
Vgl. z.B. "Nürnberg-Gostenhof. Modellvorhaben zur vereinfachten Sanierung", Heft 01.075 der Schriftenreihe "Modellvorhaben" des Bundesministers für Raumordnung, Bauwesen und Städtebau, Bonn 1985

(8)
Die Stadt Nürnberg hat im Herbst 1986 ein Projekt der "Ökologischen Stadterneuerung Gostenhof-Ost" begonnen (18 Blöcke, 5.500 EW, 2.000 WE, Mischgebiet), das diesen integrierten Erneuerungsansatz verfolgt. Das Projekt wird vom Bundesbauministerium und dem Land Bayern als Modellvorhaben im Rahmen des Programms "Experimenteller Wohnungs- und Städtebau" gefördert.
Die genannten Leitlinien sind Teil des vom Stadtrat am 13.11.1986 einstimmig beschlossenen "Erwartungsrahmens" zum ökologischen Stadterneuerungsprojekt (Federführung: Amt für Wohnen und Stadterneuerung).

(9)
Ausführlicher und mit Beispielen erläutert in R. Sellnow: "Ökologische Stadterneuerung und neue Trägerformen", in: Ekhart Hahn (Hrsg.): Ökologische Stadtplanung — Konzeptionen und Modelle, Frankfurt am Main 1987

(10)
Vgl. Heinz, Werner und von Kodolitsch, Paul: "Ausnahme und Regel" — Institutionelle Probleme bei der Einrichtung neuer Trägermodelle in der Stadterneuerung am Beispiel des Sozialpädagogischen Instituts Berlin, Deutsches Institut für Urbanistik, Berlin 1983 sowie eigene Erfahrungsberichte des Sozialpädagogischen Instituts.

(11)
Einen Versuch in diese Richtung unternimmt die Stadt Nürnberg mit ihrem Projekt der "Ökologischen Stadterneuerung Gostenhof-Ost". Als Sanierungsträger und -treuhänder wurde das Evangelische Siedlungswerk in Bayern bestellt, das traditionelle Sanierungserfahrung nach StBauFG mitbringt. Die noch fehlende ökologische Kompetenz soll durch Zusammenarbeit mit verschiedenen externen Fachleuten sowie Gruppen und Initiativen des Planungsgebietes erbracht werden, mit denen eine enge Zusammenarbeit beabsichtigt ist.

Rolf Junker
Stadterneuerung und Bürgerbeteiligung
Erfahrungen eines Vor-Ort-Büros bei Planung und Realisierung

1. Aufgabe und Rollenverteilung

In Nordrhein-Westfalen stehen 1987 ca. 1 Mrd. DM für die Städtebauförderung bereit (*Collinet 1987*). Eingebettet in dieses große Programm der Städtebau- und Modernisierungsförderung und Grundstückspolitik sind (...) Maßnahmen zur Wohnumfeldverbesserung, um die es hier vor allem gehen soll. Umfassend verstanden bezieht sich die Wohnumfeldverbesserung auf den öffentlichen Straßenraum, auf den privaten Hofraum und auch auf die Gebäude. Durch Straßenumbau, Hofbegrünungen und Wohnungsmodernisierungen soll das städtische Wohnen attraktiv bleiben und die Identifikation der Bewohner mit ihrem Quartier gestärkt werden.

In vielen Gemeinden sind bereits eine ganze Reihe von Maßnahmen mit unterschiedlicher Intensität und Gestaltung verwirklicht worden. Ziele und Inhalte dieses Planungsansatzes sind bekannt und bedürfen keiner näheren Ausführung. Nach Jahren des Wohnumfeldverbesserns und Verkehrsberuhigens macht sich jedoch, trotz aller Erfolge, bei vielen Beteiligten eine gewisse Verdrossenheit breit. Bei Bürgern, Politikern und Planern hatte man sich vor Beginn der Maßnahmen oft Anderes oder Besseres, die Realisierung reibungsloser und die Konsensfähigkeit der Maßnahmen größer vorgestellt. Mehr und mehr wird deutlich, daß

— die Bürger ein stärkeres Mitspracherecht fordern,

— die eingesetzten Maßnahmen oft zu starken Interessenskollisionen führen,

— die Planung und Durchsetzung aufgrund verschiedenster Verzögerungen häufig zu lange dauert und

— die Umsetzung eher gute Ergebnisse gezeigt hätte, wenn bei allen Überlegungen stärker auf die konkreten Bedingungen der betreffenden Gebiete eingegangen worden wäre.

Seit neuerer Zeit versucht die planende Verwaltung mit der Einrichtung von planerisch ausgerichteten Stadtteilbüros die angesprochenen Probleme besser in den Griff zu bekommen. Durch eine Anlaufstelle im Planungsgebiet will man intensiver auf den Bürger zugehen. Hierzu bedient man sich in der Regel freier Planungsbüros, die die anstehenden

Aufgaben der Stadterneuerung weitgehend vor Ort erledigen und die notwendigen Abstimmungsprozesse zwischen den Beteiligten vorbereiten und moderieren sollen. Das Planungsbüro DASl Stadtforschung/Stadtplanung arbeitet gegenwärtig in zwei völlig unterschiedlichen Wohngebieten in Dortmund (seit 1985) und in Hamm (seit 1986) an derartigen Aufgaben. Das Land Nordrhein-Westfalen fördert derartige Planungskosten mit 5 % der Baukosten. Über Herangehensweise, Erfahrungen und über die entstehenden Konflikte mit Verwaltung, Politik und Bürgern soll hier berichtet werden.

Die Stadtteilbüros arbeiten im Auftrag der planenden Verwaltung, die erwartet, daß konsensfähige Pläne erarbeitet werden und ein weitgehend reibungsloser Planungs- und Bauablauf ermöglicht wird. Es ist ein hohes Bauvolumen erwünscht, um Bürgern und Politikern viele Bauprojekte vorzeigen zu können. Gleichzeitig will man durch die Stadtteilbüros näher an den Bürger herankommen und dessen Meinung erfahren. Daneben wollen die Kommunalpolitiker mitreden und letztlich qualifiziert entscheiden können. Auch von dieser Seite entsteht ein Kommunikationsbedarf und liegen besondere Interessen vor, die mit zu berücksichtigen sind.

Von seiten des Stadtteilbüros sind folgende Arbeitsprämissen maßgebend: Das Büro versteht sich nicht als verlängerter Arm der Verwaltung, sondern als **Anwalt des Bürgers**. Der Bürger soll in die Lage versetzt werden, seine Interessen stärker und fachlich fundiert in Politik und Planung einbringen zu können. Gleichzeitig wird davon ausgegangen, daß der **Bürger der Experte für sein Gebiet**, seine eigenen Lebensverhältnisse ist. Es zeigt sich dabei, daß **Bürgerbeteiligung und -mitwirkung nicht von selbst geht**, sondern daß dafür Unterstützung und Lernprozesse notwendig sind. Es sind Schwellenängste abzubauen und die Artikulationsmöglichkeiten zu verbessern. Planung vor Ort muß daher Betroffenheit bei den Bürgern aufdecken und dazu animieren, sie in konstruktive Planungsbeteiligung umzusetzen. Wenn Bürgerbeteiligung nicht als Spielwiese für die gebildete Mittelschicht begriffen wird, liegt hier ein Hauptansatzpunkt der Arbeit.

Diese kurze "Skizze der Verhältnisse und Ansprüche" verdeutlicht, in welchem Spannungsfeld die Arbeit des freien Büros bei der Stadterneuerung steht: Während die Geldgeber, Verwaltung und Politik, erwarten, daß Bürgerbeteiligung gemacht wird, die einen reibungslosen Planungsablauf sichert und zu schnellen Bauerfolgen führt, wird im praktischen Beratungsgeschäft immer stärker deutlich, daß Beteiligung und Mitsprache von den Bürgern oft noch erlernt werden muß und Diskussionen entstehen können, die den Prozeß nicht beschleunigen, sondern von einer eigenen Dynamik gekennzeichnet sind.

Anwalt des Bürgers zu sein, wird immer nur in dem Maß funktionieren, in dem Verwaltung und Politik bereit sind, ausreichend Zeit für Beratungsaufgaben bereitzustellen, ungewöhnliche Beteiligungsformen zu akzeptieren, Verzögerungen in Kauf zu nehmen und ggf. auch von ihren Vorstellungen abzurücken. In dieser Situation ist für die Stadtteilbüros die Gefahr größer, neben als auf allen Stühlen zu sitzen.

Der Beitrag versucht darzustellen, wie die konkrete Arbeit abläuft, wie dieses grundsätzliche Spannungsfeld auf die Arbeit wirkt und welche Handlungsmöglichkeiten dem Büro dabei verbleiben.

2. Die Stadterneuerungsgebiete

Gegenwärtig findet die Vor-Ort-Arbeit von DASl Stadtforschung/Stadtplanung in zwei Wohngebieten in Dortmund und Hamm statt. Eine Kurzcharakteristik der Gebiete soll die Einordnung der Ausführungen ermögli chen und verdeutlichen, wie durch die Heterogenität der Gebiete unterschiedliche Herangehensweisen an die Aufgaben und eine spezielle Gewichtung der Arbeitsschwerpunkte notwendig wurden.

2.1 Dortmund — Rheinische Straße/West

Das Wohngebiet der westlichen Innenstadt zählt zu den problembelasteten Quartieren Dortmunds. Jahrelange Planungsunsicherheit, verbunden mit erheblicher Investitionszurückhaltung der privaten und gemeinnützigen Wohnungseigentümer und ungünstige stadtstrukturelle Bedingungen haben das ca. 16 ha große klassische Arbeiterwohnquartier in unmittelbarer Nachbarschaft zu einem Unternehmen der Stahlindustrie, im Laufe der Nachkriegszeit zum Slum werden lassen. Die traditionelle Einwohnerschaft, Industriearbeiter mit ihren Familien, hat nach und nach das Gebiet verlassen. Ausländische Familien und "Sozialschwache" sind nachgerückt. Es hat ein regelrechter Bevölkerungsaustausch stattgefunden. Von 1970 bis 1985 steigt der Ausländeranteil von 10 auf 52 %. In einigen Wohnblöcken liegt der Anteil heute bei 80 %. Die Bewohner des Gebietes leben überwiegend in kleinen Zwei- und Dreiraumwohnungen mit schlechter Ausstattung: die Toilette auf der Treppe ist der Normalfall. Besonders die kinderreichen ausländischen Familien müssen sich mit sehr beengten Wohnverhältnissen zurechtfinden. Kompensationsmöglichkeiten im Freiraum sind kaum gegeben, da das Freiflächenangebot knapp und zudem schlecht nutzbar oder unzugänglich ist. Unfallgefahren durch den Straßenverkehr kommen hinzu.

2.2 Hamm — Südliche Innenstadt

Die südliche Innenstadt Hamms gehört zu den Stadterneuerungsgebieten, die in der zweiten Hälte des 19. Jahrhunderts als Bahnarbeiter- und Handwerkersiedlungen, durchmischt von Kleingewerbe und Industriebetrieben, entstanden sind. Der Wiederaufbau nach dem Zweiten Weltkrieg erfolgte auf dem alten Siedlungsgrundriß und den alten Grundstücken (*vgl. Stadt Hamm o.J.*). Bei einer Flächengröße von etwa einem Quadratkilometer wohnen ca. 6 000 Menschen in dem direkt an die eigentliche Kernstadt angrenzenden Wohngebiet. Die Bevölkerungszusammensetzung wird vor allem durch einen hohen Anteil alter Menschen bestimmt. Das Viertel ist mit 25 % über 65jähriger Personen etwas überaltert. Von städtischer Seite wird daher angestrebt, das Wohnen in der südlichen Innenstadt auch wieder für jüngere Menschen attraktiv zu machen.

Abb. 1
Dortmund, Rheinische Straße

Abb. 2
Hamm, Hohe Straße

Vorbereitende Untersuchungen (*DASI 1984*) kommen zu dem Ergebnis, daß das Wohnen nicht weiter zu Gunsten anderer Nutzungen aus dem Gebiet verdrängt, sondern gesichert werden sollte. Wesentlicher Grund dafür ist, das vergleichsweise niedrige Mietniveau der Wohnungen zu erhalten. Von politischer Seite wird diese Strategie akzeptiert und zur Leitlinie der Gebietsentwicklung erklärt. Durch die Ausweisung als Wohnumfeldverbesserungsgebiet und die Einrichtung eines Stadtteilbüros werden Zeichen gesetzt. Mit verkehrsberuhigenden Maßnahmen und Wohnumfeldverbesserung will die Stadt jetzt Vorleistungen erbringen und das Viertel nach und nach wieder aufwerten.

Die Aufgaben des Büros beziehen sich vor allem darauf, bei den Bewohnern wieder Vertrauen hinsichtlich der Gebietsentwicklung zu wecken, Wohnungsmodernisierungen anzuregen und zu beraten und nicht zuletzt abgestimmte Wohnumfeldverbesserungsmaßnahmen im privaten wie im öffentlichen Raum vorzulegen.

Belastungen für das Wohnen ergeben sich in dem Viertel vor allem durch den fließenden und ruhenden Verkehr. Das rasterförmige Erschließungsnetz begünstigt hohe Geschwindigkeiten und führt dazu, daß einige Straßen gern als "Schleichweg" benutzt werden, um Hauptstraßen zu umgehen. Die Nähe der Innenstadt und einige tertiäre Nutzungen führen darüber hinaus zu einem hohen Parkdruck. Zusätzlich wirkt sich in einigen Fällen die intensive Nutzungsmischung (Wohnen/Gewerbe) hinderlich auf das Wohnen aus. Durch die Maßnahmen zur Wohnumfeldverbesserung soll nach dem Willen der Stadt Hamm diese Situation verbessert und die vorhandenen städtebaulichen Qualitäten der südlichen Innenstadt gestärkt werden. Die Planungs- und Beratungstätigkeit verlangt vor allem planerische Antworten auf das allmählich sinkende Wohnniveau des Viertels. Hier soll das Stadtteilbüro durch konsensfähige Gestaltungspläne und durch die Anregung einer großen Zahl von Hofbegrünungen wichtige Beiträge leisten.

3. Das Vertragsverhältnis

Das Planungsbüro ist in beiden Beispielfällen Auftragnehmer der städtischen Ämter für Stadterneuerung, die die Maßnahmen zur Wohnumfeldverbesserung von Verwaltungsseite koordinieren. Die vertragsmäßigen Aufgaben beziehen sich allein auf baulich-planerische Fragen und die damit in Verbindung stehende Öffentlichkeitsarbeit. Hierzu gehören der Entwurf von Gestaltungsplänen für den öffentlichen Straßenraum und die

Initiierung und Betreuung von Innenhofbegrünungen. In Dortmund tritt zu diesen Aufgaben noch die Modernisierungsberatung von Gebäudeeigentümern und Mietern sowie die Begleitung der Umnutzungspläne für einige leerstehende Industriegebäude hinzu.

Während die Umgestaltungsmaßnahmen auf drei bis fünf Jahre ausgelegt sind, laufen die Verträge jeweils nur über ein Jahr und werden nach Ablauf des Jahres ggf. verlängert. Zur Erfüllung der Aufgaben sind feste Stundenzahlen vereinbart.

Diese vertraglichen Rahmenbedingungen sind angelehnt an die üblichen Verträge bei gutachterlichen Stellungnahmen oder anderer räumlicher Planungsmaßnahmen. Daraus ergeben sich insofern Schwierigkeiten, da die Beratungsaufgaben der Stadtteilbüros nicht so klar gefaßt und nachgeprüft werden können, wie "normale" planerische Gutachten und Projekte. Diese Situation führt dazu, daß die abgeschlossenen Verträge eher den Anforderungen der Rechnungsprüfungsämter genügen, die Bau- und Planungsleistungen Arbeitsstunden gegenübergestellt wissen wollen, als der konkreten Arbeits- und Beratungssituation. Es wird dabei übersehen, daß Erfolge ortsnaher Beratungstätigkeit nicht nur an der Summe der in einem Stadterneuerungsquartier verbauten öffentlichen Mittel zu messen sind, sondern auch an den dort herausgebildeten Kommunikations- und Kooperationsstrukturen mit den Bürgern (*vgl. Staubach 1987*).

Gleichermaßen wirkt sich die, bezogen auf die Gesamtlaufzeit, kurze Vertragsdauer hinderlich auf die Arbeit aus, bei der am Ende jedes Vertragsjahres konkrete (Bau-)Erfolge nachzuweisen sind. Dies widerspricht der praktischen Arbeit, da ortsnahe Beratungstätigkeit kontinuierliches Arbeiten verlangt und vor allem in der Anfangsphase weniger Planungsarbeit als eher Gemeinwesenarbeit bedeutet.

4. Die Beratungsarbeit

Die ortsnahe Beratungstätigkeit war für die Kommunen in Dortmund und Hamm wie für das Büro DASI Neuland. Dementsprechend unbestimmt waren die Zielvorgaben, dementsprechend unsicher die Form der Zusammenarbeit. Für das Büro gab es kein bewährtes "Abarbeitungsmuster", auf das man hätte zurückgreifen können. Dabei wurde bewußt ein pragmatisches Vorgehen gewählt, das die Möglichkeit für Veränderungen offen hielt. Ein grober Programmrahmen mit zeitlichen und sachlichen Prioritätensetzungen verband die vertraglichen Anforderungen und die Bürovorstellungen. Es ist festzuhalten, daß die Aufgabe auf fachlicher

Ebene, wie auch bei der Lösung struktureller und Durchsetzungsfragen von seiten des Büros anfangs wesentlich einfacher eingeschätzt worden ist, als wie sie sich schließlich erwies.

Die Büroarbeit leisten jeweils zwei bis drei Stadtplaner, die unterschiedliche inhaltliche Schwerpunkte ausfüllen. Das Büro in Dortmund ist an vier Wochentagen, das in Hamm an einem Wochentag für Beratungsgespräche geöffnet. Durchschnittlich wird für Planung und fachliche Beratung 60 %, für Öffentlichkeitsarbeit 30 % und für Gemeinwesenarbeit 10 % der Arbeitszeit eingesetzt.

Im folgenden wird auf die drei Hauptarbeitsfelder der Tätigkeit
— Planung und fachliche Beratung,
— Öffentlichkeitsarbeit,
— Gemeinwesenarbeit
eingegangen.

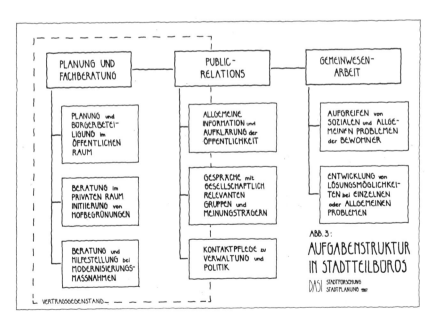

Abb. 3
Aufgabenstruktur des Stadtteilbüros

Die Beratungstätigkeit in Bau- und Planungsfragen ist in beiden Beispielfällen der zentrale Vertragsgegenstand. Hier sieht die planende Verwaltung den wichtigsten Angriffspunkt zur Verbesserung der Wohnbedingungen in den Stadtquartieren. Die Öffentlichkeitsarbeit hat in ihren Augen nur "Zuliefererfunktion", die Gemeinwesenarbeit tritt ganz in den Hintergrund.

4.1 Planungsarbeit

Die konkrete Arbeit erstreckt sich in diesem Tätigkeitsfeld auf die räumlichen Arbeitsbereiche Öffentliches Wohnumfeld, Innenhof- und Fassadenbegrünung, Gebäude. Je nach Aufgabenbereich ergeben sich dabei andere Vorgehensweisen und Arbeitsschwerpunkte, die im folgenden erläutert werden sollen.

4.1.1 Arbeitsbereich öffentliches Wohnumfeld

Beim zur Verfügung stehenden Maßnahmenspektrum der Stadterneuerung liegt hier ein Bereich, bei dem es im Gegensatz zu den anderen beiden Arbeitsfeldern, zunächst einmal nicht auf den guten Willen der Anwohner oder Eigentümer ankommt. Die Gemeinde tritt in Vorleistung, sie verbessert durch Gestaltungs- und Begrünungsmaßnahmen den Straßenraum, um dadurch auch private Investitionen anzuregen. Die verschiedensten Fachämter arbeiten an den Konzepten mit, wobei das Planungsbüro DASl versucht, hier den Mittler zwischen Verwaltungserfordernissen, politischen Vorstellungen und den Bürgerinteressen zu spielen. Von der Verwaltung mit der Ausarbeitung von Gestaltungsplänen im Maßstabsbereich von 1 : 200 bis 1 : 500 beauftragt, werden im Büro Konzepte erarbeitet, die möglichst frühzeitig mit den Bürgern besprochen werden. Das geschieht im allgemeinen im Rahmen von Bürgergesprächen im Stadtteilbüro oder in den betreffenden Straßen selbst. Erst nach Abschluß der Abstimmung gehen die Pläne an die zuständige Projektgruppe für Wohnumfeldverbesserung, die mit verschiedenen Vertretern der Verwaltung und des Büros besetzt ist. Hier geht es darum, die erarbeiteten Planinhalte mit den Vorstellungen der Verwaltung soweit in Einklang zu bringen, daß ein tiefbautechnischer Ausbauplan angefertigt werden kann.

Durch diese Form der frühzeitigen Bürgermitwirkung und Abstimmung mit der Verwaltung wurden bisher gute Ergebnisse erzielt und Lösungen gefunden, die auch von den Anwohnern mit getragen werden. Strittige Fragen sind bei der Beteiligung vor allem die Zahl der ausgewiesenen Stellplätze, die oft als zu knapp bemessen erscheint und die drohenden Beitragszahlungen nach dem Kommunalabgabengesetz (KAG). Besonders in Hamm, wo relativ hohe Beitragssätze erhoben werden, werden die

KAG-Beiträge zum Mitgestalter der Wohnumfeldmaßnahmen, zumindest was die Eingriffsintensität betrifft. Hier wird im Rahmen der zukünftigen Arbeit noch viel Überzeugungsarbeit dahingehend geleistet werden müssen, den Hauseigentümern klar zu machen, daß die geplanten Maßnahmen die Wohnverhältnisse insgesamt verbessern und somit den Standort des Gebäudes aufwerten. Mit der Verwaltung kommt es im allgemeinen zu Differenzen hinsichtlich der Ausgestaltung einiger Details (Anordnung der Stellplätze, Begrünung). Problematischer sind hier Meinungsverschiedenheiten und Konkurrenzen zwischen den verschiedenen beteiligten Fachämtern. So stehen die Anforderungen und Vorstellungen aus den einzelnen Fachdisziplinen oft unversöhnlich gegenüber und führen häufig zu erheblichen zeitlichen Verzögerungen bei der Abwicklung der Maßnahmen. In diesen "verwaltungsinternen Clinch" kann das freie Beratungsbüro erfahrungsgemäß nicht beschleunigend oder steuernd eingreifen.

4.1.2 Arbeitsbereich Innenhof- und Fassadenbegrünung

Durch die Innenhofbegrünung sollen in dicht bebauten städtischen Wohngebieten grüne Erholungs-, Aufenthalts- und Gartenflächen in Hinterhofbereichen entstehen. Die Beratungstätigkeit im Bereich der Innenhof- und Fassadenbegrünung läuft relativ unproblematisch und erfolgreich ab. Gründe dafür sind, daß die Investitionssumme überschaubar, das Förderungsangebot attraktiv, die Maßnahmen schnell realisierbar und der Qualitätssprung für den Hinterhof oft enorm ist. Allerdings investieren in der Regel nur die Eigentümer, die bereits ihr Haus "in Ordnung gebracht haben".

Im allgemeinen erarbeitet das Büro DASI mit dem Eigentümer und den Mietern des Gebäudes einen Gestaltungsplan und ermittelt die Kosten. Ebenso werden der Förderungsantrag zusammengestellt und notwendige Gespräche mit den zuständigen Verwaltungsstellen geführt. Förderungstechnische Grundlagen bilden die Hofbegrünungsprogramme der Städte Dortmund und Hamm, bei denen dem Antragsteller 50 % bzw. 65 % der förderungsfähigen Kosten erstattet werden. Die Beratung ist für die Gebäudeeigentümer und Mieter kostenlos.

Das Kostenvolumen der bisher durchgeführten Maßnahmen bewegt sich im allgemeinen zwischen 5.000,— und 20.000,— DM. Es sind Maßnahmen, die die Wohnsituation für die Bewohner der betreffenden Gebäude ein ganzes Stück verbessern. Bei der Antragstellung ergeben sich gelegentlich Schwierigkeiten aus der Mehrdeutigkeit der Förderungsrichtlinien.

An hohe Barrieren stößt die Beratungstätigkeit immer dann, wenn es darum gehen soll, mehrere Höfe zusammenhängend zu gestalten, damit nicht nur grundstücksweise Gärten geschaffen werden, sondern für alle zugängliche, zusammenhängende ökologische Ausgleichsräume im Hinterraum. Hier reichte bisher das zeitliche Beratungsbudget nicht aus, die Hauseigentümer vom parzellenscharfen Denken abzubringen. Hier wäre ein erheblich größerer zeitlicher Beratungsaufwand erforderlich. Insgesamt ist jedoch festzuhalten, daß durch intensive Öffentlichkeitsarbeit und Beratung viele Hauseigentümer angestoßen werden, die ohne diese Aktivitäten nicht an eine Begrünung und Umgestaltung ihres Hofes gedacht hätten.

4.1.3 Arbeitsbereich Gebäude

Stadterneuerung hört nicht an der Haustür auf, sondern beginnt eigentlich erst dort. Von daher ist es sinnvoll — wie in Dortmund geschehen —, diese wichtige Beratungsaufgabe mit in das Beratungspaket hinein zu nehmen. Durch die, für die Gebäudeeigentümer kostenlose, Beratungstätigkeit soll die Investitionszurückhaltung, die besonders im Dortmunder Beispielgebiet ausgeprägt ist, aufgebrochen werden. Auffallend ist hier, daß eine verstärkte Polarisierung im Gebäudebestand auftritt. Gut erhaltene Gebäude werden weiter verbessert, in die schlecht erhaltenen wird wenig oder gar nicht mehr investiert und sie verfallen langsam aber stetig.

Die Beratungstätigkeit für private Eigentümer und Mieter zielt im wesentlichen darauf ab, Hilfestellungen in technischen und finanziellen Fragen anzubieten. Es zeigt sich, daß gerade Kleineigentümer und Mieter die im Zusammenhang mit der Modernisierung auftretenden Fragen nicht umfassend bewältigen können und Dienstleistungen hierzu gerne annehmen. Dabei besteht ein besonderer Beratungsbedarf sowohl hinsichtlich der technischen Vorplanung und der Kostenabschätzung als auch hinsichtlich der Erläuterung der öffentlichen Förderungsrichtlinien und der Beantragung von Förderungsgeldern. In spezielle Architektenleistungen greift die Beratungstätigkeit nicht ein.

Aufgrund der schlechten Wohnungsbestände und des damit verbundenen hohen Investitionsaufwands wird an der Rheinischen Straße in Dortmund nur zögernd investiert. Hier ist, vor allem aufgrund der lange herrschenden Planungsunsicherheit, der "optimale Zeitpunkt" für Modernisierungen verpaßt worden. Heute sprechen der stark aufgelaufene Instandsetzungs- und Modernisierungsbedarf und die Standortnachteile des Gebiets gegen Investitionen. Erschwerend wirkt sich in diesem Zusammenhang auch die Investitionsmindestgrenze von 250,— DM/qm Wohnfläche, nach den Förderungsrichtlinien des Landes Nordrhein-Westfalen, aus. Sie ist für viele finanzschwächere Hauseigentümer eine zu hohe Barriere und führt zu Mietsprüngen, die in benachteiligten Gebieten nicht zu realisieren sind. In einem Wohnquartier, wie dem an der Rheinischen Straße, werden durch diese Grenze Modernisierungen verhindert.

Beratungsarbeit bedeutet von daher zunächst, daß die neuen Rahmenbedingungen der Planung zu vermitteln sind, um bei den Hauseigentümern nach und nach einen Prozeß des Nachdenkens dahingehend in Gang zu setzen, daß sie sich wieder über die Zukunft ihres Gebäudes Gedanken machen. Gleichzeitig geht es darum, ihnen die Handlungsmöglichkeiten zu verdeutlichen und ihnen ihre Pflicht für ein sozial verantwortliches Handeln aufzuzeigen. Bei den Wohnungsunternehmen wird versucht, sie verstärkt auf ihre soziale Verantwortung ihren Mietern gegenüber hinzuweisen. Diese Vielzahl von Gesprächen hat inzwischen dazu geführt, daß den Hauseigentümern der Zwang zum Handeln deutlich geworden ist, und die jahrelang vorherrschende laissez-faire-Haltung allmählich aufbricht.

Zusammenfassend kann festgestellt werden, daß durch die Beratungstätigkeit in diesem Aufgabenfeld natürlich nicht die ökonomischen Gesetze außer Kraft gesetzt werden können oder sollen. Entscheidungen werden durch die Beratung jedoch auf eine rationale Ebene gehoben und nach und nach hat sich auch das Investitionsklima gewandelt.

4.2 Öffentlichkeitsarbeit

In der Anfangsphase der Beratungstätigkeit oder immer dann, wenn neue Projekte in Angriff genommen werden sollen, ist ein Schub gezielter PR-Arbeit notwendig. Der alte PR-Kernsatz "Tue Gutes und rede darüber" trifft auch für eine bürgernahe Wohnumfeldverbesserung zu. Dabei liegt das Problem und das Erfordernis, an den "Bürger 'ran zu kommen", auf zwei Ebenen:

1. Das Interesse an Planung ist zunächst einmal begrenzt. Diese Zurückhaltung ist auch durchaus berechtigt und verständlich. Jahrelang war der Planungsbetroffene alles andere als der mündige Bürger, und jetzt wird er auf einmal gefragt und soll sogar mitwirken. So herrscht bei den Bewohnern der Planungsgebiete zunächst die Meinung vor, "wenn ich etwas zur Planung sage, interessiert das ja doch niemanden!"

Hinzu tritt ein Aspekt, der von einigen optimistischen Planungsberatern gerne übersehen oder unterbewertet wird: Die Bereitschaft, für Planungsfragen Zeit zu investieren, steht in direkter Konkurrenz zu anderen Aktivitäten der Bürger. Das bedeutet, daß zumindest in der Anfangsphase der Beratungsarbeit das Interesse an Planung und die Betroffenheit und Zuständigkeit für das eigene Wohngebiet bei großen Teilen der Bevölkerung zunächst noch geweckt werden muß. Um hier Erfolge zu haben, sind sowohl Engagement und Glaubwürdigkeit der Berater, wie auch gezielt eingesetzte PR-Methoden, notwendig.

2. Weiterhin geht es darum, bei allen beteiligten Gruppen Vertrauen aufzubauen. Vertrauen, das "den Beratern" von Bürgern, Vereinen, Institutionen, Verwaltung und Politik entgegengebracht werden muß, um die anstehenden Aufgaben überhaupt ausfüllen zu können. Vertrauen und Verständnis aber auch für die im Raum stehenden Planungsziele und -ideen. Planungsarbeit im Stadtteil heißt von daher zunächst, offene Gespräche führen, für Ideen werben, für alle Probleme offen sein. Dabei ist es von besonderer Bedeutung, die "opinion leaders" für die Ideen zu gewinnen.

Aufgrund dieser "Ausgangssituation" erwächst die Notwendigkeit, die PR-Aktivitäten gezielt anzugehen. Das bedeutet, daß Öffentlichkeitsarbeit nicht als Anhängsel einzustufen ist, sondern einer gezielten sachlichen und zeitlichen Planung bedarf. Zu den wichtigsten Aufgaben bei der nach außen gerichteten PR-Arbeit zählen dabei vor allem die kontinuierliche Information der Bürger über den Stand der Planungen und die öffentlichkeitsarme Vor- und Nachbereitung bestimmter Projekte. Wie die Erfahrungen zeigen, haben die richtige Medienauswahl und die präzise zielgruppenspezifische Ansprache bei der heutigen allgemeinen Informationsflut einen erheblichen Einfluß auf den Erfolg des Beteiligungsverfahrens. Dabei werden alle geeigneten Medien eingesetzt. Im übrigen bleibt das persönliche Gespräch in vielen Fällen immer noch der einfachste und beste Weg für einen effektiven Informationstransfer.

Darüber hinaus versprechen gerade solche Aktionen eine rege Beteiligung, die Planung nicht isoliert sehen, sondern den Zusammenhang zu anderen Lebensbereichen herstellen. Als Beispiel sei hier eine Aktion aus Hamm angeführt, bei der, mit Hilfe der örtlichen Presse, zum Mitüberlegen bei der Neugestaltung eines Platzes aufgefordert wird und bei der Geschichte, Heimatkunde, Feiern (Schützenfest) und Planung miteinander verknüpft werden und zu einer neuen Form der Ortsverbundenheit und zur Aktivierung führen sollen.

Der Informationsfluß zwischen Büro und Verwaltung ist prinzipiell durch informelle Gespräche und auch formal durch die Projektgruppe für Wohnumfeldfragen gewährleistet. Bei diesem Wechselspiel ist von Verwaltungsseite oft zu wenig Offenheit vorhanden, die es dem Beratungsbüro erst ermöglichen würde, interne Verwaltungsprobleme auch nachvollziehen zu können. Die Zusammenarbeit und der Informationsaustausch mit der Politik waren bisher nur informell geregelt und basierten auf persönlichen Gesprächen. Um den Informationsaustausch und die Effektivität der Arbeit zu verbessern, ist jetzt in Dortmund geplant, eine Beratungsgruppe mit Vertretern des zuständigen Ausschusses, der Bezirksvertretung und des Stadtteilbüros einzurichten.

4.3 Gemeinwesenarbeit

Die Bearbeitung der baulich-planerischen Fragen hat deutlich gemacht, daß ein allein auf diese Fragestellung ausgerichteter Ansatz zu kurz greift. Der Planer macht sich anscheinend oft falsche Vorstellungen, was die Bewohner eines Viertels tatsächlich bewegt. Die Menschen haben andere Sorgen, als sich um Blumenkübel oder eine Verschwenkung in der Straße Gedanken zu machen. Beratung ist deshalb — gerade in problematischeren Wohngebieten — umfassender zu sehen. Soziale Fragen, Hilfen und Angebot für Kinder, Jugendliche, alte Menschen, Ausländer und Randgruppen sind mit abzudecken, um überhaupt einen Zugang zu den Problemen des Gebiets zu bekommen. Planer sind hier natürlich oftmals fachlich überfordert.

Andere Fachdisziplinen müssen hinzutreten. Außerdem reicht die vergütete Stundenzahl hierfür nicht aus. Es ist zu fordern, die Planungsberatung in Problemgebieten auf weitere Bereiche des täglichen Lebens auszudehnen. Neben den oben angesprochenen sozialen Aspekten könnten z.B. eine qualifizierte Umwelt- oder eine umfassende Energieberatung dazu gehören.

Bei Fragen von Bewohnern, die über kleinere Alltagsprobleme hinausgehen, hat das DASI-Stadtteilbüro städtische Ämter und andere öffentliche Stellen auf Probleme und Mißstände des Gebiets aufmerksam gemacht. Auf diese Weise wurden die Probleme des Viertels, die man vorher einfach übersehen hatte, überhaupt erst einmal zum Thema. Hierdurch wurden einige Verbesserungen für die Kinder des Gebiets erreicht. So konnte u.a. ein Spielkreis für drei- bis sechsjährige Kinder eingerichtet sowie der mobile Spielbus des Jugendamtes in das Gebiet "gezogen werden".

Daneben hat das Büro auch einige im sozialen Bereich angesiedelte Aktivitäten, wie z.B. ein Stadtteilfest, eine Wandmal- oder Pflanzaktion mit initiiert oder selbst getragen. Als ein Effekt dieser "Kleinarbeit" hat sich inzwischen ein Gesprächskreis gebildet, der sich aus besonders aktiven Bewohnern des Gebietes zusammensetzt und in dem viele Probleme des Viertels angesprochen werden. Mit dem Ziel der Selbstorganisation der Betroffenen wird jetzt angestrebt, einen Bürgerverein ins Leben zu rufen, der sich bei Verwaltung und Politik für die Gebietsinteressen stark machen kann.

Im Hammer Beispielgebiet spielen diese Aktivitäten eine nur untergeordnete Rolle. Große Teile der Bevölkerung sind hier in Vereinen oder anderen Institutionen organisiert und können sich sehr wohl "zu Wort melden". Hier hat die Öffentlichkeitsarbeit einen größeren Stellenwert.

5. Die Rolle des Büros bei der Wohnumfeldverbesserung

Das Beratungsbüro ist für alle Fragen der Wohnumfeldverbesserung zuständig und versteht sich als Mittler und Motor.

Es ist **Mittler** zwischen den verschiedenen beteiligten Gruppen, damit Pläne verwirklicht werden können, die sich durch einen hohen Konsens auszeichnen. Um diese Funktion überhaupt ausfüllen zu können, muß besonders zu Beginn der Arbeit eine ganze Reihe von "vertrauensbildenden Maßnahmen" erfolgen. Erst dann können die Planer überhaupt etwas bewegen, können die Planungsideen verständlich gemacht werden und kann das Stadtteilbüro zur zentralen Anlaufstelle für die anstehenden Aufgaben werden.

Erst im nächsten Schritt geht es darum, Ansprechpartner für Bürger zu sein, die im Planungswirrwarr und Förderungsdschungel von Verwaltung und Politik sich allein gelassen fühlen und Hilfestellung benötigen. Meist handelt es sich um Bürger, deren Erwartungen enttäuscht worden sind, und die sich in den komplizierten Verwaltungsabläufen nicht zurechtfinden. Gleichfalls ist es erforderlich, für Politiker und Mitarbeiter der Verwaltung, die die Probleme und Sorgen, Wünsche und Notwendigkeiten der Bewohner nicht so genau kennen können, ein gebietskompetenter Gesprächspartner zu sein. Gelingt es, zu so etwas wie einer zentralen Informationsstelle für das betreffende Gebiet zu werden, ist eine Grundvoraussetzung für erfolgreiches Handeln erfüllt. Daß hier sowohl Bürger wie auch Verwaltung und Politik mitziehen müssen, ist selbstverständlich und schwierig zugleich. Glaubwürdigkeit durch Transparenz ist zu einem Kernsatz unserer Arbeit geworden. Nur wenn der Bürger spürt, da wird sachliche, gute und nachvollziehbare Arbeit geleistet, besteht auch die Bereitschaft zu konstruktiven Gesprächen und zur Mitarbeit.

Das Beratungsbüro hat darüber hinaus die Aufgabe, die Maßnahmenrealisierung im Wohnumfeldverbesserungsgebiet voran zu treiben, um möglichst schnell Verbesserungen zu erreichen. Diese Forderung kommt vor allem von seiten der Politik und Verwaltung. Gleichfalls geht es darum, Probleme im Gebiet zu erkennen und sie "zum Thema" zu machen. Das Stadtteilbüro muß zum **Motor** der Wohnumfeldverbesserung werden. Dabei hat es aufgrund seiner besonderen Stellung das Recht, Initiative zu ergreifen. Das heißt, es muß Probleme zur Sprache bringen, heiße Eisen anfassen, Liegengebliebenes wieder aktivieren und der Bürgermeinung Gehör verschaffen. Nur ein "unruhiges Stadtteilbüro", das Augen und Ohren im Gebiet hat, wird etwas bewegen können.

Inwieweit diese Mittler- und Motorfunktion ausgefüllt werden kann, hängt ganz entscheidend davon ab, wie die Zusammenarbeit mit der Verwaltung und Politik funktioniert. Im wesentlichen wird das **Verhältnis zwischen Verwaltung und Büro** auf zwei Ebenen bestimmt.

Zum einen dadurch, wie die Zusammenarbeit und der Informationsfluß geregelt ist und, was noch wichtiger ist, wie Entscheidungsprozesse ablaufen und Entscheidungsbefugnisse geregelt sind. Nur wenn dem freien Planungsbüro Freiräume gewährt und vertraglich Sicherheit geboten wird, kann es zum verantwortlich arbeitenden Organ im Rahmen des Stadterneuerungsprozesses werden. Zum anderen wird das Verhältnis geprägt durch das Verständnis von bürgernaher Planung innerhalb der Verwaltung. Alibihafte Bürgerbeteiligung, die auf Mitwirkung verzichtet und nur auf schnelles Realisieren von Baumaßnahmen aus ist, wird den Problemen in den Stadterneuerungsgebieten nicht gerecht und läßt letztendlich das gesamte Beteiligungsverfahren scheitern. Nur wenn das Stadtteilbüro selbständig handeln kann und darauf achtet, daß auch langfristige, emanzipatorische Beteiligungsformen einsetzen, kann die Beteiligungs- und Planungsarbeit des Büros langfristig erfolgreich sein.

Die konkreten Erfahrungen in der Zusammenarbeit mit der Verwaltung lassen sich an einigen Beispielen verdeutlichen:

Im allgemeinen wird von Verwaltungsseite zunächst einmal positiv vermerkt, daß das freie Planungsbüro überlasteten städtischen Dienststellen Arbeit abnimmt, die ansonsten liegen bleiben würde. Das anfangs oft festzustellende Konkurrenzverhalten und mißtrauische "Beäugen", "mal sehen, ob die es besser machen" läßt sich in der Regel nach und nach abbauen. Was bleibt, ist das Mißtrauen gegen Vorgehensweisen des Büros, die dem klassischen Verwaltungshandeln teilweise fremd sind.

Weiterhin wird die Arbeit des Büros bei Fragen der Bürgerbeteiligung positiv beurteilt. Das liegt im wesentlichen darin begründet, daß es aufgrund seiner rechtlichen Position direkter, offener und intensiver auf die Bürger zugehen kann als die Verwaltung. Hinzu kommt, daß bei den Bürgern im allgemeinen weniger Scheu vorhanden ist, mit einem "Privaten" über bestimmte Fragen zu sprechen als mit einem Vertreter der Stadtverwaltung. Im Ergebnis ist man von seiten der Verwaltung erstaunt darüber, wie viel man auf der "persönlichen Schiene" an Überzeugungsarbeit leisten kann und wie unkompliziert viele Fragen zu regeln sind. Das Stadtteilbüro dient somit auch als Puffer zwischen Verwaltung und Bürgern, wodurch die vielfach auszumachende Zurückhaltung vor zu starker Bürgernähe bei der Verwaltung stabilisiert wird.

Für die Effektivität der Zusammenarbeit und den Gesamterfolg der Arbeit sind jedoch andere Punkte wichtiger:

Wenn die im Rahmen der Wohnumfeldarbeit aufgestellten Pläne überhaupt umgesetzt werden sollen, ist eine enge Anbindung an das Verwaltungshandeln erforderlich. Gestaltungspläne münden nur dann in Ausbaupläne, wenn sie auch von der Verwaltung akzeptiert werden. Anträge auf Hofbegrünungsmaßnahmen haben nur dann eine Chance auf Förderung, wenn sie auch von Verwaltungsseite akzeptiert werden. Am Verwaltungsdenken und -handeln kommt der freie Planer nicht vorbei. Schon von daher wird vom Büro eher auf Kooperation als auf Konfrontation bei der Zusammenarbeit mit der Verwaltung gesetzt.

Das Stadtteilbüro hat Sitz und Stimme in der Verwaltungsprojektgruppe, die die Wohnumfeldmaßnahmen koordiniert. Von der Kraft, dem persönlichen Engagement und nicht zuletzt von den Entscheidungsbefugnissen der Teilnehmer dieser Projektgruppe hängt es nicht nur ab, wie die Maßnahmenumsetzung erfolgt, sondern auch inwieweit das freie Büro seinen Einfluß gegenüber der Verwaltung geltend machen kann. Nur auf dieser konkreten "Kontakt- und Informationsebene" kann ein freies Büro auf die Verwaltung wirkungsvoll Einfluß nehmen. "Der lange Marsch durch Verwaltung und Politik" ist für ein freies Büro nicht praktikabel.

Die ämterübergreifend zusammengesetzte Projektgruppe leidet häufig an mangelnder Entscheidungskompetenz. Das heißt, Entscheidungen der Projektgruppe werden in den Ämtern wieder in Zweifel gezogen, revidiert oder deren Ausführung verschleppt. Konkurrenzen zwischen den Ämtern werden auch auf dieser Ebene ausgetragen. Diese Situation ist natürlich nicht durch das freie Büro aufzulösen und schon gar nicht von ihm zu verantworten. Sie führt aber letztlich dazu, daß der von Verwaltungs- und Politikseite so stark gewünschte Beschleunigungseffekt bei der Maßnahmenrealisierung in der Regel vom Büro nicht eingelöst werden kann.

Ein zentraler und zugleich erfreuliche Aspekt der ortsnahen Betreuungsarbeit ist, daß durch das Büro der Bürgermeinung besser zu ihrem Recht verholfen werden kann. Durch die intensive Bürgerbeteiligung werden von Bürgerseite einfach mehr Anregungen und Bedenken geäußert. Diese Hinweise können dann durch das Büro argumentativ "unterfüttert" werden und haben dann sofort eine ganz andere Durchschlagskraft.

6. Resumee

Ortsnahe Beratungsbüros wollen im Prozeß der Stadterneuerung mehr Bürgerbeteiligung und -mitwirkung herstellen, die Maßnahmenrealisierung befördern und schließlich auch zu einem neuen Verhältnis zwischen Bürgern, Planern und Politikern bei der Planung führen. Wie die ersten Erfahrungen zeigen, kann in dieser Hinsicht viel erreicht werden, wenn bestimmte, im Bericht angeführte Voraussetzungen erfüllt sind. Vor allem sind die angestrebten hohen Ziele nur zu realisieren, wenn das Konzept von den zuständigen Verwaltungsstellen und Politikern mit getragen wird. Alibihafte Beteiligungsformen werden das vielfach bestehende Mißtrauen zwischen den beteiligten Gruppen nur verstärken und den Erfolg der gesamten Maßnahme nachhaltig negativ beeinflussen.

Zwischen den Beratungsbüros und der Verwaltung sind Verträge zu schließen, die von einer langfristigen, kontinuierlichen Zusammenarbeit ausgehen, offen für Veränderungen bei den Aufgaben sind und den Büros die Möglichkeit und die Sicherheit geben, Aufgaben im Interesse des Gebietes anzupacken und zu bearbeiten.

Von der Verwaltung ist zu fordern, daß sie sich den neuen Aufgaben stellt und in ihrer Organisation den dezentralen Ansatz und die querschnittsorientierte Aufgabe berücksichtigt. Dabei ist es auch notwendig, von rein baulich-planerischen Aufgaben abzurücken und stattdessen die gesamte Problemlage in Wohnquartieren mit einzubeziehen.

Die Arbeit des Beratungsbüros verlangt, neben Fachwissen in den angesprochenen Bereichen, darüber hinausgehende Qualitäten des Planers. Für die direkte und ständige Auseinandersetzung mit den Bürgern, den Interessensgruppen, der Politik und der Verwaltung ist ein hohes Maß an Integrationsfähigkeit, Überzeugungskraft und Innovationsfreudigkeit erforderlich. Neben der fachlichen Souveränität ist auch die "menschliche Kompetenz" gefragt.

Für die Stadterneuerung bedeutet diese Form ortsnaher, bürgerorientierter Planungsarbeit eine Chance für mehr Demokratie im Planungsprozeß.

Literatur

Hans-Jürgen Collinet: Städtebauförderung und Bürgerbeteiligung. Perspektiven und Einschätzungen aus der Sicht des Landes Nordrhein-Westfalen. Vortrag auf der DASI-Tagung "Stadterneuerung Vor Ort" am 12.3.1987. Tagungsunterlagen

DASI Stadtforschung/Stadtplanung: Entwicklungsgutachten Rheinische Straße/West. Dortmund 1984

Stadt Hamm, Planungsamt: Gebietsbezogenes Wohnumfeldprogramm Südliche Innenstadt. Hamm o.J.

Reiner Staubach: Formen ortsnaher Beratung in der Stadterneuerung. Bericht über Projekte in der Bundesrepublik. Vortrag auf der DASI-Tagung "Stadterneuerung Vor Ort" am 12.3.1987. Tagungsunterlagen

Lothar Franz
Integrierte Verkehrskonzepte — ein Beitrag zur Stadterneuerung

1. Einleitung

Verkehrsprobleme, insbesondere die vom Individualverkehr in unseren Städten ausgehenden nachteiligen Folgen, gehören zu den erstrangigen Problemen der Stadtentwicklung.

Die vom Kraftfahrzeugverkehr ausgehenden Beeinträchtigungen wie Gefährdung, Lärm, Abgase und Flächeninanspruchnahme werden als eine der Ursachen für die Unwirtlichkeit unserer Städte angesehen. Dem soll durch Maßnahmen, die heute allgemein unter dem Stichwort 'Verkehrsberuhigung' eingeordnet sind, entgegengewirkt werden. Dabei ist aber zu beachten, daß die heutigen Erscheinungsformen des Kraftfahrzeugverkehrs nicht nur von diesem selbst ausgehen. Die Abwanderung der Wohnbevölkerung in das Umland wird auch durch andere Tendenzen hervorgerufen, wie z.B. dem Wunsch nach einem Einfamilienhaus, größeren Wohnraumansprüchen, den Bodenpreisen und den Nutzungsänderungen. Deshalb ist von Methoden der Verkehrsplanung allein keine Lösung zu erwarten. Die Verkehrsplanung muß zusammen mit anderen Fachdisziplinen gesehen werden. Die Gestaltung der Stadtlandschaft, Maßnahmen der Grünplanung, der Stadtsanierung und Modernisierung, der Freiflächenplanung und der Nutzungsfestlegung sind ebenfalls erforderlich. Die städtische Verkehrsplanung kann allerdings wichtige Impulse geben. Hierzu ist eine Neuorientierung der Verkehrsplanung mit dem Ziel der Minderung des Gesamtverkehrsaufkommens und der Verkehrsberuhigung unabdingbar. Man wird künftig die Wechselwirkungen zwischen Siedlungsstruktur und Verkehr noch stärker bei der Planung beachten müssen. Wenn der bisherige Trend anhält, wird durch die große räumliche Trennung von Wohnstätten und Arbeitsplätzen sowohl außerhalb als auch innerhalb des Stadtgebietes weiterer Fahrverkehr entstehen. Es ist aber auch damit zu rechnen, daß durch den Bau neuer Verkehrswege die Siedlungstätigkeit außerhalb der Stadt angeregt wird, die wiederum zu einer Zunahme der Fahrten führt. Die Aufteilung der Planung in Flächennutzungsplanung und Verkehrsplanung als eigenständige Fachgebiete führt, wenn auch ungewollt, oft zu sich widersprechenden Entscheidungen. Die notwendigen Rückkopplungseffekte treten, wenn überhaupt, zu spät ein, so daß einmal getroffene Entscheidungen nur ungern revidiert werden.

In der Planungspraxis geht man im allgemeinen von einer Vorgabe der Flächennutzung aus, die Verkehrsanlagen werden dann als Folgemaßnahme dimensioniert, oder es wird umgekehrt verfahren, so daß sich das Maß der Nutzung aus der einmal festgelegten Verkehrsinfrastruktur ergibt. Es ist deshalb notwendig, Planungsverfahren zu entwickeln, die eine stärkere Verklammerung der einzelnen Planungsabläufe ermöglichen. Schon bei der Aufstellung von Entwicklungsplänen muß die Auswirkung der zu treffenden Entscheidung transparenter gemacht werden, als dies aufgrund der bisher üblichen Planungsverfahren möglich war. Die Kenntnis der gegenseitigen Abhängigkeiten von Flächennutzung und Verkehrsaufkommen muß zur Minimierung des Fahrverkehrs nutzbar gemacht werden. Es wurde deshalb ein Verfahren entwickelt, das die Auswirkung von Nutzungszuordnungen auf das Fahrverkehrsaufkommen hinreichend genau erfaßt und eine leicht handhabbare Anwendung ermöglicht (1).

Eine Reduzierung des Fahrverkehrs durch Optimierung der Nutzungszuordnung gewährleistet die volle Mobilität der Bevölkerung bei gleichzeitiger Minimierung der negativen Begleiterscheinungen des modernen Verkehrswesens, wie z.B. Umweltbelastungen, Unfälle, Streß und Kosten. Mit Hilfe mathematischer Stadtentwicklungsmodelle sollen Veränderungen im Siedlungsraum simuliert werden. Unter der ökologischen Verteilung wird hier im Sinne der Siedlungssoziologie die räumliche Verteilung von Menschen und menschlichen Aktivitäten verstanden, die sich aus dem mehr oder weniger bewußten Zusammenspiel von Kräften, die eine Aggregation bilden, ergeben. Man bedient sich der Modellsimulation, um spezielle Auswirkungen von Planungsentscheidungen auf das Stadtgefüge aufzeigen und Alternativen bewerten zu können, die wegen ihrer besonderen Eigenart, z.B. dem Arbeitsumfang für eine manuelle Bewertung nicht in Frage kommen.

Die Kenntnis der zu erwartenden Veränderungen und die gegenseitige Abhängigkeit von Wohn- und Arbeitsstätten, dem Verkehrsnetz, Ver- und Entsorgung, Freizeiteinrichtungen, Verfügbarkeit von Grund und Boden, des Lagewertes usw. ist um so zwingender, je mehr zu befürchten ist, daß irreversible Schäden in einem oder mehreren Bereichen auftreten. Als typisches Beispiel ist die Abhängigkeit von Siedlungsstruktur und Verkehr zu nennen. Die modernen Verkehrsmittel ermöglichten eine dem jeweiligen Stand der Technik entsprechende Siedlungsentwicklung. Die Einzugsbereiche der Städte wurden durch die Entwicklung der Straßenbahn weit ausgedehnt, das Auto ermöglichte die flächenhafte Erweiterung. Die zunehmende Technisierung der Umwelt, wie z.B. der Bau von Fabriken führte zu Störungen der Wohngebiete, so daß in der Charta von Athen die Trennung der sich störenden Funktionen Wohnen, Arbeiten und Erholen gefordert wurde. Diese Forderung war wegen der vorhandenen Verkehrsmittel technisch realisierbar. Die teilweise weit von den Arbeitsstätten entfernt liegenden Wohnungen erforderten nunmehr zwangsweise die Benutzung von Verkehrsmitteln. Dieser Zusammenhang wurde bisher in verhängnisvoller Weise unterstützt. So wurde beispielsweise unterstellt, daß eine Fahrzeit zum Arbeitsplatz von 30 Minuten zumutbar sei und sich deshalb ein bedeutender Planungsspielraum eröffne.

Die technische Entwicklung in den Industrienationen ging einher mit einer Steigerung der Einkommen, die wiederum die noch immer anhaltende Zunahme des Kraftfahrzeugbestandes bewirkte. Das vorhandene Straßennetz war bald ausgelastet und überlastet. Deshalb wurde der Ausbau neuer und technisch verbesserter Straßen notwendig. Außerdem mußten Flächen für den ruhenden Verkehr zur Verfügung gestellt werden. Dieser Flächenanspruch beinhaltete den Konflikt mit anderen Nutzungsansprüchen. Glaubte man anfangs auch Städte autogerecht bauen zu können, so zeigte sich doch bald, daß die mit dem Bau von Straßen innerhalb geschlossener Siedlungsbereiche verbundenen Eingriffe in die Bausubstanz oft nicht hingenommen werden können. Außerdem gehen insbesondere vom Kraftfahrzeugverkehr Störungen (Lärm, Abgase) und Gefährdungen in einem Umfang aus, daß die ursprüngliche Absicht, durch eine Trennung der Funktionen (Charta von Athen) Störungen zu vermeiden, in das Gegenteil umschlägt.

Es gilt daher nach Lösungen zu suchen, die den unterschiedlichen Anforderungen besser gerecht werden. Mit Sicherheit gibt es nicht nur eine Lösung, sondern es muß von einem Maßnahmebündel ausgegangen werden. Dabei sind sinnvollerweise sowohl vorhandene Planungsmethoden zu übernehmen als auch neue Maßnahmen zu erarbeiten.

Wegen der Abhängigkeit von Siedlungsstruktur und Verkehr kann von Maßnahmen, die eine Optimierung der Flächennutzung zum Ziel haben, ein guter Wirkungsgrad erwartet werden. Die Kenntnis dieser Abhängigkeiten ist, wie bereits erwähnt, nicht neu. Man kann deshalb feststellen, daß zu jeder der eingangs skizzierten Forderungen spezielle Planungsmodelle entwickelt wurden. Es lassen sich, stark vereinfacht, drei Gruppen bilden:

a) Die ersten Verkehrsmodelle erklärten die zunehmenden Verkehrsmengen durch den Motorisierungsgrad. Mit dieser Methode war ein erster Schritt zur Dimensionierung von Straßenverkehrsanlagen getan.

b) Für die Beschreibung der wesentlich komplexeren Zusammenhänge des Siedlungsraumes müssen weitere Einflußgrößen zur Ermittlung des Verkehrsaufkommens berücksichtigt werden. In einer Vielzahl von speziellen Untersuchungen wurden denkbare Einflüsse untersucht und quantifiziert. Kennzeichnend für diese Modelle ist die feste Vorgabe der Siedlungsstruktur nach Lage und Größe. Das Verkehrsaufkommen wird als Folge dieser Vorgabe bestimmt. Die Verteilung im Raum und die Aufteilung auf die individuellen und öffentlichen Verkehrsmittel erfolgt mit Hilfe von Verkehrsverteilungsmodellen und Verkehrsaufteilungsmodellen (Modal-Split).

c) Stadtentwicklungsmodelle berücksichtigen den Rückkopplungseffekt, der von den Verkehrsnetzen (IV + ÖV) auf die Nutzungsverteilung wirkt. Außerdem können weitere Einflußgrößen Berücksichtigung finden.

Stadtentwicklungsmodelle ermöglichen nach dem derzeitigen Stand der Planungstechnik am ehesten die Darstellung wechselseitiger Beeinflussung verschiedener Entwicklungskräfte.

Nachteilig bei allen Verfahren ist die geringe Transparenz. Nur den unmittelbar mit der Planung befaßten Personen ist nach eingehender Analyse der Planungsvarianten eine Bewertung über den Einfluß von Teilaspekten möglich. In jedem Fall ist erst eine umfangreiche Rechnung notwendig, bevor ein Trend erkennbar wird. Es ist außerdem fraglich, ob durch die notwendige umfangreiche Festlegung von Eingangsgrößen eine Auffindung optimaler Planungsfälle möglich ist. Bei den verschiedenen Planungsmodellen fällt auf, daß die Verbindung der verschiedenen Funktionen ausschließlich über Verkehrswege hergestellt wird. Dies impliziert eine verhältnismäßig weiträumige Verteilung.

Wegen der in jüngster Zeit geringer gewordenen Siedlungstätigkeit und der rückläufigen Einwohnerentwicklung werden Neuverteilungen in größerem Umfang die Ausnahme bilden. Es wurde deshalb eine Modellvorstellung entwickelt, die eine kleinräumige Betrachtungsweise ermöglicht und in stärkerem Maße Umverteilungen und deren Auswirkungen berücksichtigt. Diese Betrachtungen sind deshalb besonders wichtig, da die meisten Flächennutzungspläne neben der Berücksichtigung des Neubedarfs aufgrund gestiegener Wohnraumansprüche und geänderter Flächeninanspruchnahme infolge struktureller Veränderungen auf ein starkes Wachstum ausgerichtet sind, so daß Umverteilungen in großem Umfang stattfinden können. Die Folge sind weitere Investitionen für Infrastrukturmaßnahmen, obwohl keine Zunahme der Einwohner und Arbeitsstätten zu verzeichnen ist; gleichzeitig werden vorhandene Einrichtungen nicht mehr voll genutzt.

Eine Verkehrspolitik, die zur Verkehrsberuhigung und Minderung des Gesamtverkehrsaufkommens führen will, erfordert planerisches Umdenken. Sie geht ab von der Bedarfs- und Anpassungsplanung und wendet sich einer Verkehrsplanung zu, die an den Zielen der Stadtentwicklung der jeweiligen Stadt orientiert ist. Daraus erwächst für die Verkehrsplanung die Aufgabe, durch verbesserte Zuordnung städtischer Nutzungen Fahrverkehr überhaupt zu vermeiden und nur die der Stadt am besten verträgliche Mobilität zu ermöglichen. Dazu ist eine sorgfältige Analyse nötig, durch welche Verkehrsarten (Öffentlicher Personennahverkehr, Fahrrad oder zu Fuß) die verschiedenen Funktionen der Stadt befriedigt mit den geringsten schädlichen Folgen bedient werden können und den im Straßennetz verbleibenden notwendigen Kfz-Verkehr für die städtischen Nutzungen und Funktionen weniger belastend abzuwickeln (2).

2. Auswirkung der Nutzungsmischung auf das Fahrverkehrsaufkommen

Es läßt sich nachweisen, daß das Fahrverkehrsaufkommen in Abhängigkeit der Nutzungszuordnung unterschiedlich hoch ist. Da der Berufsverkehr die kritischsten Verkehrsanteile in den Spitzenstunden stellt, sind diese vorrangig zu minimieren, danach ist die Versorgungssituation zu klären.

Berücksichtigt man alle Faktoren, die sich auf die Streuung der Meßwerte auswirken, wie z.B. unterschiedliche Zellengrößen, Siedlungsdichte, Ausrichtung der Verkehrsströme und den Sonderfall, daß Wohnung und Arbeitsstätte im gleichen Haus ist, so ergeben sich die Meßwerte wie in Abb. 1 dargestellt. Dabei bezeichnet QV_f/ET das relative Quellenverkehrsaufkommen und ET_{wfr}/B_{fr} die Nutzungszuordnung.

Die durch Verkehrszählungen gewonnenen Meßwerte lassen sich durch die Exponentialfunktion

$QV_f : ET_{fr} = 0,905 \, (1 - e^{-0,939 \, ET_{wfr}/B_{fr}})$ beschreiben.

Der Korrelationskoeffizient r beträg 0,8791.

Aus dem dargestellten Ergebnis können folgende Schlüsse gezogen werden:

1) Das Fahrverkehrsaufkommen hängt von der Nutzungsmischung ab. Es ist deshalb je nach Mischungsverhältnis unterschiedlich groß. Durch mehrere Untersuchungen konnte die Allgemeingültigkeit dieser Aussage belegt werden (3). Dabei kann das Fahrverkehrsaufkommen bei ungünstigen Siedlungsstrukturen drei- bis viermal so hoch sein wie bei einer günstigen Nutzungsmischung.

2) Die Mischung der Nutzungen Wohnen und Arbeiten kann in gewissem Umfang zur Minimierung des Verkehrsaufkommens benutzt werden. Wie sich leicht zeigen läßt, sind durchaus punktuelle Einsparungen von über 50 % zu erzielen. Mittlere Einsparungen von 20—30 % sind realistisch. Eine allgemeingültige Aussage läßt sich jedoch nicht formulieren, da die Verhältnisse von Stadt zu Stadt unterschiedlich zu werten sind. Das beschriebene Verfahren ist deshalb so aufgebaut, daß eine Anwendung unter Beachtung der spezifisch örtlichen Verhältnisse generell möglich ist.

3) Auch bei gleichbleibender Zahl der Erwerbstätigen und der Beschäftigten kann sowohl eine Reduzierung des Verkehrsaufkommens durch entsprechende Lenkungsmaßnahmen (Flächennutzungspläne und Bebauungspläne) erzielt werden, als auch eine Erhöhung der Fahrtenzahl bei ungünstiger Nutzungszuordnung.

Trägt man die jeweilige Kurve für den Quellverkehr und den Zielverkehr auf, so gibt der Schnittpunkt der beiden Kurven das optimale Maß der Nutzungsmischung an. Dieser Wert beträgt

$ET_{wfr} : B_{fr} = 1,0$.

Der Anteil des Nichtfahrverkehrs beträgt im vorliegenden Fall rund 50 %. Aus der Kurve der Abbildung ist weiterhin abzulesen: Erhöht sich der Anteil der Beschäftigten gegenüber dem günstigsten Wert, verringert sich der Wert

$ET_{wfr} : B_{fr}$.

Das Quellverkehrsaufkommen sinkt zwar weiter, die Zielverkehre erhöhen sich aber sehr viel stärker. Bei einer Erhöhung der Erwerbstätigenzahl über das günstigste Maß hinaus tritt der gleiche Effekt in der umgekehrten Relation auf. Je stärker die Siedlungsentwicklung auf eine Segregation bestimmter Nutzungen hinausläuft, um so unausgeglichener wird die Verkehrsbelastung in Richtung und Gegenrichtung von Straßen und öffentlichen Verkehrsmitteln. Die Folge sind überfüllte Bahnen und Busse sowie verstopfte Straßen stadteinwärts in der Morgenspitze und stadtauswärts in der Abendspitze.

Die vorhandene Verkehrsinfrastruktur wird wegen der einseitigen Überlastung nur teilweise ausgenutzt. Die unwirtschaftliche Betriebsführung und damit auch die Defizite im ÖPNV nehmen zu. Auch aus diesen Gründen ist eine integrierte Stadt- und Verkehrsplanung notwendig.

Grundsätzlich ist festzustellen:

1) Siedlungsgebiete mit einer Nutzungsmischung
   $ET_{wfr} : B_{fr} < 1,0$
   sind günstig für die Anordnung von Wohnnutzung.

2) Siedlungsgebiete mit einer Nutzungsmischung
   $ET_{wfr} : B_{fr} > 1,0$
   sind günstig für die Anordnung von Arbeitsplätzen.

3) Eine Verbesserung der Nutzungsstruktur ist um so wirkungsvoller, je stärker die vorhandene Nutzungsmischung von der optimalen abweicht.

4) Die Belastung der Verkehrsnetze (Schiene und Straße) in Richtung und Gegenrichtung ist um so ausgewogener, je näher der Wert $ET_{wfr} : B_{fr}$ gegen 1 geht und damit das optimale Maß erreicht.

5) Bei einer optimalen Nutzungszuordnung wird der höchste Anteil des Nicht-Fahrverkehrs am gesamten Verkehrsaufkommen erzielt.

Quellverkehrsaufkommen in Abhängigkeit von der Nutzungsmischung

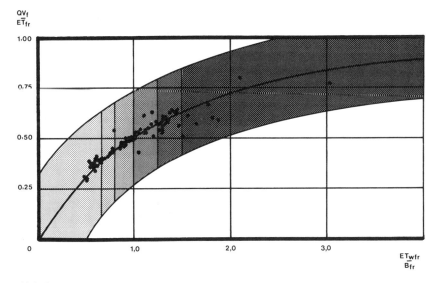

Abb.1
Quellverkehrsaufkommen

3. Die ökologische Karte

Im Sinne der Siedlungssoziologie ist die räumliche Verteilung wirtschaftlicher Versorgungseinrichtungen, wie Geschäfte, Fabriken und Büros ebenso das Wirkungsprodukt ökologischer Kräfte wie das der Wohnungsverteilung. Der Wert des Standortes ist immer relativ und verändert sich, wenn einer oder mehrere der zusammenwirkenden Faktoren an relativer Bedeutung gewinnen oder verlieren. Eine Gemeinde ist eine ökologische Verteilung von Personen und Dienstleistungen, in der die räumliche Lokation einer jeden Einheit durch ihre Beziehung zu allen anderen Einheiten bestimmt wird. Betrachtet man den präferentiellen Gleichgewichtszustand, so kann die relative räumliche Verteilung von Wohnungen durch die Erwerbstätigen und die Arbeitsstätten durch die Beschäftigten charakterisiert werden (Abb. 1).

Wählt man als räumliches Bezugssystem eine kreisförmige Fläche und nimmt man die Kräfte als im Schwerpunkt der Fläche wirkend an, so lassen sich durch Interpolation zwischen den einzelnen Punkten die Linien gleicher ökologischer Kräfte bestimmen (Isodynamen). Die Isodynamen geben das relative Quellverkehrsaufkommen eines Gebietes entsprechend der Abbildung 1 an. Aus graphischen Gründen wurde deshalb die Abbildung 1 in mehrere unterschiedlich getönte Abschnitte so eingeteilt, daß sie den Flächen zwischen den Isodynamen entsprechen.

Die neutrale Isodyname hat den Wert 1,0 $ET_{wfr} : B_{fr}$. Sie stellt gleichzeitig die Linie der optimalen Nutzungsmischung dar. Die so entstandene "ökologische Karte" (Abb. 2) (4) ähnelt einer topographischen Karte. Sie weist Täler und Höhen auf. Man kann von einer ökologischen Landschaft sprechen. Aus dieser Karte lassen sich unmittelbar die Bereiche im Stadtgebiet ablesen, die günstig für eine Stärkung der Wohnfunktionen (Täler) und optimal für Arbeitsplätze (Höhen) sind.

Gleichzeitig ist die Auswirkung von Standortentscheidungen unmittelbar erkennbar. Der optimale Standort läßt sich bei verschiedenen Alternativen sofort ablesen. Weitere Berechnungen sind nicht erforderlich.

Ist eine Veränderung eingetreten, ändert sich auch das Bild der Landschaft. Bei einer positiven Änderung wird die Landschaft geglättet, bei einer Zuordnung im negativen Sinn das Relief verstärkt. Wegen der aufgezeigten Wirkungsweise kann das Planungsmodell den Optimierungsmodellen zugeordnet werden.

Das Berechnungsverfahren ermöglicht die Quantifizierung des Fahrverkehrsaufkommens und die Ermittlung der unterschiedlichen Auswirkungen verschiedener Standorte im Hinblick auf die Einsparung von Verkehrsarbeit, d.h. die Umwandlung von Fahrverkehr in Nichtfahrverkehr und umgekehrt.

Der Planungsablauf ist einfach zu vollziehen. Die ökologische Karte läßt unmittelbar erkennen, in welche Richtung die Entwicklung beeinflußt werden muß. Die Auswirkungen können zunächst mit relativ einfachen Berechnungen ermittelt werden. Danach können die notwendigen Entscheidungen über Steuerungsabsichten und Beeinflussung von Entwicklungstrends und die Festlegung von Art und Maß der Nutzung in den Bauleitplänen erfolgen. Diese Festlegungen führen zu einer Veränderung der ökologischen Landschaft. Zieht man einen auf die Zukunft bezogenen zeitlichen Schnitt, so kann für diesen Zeitpunkt eine neue ökologische Karte angefertigt werden.

Die vorhandenen Flächennutzungspläne der Städte und Gemeinden sollten auf ihre verkehrserzeugende Wirkung hin untersucht werden. In mehreren Untersuchungen konnte nachgewiesen werden, daß die meisten

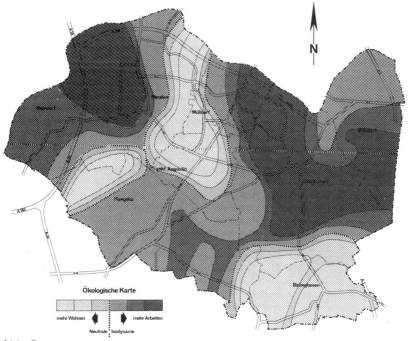

Abb. 2:
Ökologische Karte

Nutzungsfestsetzungen eine Erhöhung des Verkehrsaufkommens auch bei gleichbleibenden oder sogar rückläufigen Einwohner- und Arbeitsplatzzahlen bewirken. Andererseits lassen sich durch günstige Nutzungszuordnungen durchaus Einsparungen des Fahrverkehrs von über 50 % erzielen. Das Fahrverkehrsaufkommen kann für die Verkehrsprognose aus dem zum Prognosezeitpunkt vorhandenen ökologischen Kräfteverhältnis leicht für jede Zelle bestimmt werden. Das so ermittelte Fahrverkehrsaufkommen (Verkehrserzeugung) kann als Basismaterial für die weiteren verkehrstechnischen Berechnungen entsprechend der in der Verkehrsplanung bekannten Rechenverfahren Verwendung finden.

Die zu erwartenden strukturellen Größen sind ihrerseits geeignet und notwendig, die Standorte und die Größe von Versorgungseinrichtungen festzulegen.

4. Standortoptimierung

Die Versorgungsmöglichkeiten der Bevölkerung haben sich mit der zunehmenden Technisierung und insbesondere der Motorisierung stark gewandelt.

Herrschte früher der Gang zum "Tante Emma Laden" an der Ecke vor, so förderte die Möglichkeit das eigene Auto zu benutzen die Bildung von zentralen Einkaufsbereichen und später von Shoppingcenters auf der "grünen Wiese". Die Einkaufsfahrt, verbunden mit einem größeren Einkauf, stärkt die Wirtschaftskraft dieser Einkaufsschwerpunkte und führt zu einer Verödung kleiner Ortskerne. Der Konkurrenz der großen Unternehmen sind kleine Läden nicht gewachsen. Die Geschäftsauflösungen bewirken wieder Umwandlungen von Nichtfahrverkehr in Fahrverkehr. Einschlägige Verkehrsprognosen geben für die Fahrzwecke "Geschäfts-, Einkaufs-, Besorgungs- und sonstige Fahrten" die größten Zuwachserwartungen an. Zur Minimierung der Fahrten im Einkaufsverkehr ist die Forderung zu stellen, daß möglichst von allen Wohnungen aus Geschäfte zur Deckung des täglichen und kurzfristigen Bedarfs in einem Umkreis von nicht mehr als 1 000 m Luftlinienentfernung erreicht werden können. Eine Konzentration dieser Geschäfte im Zentrum mit höherwertigem Bedarf führt zu einer Zunahme der Fahrtenzahl und schränkt gleichzeitig die Erreichbarkeit der Zentren ein.

Die Konzentration der Schulen auf wenige große Einheiten hat zu einer starken Zunahme der Ausbildungspendelfahrten geführt. Es soll hier nicht untersucht werden, ob das Maß der Konzentration in allen Fällen unumgänglich war. Es ist jedoch festzustellen, daß der Schülerverkehr eine Größenordnung erreicht hat, die zu einem Überdenken der Ursache Anlaß gibt. Die Schüler sind naturgemäß zum überwiegenden Teil auf öffentliche Verkehrsmittel angewiesen. Gerade in der Morgenspitze, wo ebenfalls die stärkste Belastung im Berufsverkehr auftritt, ist eine Nivellierung durch Abbau von Verkehrsleistungen oder Verteilung auf einen größeren Zeitraum wünschenswert. Die Anzahl der einzusetzenden Busse richtet sich nach dieser Spitzenbelastung. Anschließend wird dieses Platzangebot nicht mehr benötigt. Trotzdem müssen die Fahrer bezahlt und die Busse vorgehalten werden.

Auch die Standortfeststellung der Schulen erfolgte bisher weitgehend ohne Prüfung der Frage, ob bei einem anderen Standort Fahrverkehr vermieden worden wäre. Ähnlich sieht es bei vielen anderen Einrichtungen aus.

Die Bestimmung optimaler Standorte kann mit Hilfe von Potentialkarten erfolgen. Bei der Erstellung der Potentialkarten müssen die Randbedingungen, z.B. Einwohner im Einzugsbereich (Abb. 3), festgelegt werden. Aus der Karte selbst können nun die optimalen Standorte unmittelbar abgelesen werden.

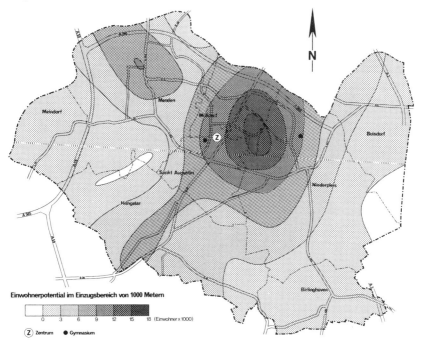

Abb. 3
Einwohnerpotential

Die Anwendungsmöglichkeiten von Potentialkarten sind sehr vielfältig. So kann beispielsweise die Lage der Haltestellen des öffentlichen Personennahverkehrs leicht überprüft und optimiert werden (Abb. 4) (4). Betrachtet man beliebige Stellen eines Siedlungsgebietes als potentielle Haltestelle und bestimmt das Verkehrsaufkommen im Einzugsbereich, so lassen sich die Verkehrspotentiale in einer Karte darstellen. Lebt man die Haltestellen in den Bereich des höchsten Verkehrspotentials, so ist gewährleistet, daß man die größtmögliche Zahl der Benutzer bei gleichzeitiger Minimierung der Fußwege erreicht. Durch praktische Beispiele konnte nachgewiesen werden, daß bereits geringe Änderungen der Linienführung zu einer Steigerung des erfaßten Verkehrspotentials von mehr als 100 % führen können (3).

5. Wirksamkeit der Strukturplanung

Die Siedlungsstruktur eines Raumes ist ständigen Veränderungen unterworfen. Die Sozialökologie unterscheidet fünf ökologische Hauptprozesse: Konzentration, Zentralisation, Segregation, Invasion und Sukzession.

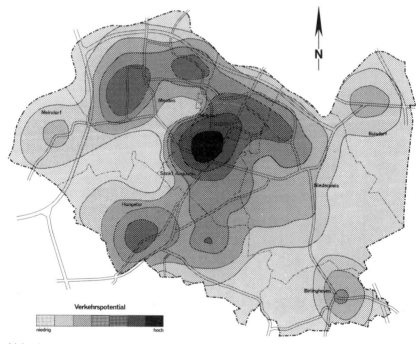

Abb. 4
Verkehrspotentiale

Jeder einzelne beinhaltet einen gegensätzlichen oder negativen Aspekt und schließt einen oder mehrere Nebenprozesse ein.

Die Konzentration bezeichnet die Tendenz einer zunehmenden Anzahl von Personen, sich in einem bestimmten Gebiet oder einer Region niederzulassen. Dichte ist ein Maß der Bevölkerungskonzentration. Der Konzentrationsgrad, der von einer Lokation erreicht wird, ist ein Maß ihrer Ressourcen- und Standortvorteile, die sie im Vergleich zu ihren Konkurrenten besitzt. Diese Stärke hängt ab von den Bedingungen des Transports und der Kommunikation. Das Gegenteil der Konzentration ist die Dispersion. Sie wird durch die modernen Verkehrsmittel begünstigt.

Zentralisation ist eine Auswirkung der Tendenz von Personen, an bestimmten Orten zur Befriedigung spezifischer Allgemeininteressen wie Arbeit, Spiel, Geschäft und Erziehung zusammenzukommen. Zentralisation ist daher eine vorübergehende Form der Konzentration, eine wechselseitige Wirkung von zentripetalen und zentrifugalen Kräften. Der Begriff Segregation wird hinsichtlich der Konzentration von Bevölkerungsgruppen innerhalb eines Gemeindegebietes verwendet. Die Invasion ist ein Prozeß der Dislokation ganzer Gruppern. Sie impliziert das Übergreifen eines Gebietes der Segregation auf ein anderes, gewöhnlich angrenzendes Gebiet.

Unter Sukzession ist der Wandel von menschlichen Gemeinschaften in zyklischer Weise zu verstehen. Gebiete innerhalb einer Stadt durchlaufen verschiedene Stadien der Nutzung und Bewohnung mit großer Regelmäßigkeit. Der Prozeß der physischen Verschlechterung von Gebäuden fördert einen Wandel im Typus der Bewohnung. Dies bewirkt eine Abwärtstendenz der Mieten und selektiert immer niedrigere Einkommensklassen, bis ein neuer Zyklus beginnt. Dies geschieht entweder durch einen vollständigen Nutzungswandel des Bodens, wie etwa durch den Wechsel von Wohn- zu Geschäftszwecken oder durch eine Erneuerung des alten Gebrauchs.

Die sich abzeichnende Entwicklung läßt Probleme in bisher unbekanntem Ausmaß erwarten. Die Überlagerung der Problembereiche und die gegenseitige Abhängigkeit erfordern, mehr als bisher, umfassende und weitreichende Gesamtplanungen. Selbst wenn die Prognosen über die künftige Wirtschaftsstruktur und der damit verbundenen Siedlungstätigkeit auch nur teilweise eintreten, kann bereits heute festgestellt werden, daß das Prinzip der Bedarfsdeckung, d.h. die Befriedigung aller, wenn auch erzwungener Nachfragen unlösbare zivilisationsökologische Probleme aufwirft, wenn nicht veränderte Rahmenbedingungen in der Planung beachtet werden. Dabei wird man zunächst fragen: Was soll eigentlich bei zurückgehenden Einwohnerzahlen noch geplant werden? Aber gerade diese Situation zwingt zu einer wesentlich differenzierteren Betrachtungsweise. Man wird stärker als bisher vorhandene Infrastruktureinrichtungen voll ausnutzen müssen. Es ist aber auch stärker als bisher notwendig, angesichts der hohen Investitions- und Folgekosten in allen Bereichen der Infrastruktur, zu versuchen, ob nicht weitere Kosten durch gezielte Strukturpolitik vermieden oder sogar die heute vorhandenen Aufwendungen durch günstigere Standortbedingungen reduziert werden können. Dabei sind zwei Kriterien zu beachten:

1) Die groß- und kleinräumigen Strukturverschiebungen können, wie bereits gezeigt, ohne Erhöhung der Strukturwerte zu einer Zunahme der Pendlerfahrten führen, die weitere Investitionen erfordern. Wanderungen können aber auch zur Reduzierung der Fahrtenzahl nutzbar gemacht werden.

2) Strukturverschiebungen können und werden oft dazu führen, daß vorhandene Infrastruktureinrichtungen nicht mehr voll ausgeschöpft werden und an anderer Stelle neue Anlagen erforderlich sind.

Diese beiden Effekte sind deshalb so kritisch zu werten, da ihre Wirkungsweise leicht unterschätzt oder sogar überhaupt nicht beachtet wird.

Die Mobilität im umfassenden Sinn ist ein Maß für die Veränderungen der ökologischen Position. Sie kann sich auf den Wechsel der Wohnung ebenso beziehen wie auf die Standortveränderung eines Gutes oder von Dienstleistungen.

Bei der Fluktuation handelt es sich um eine Bewegung ohne Veränderung der ökologischen Position, d.h. es findet ein Austausch statt. Bei der statistisch erfaßten Veränderung der Einwohnerzahlen können sowohl Mobilitätsänderungen als auch Fluktuationsprozesse vorliegen.

Um einen Anhaltspunkt über die Wirksamkeit standortlenkender Maßnahmen zu gewinnen, ist das Maß der Mobilität der geeignete Indikator. Der Wanderungsumfang kann auch als Hilfsgröße herangezogen werden. So betrug z.B. im Jahr 1984 die Zahl der Zu- und Fortzüge in einigen untersuchten Städten zwischen 10 und 14 % der Einwohnerzahl. Dabei ist zu beachten, daß die Binnenwanderung erheblich höher sein kann als die statistisch erfaßten Wanderungsbewegungen.

Die Mobilität der Einwohner läßt sich bestimmen, indem man die absolute Veränderung in den einzelnen Bezirken zugrunde legt. In einem Beispiel wurde festgestellt, daß bezogen auf die absolute Veränderung der Einwohnerzahl nur 3,3 % auf Wanderungsgewinne, hingegen 9,9 % auf innerörtliche Verlagerungen zurückzuführen sind. Hier wird deutlich, daß den meist unbeachteten Veränderungen innerhalb der kommunalen Grenzen zu wenig Gewicht beigemessen wird. Die kommunale Neugliederung mit erweiterten Grenzen trägt zur Verschleierung dieses Tatbestandes bei, da plötzlich Berufspendler nicht mehr erfaßt werden, weil sie als Binnenpendelwanderer auftreten.

Ähnliche Veränderungen lassen sich, wenn auch nicht in gleichem Umfang, bei den Arbeitsplatzzahlen feststellen. Es konnte nachgewiesen werden, daß rd. 70 % aller Arbeitsplätze für eine Nutzungsmischung geeignet sind (1). Diese Feststellung schließt jedoch nicht aus, daß noch für einen Teil der restlichen 30 % vertretbare Nutzungszuordnungen möglich sind. Hier stellt sich eine interessante städtebauliche Aufgabe.

Die Einsparung von Verkehrsleistung durch Nutzungsmischung stellt keine Einengung der Mobilität dar. Sie basiert allein auf dem vorhandenen ökologischen Kräftespiel und darf deshalb nicht mit restriktiven Maßnahmen verwechselt werden.

Das Unvermögen Städte autogerecht zu bauen, die große Belastung der öffentlichen Hand durch die Verkehrskosten, die vom Auto ausgehenden Umweltbeeinträchtigungen und die Energieprobleme sollten Anlaß genug sein, alle Möglichkeiten zur Minimierung des Fahrverkehrsaufkommens voll auszuschöpfen.

6. Aufteilung der Verkehrsarbeit

Betrachtet man die Überwindung räumlicher Distanzen nur als notwendiges Hilfsmittel zur Befriedigung grundsätzlicher Interessen wie Beruf, Einkauf usw., so ist im Sinne der Verkehrsberuhigung der Verkehr am besten, der gar nicht entsteht, d.h. wo z.B. Wohnung und Arbeitsplatz im gleichen Haus sind.

Für alle anderen Verkehrsverflechtungen sind möglichst kurze Distanzen anzustreben. Ein typisches günstig zu den Arbeitsplätzen gelegenes Gebiet ist die Bonner Südstadt. Die dort wohnenden Erwerbstätigen erreichen ihren Arbeitsplatz wie folgt (2):

12,8 % haben den Arbeitsplatz im gleichen Haus

25,7 % zu Fuß

11,1 % mit dem Fahrrad

0,9 % mit dem Motorrad oder Moped

35,8 % als Fahrer eines Pkw

6,0 % als Mitfahrer im Pkw

7,7 % mit öffentlichen Verkehrsmitteln.

In den meisten Städten beträgt auch heute noch der Anteil der Fußgänger und Radfahrer am gesamten Verkehrsaufkommen mehr als 50 %. Der

Anteil des individuellen Verkehrs wird allgemein überschätzt. Würde man sich bemühen, für den Fußgänger- und Radverkehr qualitativ ähnlich gute Lösungen anzustreben, wie sie für den Kraftfahrzeugverkehr selbstverständlich sind, würde sich der Anteil des Nichtfahrverkehrs sicher erhöhen. Obwohl z.Z. eine weitere Zunahme des Kraftfahrzeugbestandes prognostiziert wird, ist im Hinblick auf die noch ungelösten Energie- und Umweltfragen eine stärkere Beteiligung des ÖPNV am Gesamtverkehr wünschenswert. Eine übliche "Modal-Split"-Berechnung auf der Grundlage des Fahrzeitvergleichs zwischen individuellen und öffentlichen Verkehrsmitteln reicht zur Ermittlung des ÖPNV-Anteils am gesamten Verkehrsaufkommen nicht aus. Die Annahmebereitschaft öffentlicher Verkehrsmittel wird sehr viel stärker durch andere Faktoren beeinflußt. Betrachtet man einmal ausgewählte Verkehrsbeziehungen von der Verkehrsquelle zum Ziel, so ist festzustellen, daß überall dort, wo der ÖPNV diese Relation bedient, hohe Anteile am gesamten Fahrverkehr unabhängig vom Motorisierungsgrad erzielt werden.

Eine Korrelationsrechnung von über 100 Verkehrsbeziehungen im Stadtgebiet Bonn brachte folgendes Ergebnis (2):

a) Wird die Verkehrsnachfrage optimal von einem Schienenverkehrsmittel (Stadtbahn, Straßenbahn) erfüllt, so ergeben sich bei Fahrten zur Bonner Innenstadt Anteile bis 73 %. Der mittlere ÖPNV-Anteil beträgt bei einer Zugfolgezeit von 5 Minuten 70 % und bei 15 Minuten Zugfolgezeit 63 %.

b) Wird die Verkehrsbedienung unter sonst vergleichbaren Bedingungen von Bussen durchgeführt, sinkt der ÖPNV-Anteil um 9 %.

c) Verkehrsbeziehungen außerhalb der Innenstadt weisen etwa 10 % geringere ÖPNV-Anteile auf.

d) Wenn keine direkte Fahrtmöglichkeit angeboten wird, gehen bei allen vergleichbaren Fällen die ÖPNV-Anteile bei nur einmaligem Umsteigen auf die Hälfte zurück.

Nur wenn der Verkehrsumfang nach Quelle, Stärke und Ziel bekannt ist, kann eine zweckmäßige Netzgestaltung der öffentlichen Verkehrsmittel erreicht werden. Mit Hilfe dieser Daten ist es möglich, das Netz für den öffentlichen Verkehr zu überprüfen und so zu verbessern, daß mit geringstmöglichem Aufwand für die Verkehrsbetriebe ein größtmöglicher Effekt für den Verkehrsnutzer erzielt wird.

Zur Überprüfung der verkehrlich optimalen Linienführung dient die Karte der Verkehrspotentiale (Abb. 4).

In Gebieten mit geringem Verkehrsaufkommen hat sich der Einsatz von Anruf-Sammeltaxen bewährt (5).

7. Aufbau des Straßennetzes

Der Aufbau des Straßennetzes sollte so erfolgen, daß einerseits möglichst große verkehrsberuhigte Bereiche entstehen und andererseits die verbleibenden Verkehre möglichst umfeldgerecht geführt werden.

Durch die geeignete Anlage und den entsprechenden Betrieb der städtischen Verkehrssysteme können räumliche Umverteilungen des Kraftfahrzeugverkehrs in weniger empfindliche Gebiete erzielt werden.

Bei der Bemessung des Netzes der Straßen tritt an die Stelle der verkehrstechnischen Leistungsfähigkeit die umweltabhängige Belastbarkeit.

Die Auswahl der Trassen sollte entsprechend dem Maß der Belästigung und der Zahl der Betroffenen erfolgen.

Die Umverteilung des Kraftfahrzeugverkehrs kann durch Planungsmodelle hinreichend genau simuliert werden. In der Berechnung können Verkehrsberuhigungsmaßnahmen, Verkehrslenkungsmaßnahmen und bauliche Maßnahmen berücksichtigt werden. In der Abbildung 5 ist die Verkehrsbelastung eines Straßennetzes dargestellt, bei dem der Neubau einer Straße simuliert wurde. Zwar verlagert sich Verkehr aus zwei Ortslagen auf die neue Trasse, jedoch nimmt der Verkehr im gesamten Stadtgebiet zu, d.h. es wird Verkehr, der heute noch das Stadtgebiet umfährt, in die Stadt gezogen. Demgegenüber wurden bei dem in Abbildung 6 dargestellten Netz ausschließlich Verkehrsberuhigungsmaßnahmen im Stadtgebiet simuliert. Es zeigt sich der genau umgekehrte Effekte. Durchgangsverkehr wird aus dem Stadtgebiet auf die äußeren Autobahntangenten verdrängt. Der verbleibende Verkehr wird sehr viel stärker als beim ersten Planungsfall aus den Wohngebieten und sonstigen empfindlichen Bereichen, wie z.B. der Klinik, verdrängt. Aufgenommen wird dieser Verkehr von einer Straße, die überwiegend durch Gewerbegebiet und weniger störempfindliche Bereiche führt.

Zur Beurteilung der verschiedenen Planungsfülle können noch Berechnungen über die Lärm- und Abgasbelastung sowie die insgesamt mit Kraftfahrzeugen gefahrenen Kilometer durchgeführt werden (6).

Auch die städtebauliche Verträglichkeit der vorgesehenen Verkehrslösung bedarf einer eingehenden Untersuchung (Abb. 7).

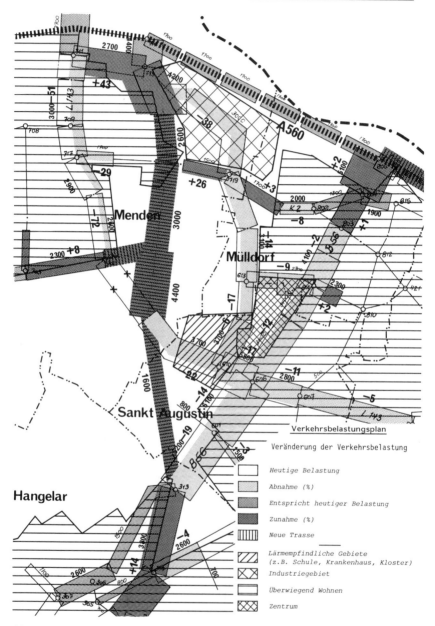

Abb. 5
Verkehrsbelastungen nach Straßenneubau

Integrierte Verkehrskonzepte

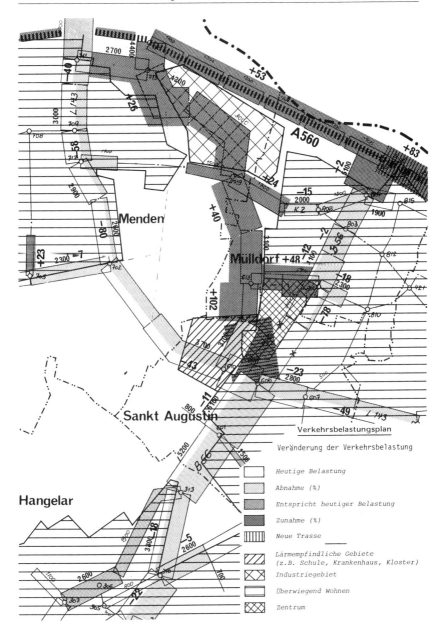

Abb. 6
Verkehrsbelastungen nach Verkehrsberuhigungsmaßnahmen

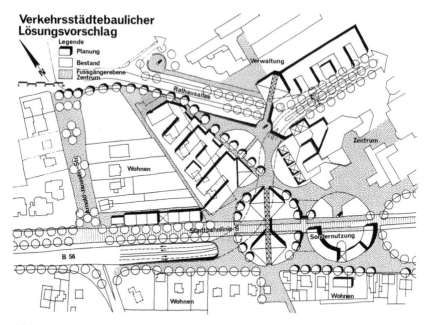

Abb. 7
Städtebaulicher Lösungsvorschlag

8. Schlußbemerkung

Es ist unerläßlich, die Planung auf die spezielle örtliche Situation abzustellen. "Kochrezepte" sind ebenso falsch wie unerwünscht.

Die vorhandenen Flächennutzungspläne der Städte und Gemeinden sollten auf ihre verkehrserzeugende Wirkung hin untersucht werden.

Es ist sorgfältig zu prüfen, durch welche Verkehrsarten die verschiedenen Funktionen der Stadt befriedigend mit den geringsten schädlichen Folgen bedient werden können. Dies führt zwangsläufig zu unterschiedlichen Ergebnissen für die einzelne Gemeinde, je nach Größe, Flächennutzung, Struktur usw. In der Regel wird man anstreben, einen möglichst großen Teil des Gesamtverkehrsaufkommens auf den öffentlichen Personennahverkehr und den Fußgänger- und Radverkehr umzulenken.

Für den verbleibenden Individualverkehr ist ein Straßennetz zu entwickeln, das den Durchgangsverkehr möglichst fernhält und den restlichen Verkehr weniger belastend abwickelt. Dabei ist haushälterischer Umgang mit dem Grund und Boden zwingend geboten.

Zur ökologischen Stadterneuerung müssen alle Fachdisziplinen beitragen. Dies ist jedoch nicht durch einzelne Fachbeiträge, sondern nur durch integrierte Planungskonzepte möglich.

Anmerkungen

(1)
Franz, L.: Minimierung des Verkehrsaufkommens durch Optimierung der Nutzungsmischung. Diss. TH Aachen, 1978

(2)
Franz, L. u.a.: Verkehrsberuhigung in Städten und Gemeinden. Expert-Verlag Grafenau/Württ., 1982

(3)
Franz, L.: Orts-, Regional- und Landesplanung. 3. Vorlesungsmanuskript. Bergische Universität, Gesamthochschule Wuppertal, 1986

(4)
Rhein-Sieg-Kreis. Der Oberkreisdirektor — Planungsamt —: Verkehrsleitplan Sankt Augustin, 1987

(5)
Forschungsgesellschaft für Straßen- und Verkehrswesen: Öffentlicher Personennahverkehr in Räumen und Zeiten schwacher Verkehrsnachfrage. Köln 1986

(6)
Hessische Zentrale für Datenverarbeitung: Anwendung der ADV im Bereich Verkehr bei der HZD, Wiesbaden

Eckhard Hardacker
Qualitative Wasserwirtschaft in hochversiegelten Gebieten
Ein Beitrag zur ökologischen Stadterneuerung

Mit einem Anteil von 12,5 % der Gesamtfläche des Bundesgebietes nimmt die Siedlungsfläche im Vergleich mit anderen Nutzflächen auf den ersten Blick einen anscheinend geringeren Rang im Flächennutzungssystem der Bundesrepublik Deutschland ein. Wegen der Konzentration in den großen Verdichtungsräumen, insbesondere in den Ballungsräumen mit Höchstwerten bis zu über 70 % und gleichzeitig verbunden mit intensivster Bebauung, ist die Siedlungsfläche in einigen Räumen dominant.

Trotz stagnierender Bevölkerungszahlen nimmt die Siedlungsfläche auch weiterhin täglich zu:

1950 — 1960	66 ha/d
1950 — 1980	113 ha/d
1950 — 1985	120 ha/d

Von den 120 ha/d werden ca. 57 % für Gebäudeflächen und ca. 23 % für Verkehrsflächen verwendet. Damit sind mindestens 80 % der Siedlungsfläche versiegelt. Für die Versorgung der Bevölkerung der Bundesrepublik mit einwandfreiem Trinkwasser werden jährlich etwa 5 Mrd. m^3 Rohwasser dem natürlichen Wasserkreislauf entnommen. Ein Anteil mit größer als 70 % wird davon aus dem Grundwasser bzw. aus angereichertem Grundwasser gedeckt. Der Pro-Kopf-Verbrauch lag im Jahr 1983 bei 147,3 l/E.d. In dicht besiedelten Großstädten steigt dieser Wert auf bis zu 250—300 l/E.d an.

Auch wenn die Siedlungsfläche und die Trinkwassergewinnung auf den ersten Blick nichts gemeinsam haben, so beeinflussen beide Faktoren eines gemeinsam in gravierendem Umfang in unserem Ökosystem: das Grundwasser.

Hohe Versiegelungsraten ergeben negative Auswirkungen für die Lebensqualität der Bevölkerung wie auch für die Umweltverträglichkeit der Stadtstrukturen insgesamt und der Nutzungen im einzelnen. Zu den bekanntesten Auswirkungen gehören in unserem gemäßigten Klimabereich Veränderungen des Stadtklimas und des Wasserhaushaltes sowie die Verminderung von belebtem Oberboden mit all seinen ökologischen Folgen. In urbanen Kerngebieten kann es zu extremen klimatischen Veränderungen kommen, wie starke sommerliche Überhitzung, Luftfeuchtedefiziten, belasteten Mikroklimaten, geringerer Ventilation sowie zu erhöhten Luftverunreinigungen. Augenfällig ist die Auswirkung der Versiegelung auf den Wasserhaushalt. Es findet weder Evaporation noch Transpiration statt, eine Speicherwirkung wird durch den Abtrag bzw. die Zerstörung des Oberbodens verhindert. Die städtische Bebauung mit allen damit verbundenen Eingriffen in die Struktur der oberflächennahen Schichten verändert sowohl die Proportionen als auch die Mechanismen der Versickerung durch Abtragung der Bodenhorizonte, Verdichtung der obersten Schichten, Zerstörung des natürlichen Bodenprofils, Verfüllung mit heterogenem Bau-/Bodenmaterial sowie durch Entwässerungsmaßnahmen. Extreme Hochwasserspitzen mit den begleitenden zerstörerischen Kräften der Hochwasserquelle und geringe Niedrigwasserstände bei kleinen und mittleren Vorflutern sowie eine mit fatalen Folgen behaftete Grundwasserabsenkung (Setzungserscheinungen, Einflüsse auf Restvegetation) sind die wesentlichen Auswirkungen.

Der Wasserhaushalt in Ballungsräumen und hochversiegelten Gebieten wurde in der Regel durch zwei getrennte Aufgabengebiete betreut:

1) **Wasserversorgung** mit den Teilaufgaben der Wassergewinnung und -aufbereitung.
Der wachsende Anschlußgrad der Bevölkerung an Versorgungssysteme und der steigende Einsatz von immer größere Wassermengen verbrauchenden Technologien in der Industrie und dem privaten Wohnbereich lassen die Versorgungsunternehmen auf immer größere und den Wasserhaushalt stärker belastende Fernversorgungssysteme zurückgreifen.

2) **Wasserentsorgung** mit den Teilaufgaben der Wasserableitung (Schmutz- und Regenwasser) und Wasserbehandlung.
Die fortschreitende Urbanisierung und Flächenversiegelung führten zu unseren heutigen Anforderungen des Entwässerungskomforts und des Schutzanspruchs, die z.B. eine schnelle Ableitung des Regenwassers als einzige Lösung vorsehen. Hierbei ist zu beachten, daß ein hoher Anteil von Regenwasser im Mischabwasser schnell zur hydraulischen Überlastung von Kanalisation und Abwasserreinigungsanlagen führen kann, sich ungünstig auf die Reinigungsleistung in Kläranlagen auswirkt und durch häufiges Anspringen von Regenüberlastungsanlagen die Vorfluter übermäßig belastet.

Aus heutiger Sicht sind oben beschriebene Teilaufgaben als gegenseitig abhängige Bereiche im Sinne der qualitativen Wasserwirtschaft anzusehen. Dies macht nicht nur eine Zusammenarbeit der verschiedenen Ver-

Qualitative Wasserwirtschaft

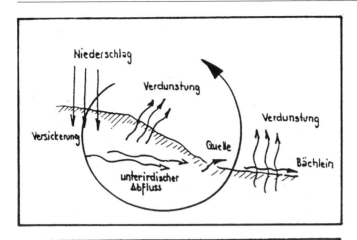

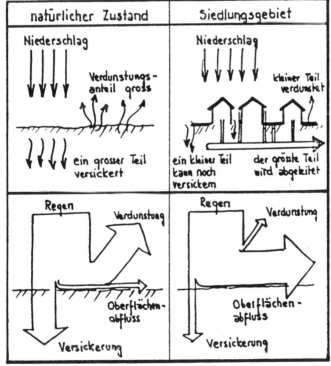

Abb. 1
Die kleinen Wasserkreisläufe und eine schematische Darstellung der Regenwasser-Abflußbilanzen vor und nach einer Überbauung

waltungs- und Entscheidungsebenen, sondern auch ein Zusammenwirken von Ingenieuren, Hydrogeologen, Biologen und Chemikern notwendig. Der Weg sollte weg von der Schadensbehebung und hin zum vorbeugenden Umweltschutz sein, wie auch vom Umweltausschuß der OECD 1979 schon gefordert wurde. Das bedeutet, sowohl der weiteren Flächenversiegelung nach Möglichkeit Einhalt zu gebieten, als auch nach Möglichkeiten der Entsiegelung Ausschau zu halten. Ziel sollte dabei nicht nur der qualitative, sondern auch der quantitative Gewässerschutz sein: Rekultivieren und Erhalten der kleinen Wasserkreisläufe.

Eine 10 %ige Versiegelung eines Wassereinzugsgebietes bedingt eine Steigerung des Abflußvolumens um 50—70 % sowie der Abflußspitze um 70—130 %. Der schädigende Einfluß auf den Grundwasserstand und die Grundwasserneubildung wird dadurch schnell ersichtlich, andererseits aber auch der Vorteil einer 10 %igen Entsiegelung und der damit verbundenen Versickerung des entsprechenden Regenwasseranteils.

	ψ
Dächer aus Metall, glasierten Ziegeln oder Schiefer	0,95
aus gewöhnlichen Ziegeln oder Dachpappe	0,90
aus Holzzement	0,50—0,70
im Mittel	0,70—0,95
Straßen, Wege, Höfe	
fugenlose oder fugenarme Geh- und Fahrbahnen aus Schwarzdecken oder Beton	0,85—0,90
Pflaster aus Natursteinen, Ziegelsteinen oder Holz mit vergossenen Fugen	0,75—0,85
Pflaster aus Natursteinen, Ziegelsteinen oder Holz mit offenen Fugen	0,50—0,70
Klein-, Kopfstein-, Mosaikpflaster	0,40—0,50
Oberflächen-Teerung	0,25—0,60
wassergebundene Decke	0,25—0,40
schlecht befestigte Wege und Kieswege	0,15—0,30
Unbebautes Gelände	
Bahnhöfe, Sportplätze	0,10—0,30
Parks, Gärten, Rasen, Wiesen	0,05—0,25*)
Wald	0,01—0,20

*) bei lehmigem, undurchlässigem Boden wesentlich höher.

Abb. 2
Abschlußbeiwerte ψ von Siedlungsflächen für Geländeneigungen bis 5 % und von Einzelflächen

Qualitative Wasserwirtschaft

Bodenart	[mm/s]	[l/s · ha]
Sandboden	0,28	2780
Sande bei Frankfurt/M.	0,0058—0,1116	58—1116
feiner Sand	0,0025—0,0078	25—78
lehmiger Sand	0,0022—0,0044	22—44
sandiger Lehm	0,0015—0,0022	15—22
Lößboden	0,0041—0,0083	41—83
Moorboden	0,0111—0,0167	111—167
Lehm	0,0028—0,0056	28—56
Lehm	0,00003—0,00004	0,3—0,4
Ton	10^{-6}—10^{-4}	0,01—1
Humoser Kalksand	0,0060	60
Isarkalksand	0,0089	89
Ziegellehm	0,0099	99

Abb. 3:
K_f-Werte und Versickerungsgeschwindigkeit für verschiedene Bodenarten

Zur Abflußmengenberechnung kann genähert folgende Formel benutzt werden: $Q = r \cdot A \cdot \psi$ [l/s] bzw. [m_3]
Q = Niederschlagsabfluß,
r = Regenspende (l/s.ha)
A = beregnete Fläche oder Einzugsgebiet (z.B. Dachfläche, Wohnblock etc.)
ψ = Abflußbeiwert

Die folgenden Tabellen dienen der Regenwassermengenbemessung. Aus der Tabelle 1 ist zu entnehmen, daß im Durchschnitt jährlich 42 Regen mit einer Regenspende von über 30 l/s · ha fallen. Ein Regen mit einer Regenspende von 150 l/s · ha ist jährlich zwei- bis dreimal zu erwarten.

Sinnvolle und umweltorientierte Entwässerungskonzepte unter Beachtung der örtlichen Verhältnisse sind der erste Weg zur Wiederherstellung der unterbundenen kleinen Wasserkreisläufe. Dem Schutz des Grundwassers vor Verunreinigungen gebührt bei Planung und Betrieb derartiger Entwässerungsmöglichkeiten absolute Priorität. Zentrale Versickerungsanlagen sind angeraten zur großflächigen Sanierung von Stadtgebieten. Das Regenwasser von bestimmten Auffangflächen wird über ein örtliches Kanal- oder Dränsystem einer Mulde, einem Rückhaltebecken oder einem Schluckbrunnensystem zugeführt und dort versickert. Ein erheblicher Planungsaufwand ist hierbei nötig und insofern nur bei der grundlegenden Sanierung großflächiger, hochversiegelter Gebiete anzuwenden. Sinnvoller auch für private Aktivitäten von Grundstücksbesitzern sowohl mit Einfamilien- als auch Mehrfamilienhausbebauung sind dezentrale

Eckhard Hardacker

- Auswertung einer 20-jährigen Regenmesseraufzeichnung

Regendauer über Tr = Min	Anzahl der Regen in einem Jahr mit einer Spende über l/s ha										
	30	40	50	60	70	80	90	100	125	150	175	200
0	42,6	27,3	18,7	14,0	10,8	8,2	6,6	4,9	3,4	2,3	1,4	0.6
5	22,7	14,0	9,4	7,0	5,4	4,2	3,1	1,9	1,2	0,5	0,3	
10	11,1	6,8	4,6	3,5	2,8	1,9	1,3	0,8	0,3	0.2		
15	5,8	3,6	2,3	1,7	1,2	0,8	0.5	0,3	0,1			
20	3,9	2,2	1,3	1,0	0,6	0,4	0,1	0.05				
25	2,7	1,3	0,9	0,7	0,4	0,3	0,2	0,05				
30	2,3	1,1	0,7	0,5	0,3	0,2	0,05	0,05				

Für n = 1: Treppenkurve = die Stellen, an denen die Werte der jedes Jahr einmal erreichten o. überschrittenen Regen liegen

n = 1   Regen, die jährlich einmal erreicht oder überschritten werden   (0,8 - 1,5)
n = 0,5 Regen, die alle 2 Jahre einmal erreicht o. überschritten werden (0,3 - 0,7)
n = 2   Regen, die alle halbe Jahre einmal erreicht o. überschritten werden (ab 1,5)

Tab. 1
Regenmesseraufzeichnung

Wertigkeit	Regenspender r (l/s ha)					
	5	10	15	20	25	30
für den alle 2 Jahre erreichten Regen n = 0,5	150	115	90	75	66	60
für den alle Jahre erreichten Regen n = 1,0	132	96	75	60	47	42
für den halbjährlich erreichten Regen n = 2,0	100	80	55	42	35	32

Regenreihen für
n = 0,5, n = 1,0, n = 2,0

Tab. 2
Regenreihen

Retensions- und Versickerungsanlagen für Regenwasser von Dachflächen, Terrassen, Fuß- und Radwegen, Hof- und beschränkt Verkehrsflächen (Schulhöfe, Sportflächen etc.).

Die Vorteile der gezielten Versickerung von Regenwasser bestimmter Auffangflächen sind:

— Verringerung der hydraulischen Belastung vorhandener Kanalnetze und Abwasserreinigungsanlagen durch Verminderung des Spitzenabflusses und Erhöhung der Retension

— Verminderung der Belastung des Vorfluters

— Erhalt der lokalen Grundwasserneubildung

— Kosteneinsparung im Bereich der Stadtentwässerung im kommunalen und privaten Bereich

— Verbesserung des Kleinklimas im Innenstadtbereich durch Schaffung von Verdunstungsflächen, dadurch bedingt Verminderung von Schadstoffbelastungen der Luft, wie z.B. Staubbelastung.

Neben der Versickerung bietet sich aber auch die Trinkwassersubstitution durch Regenwasser für bestimmte Nutzungen an, als Grundwasserschutz begleitende Maßnahmen zur Verminderung der Grundwasserentnahme. Es ist in jedem Fall auf die Regenwasserqualität zu achten. Regenwasser ist im allgemeinen durch Luftschadstoffe belastet, wie z.B. Staubpartikel und daran haftende Schwermetalle als auch durch sonstige organische Ablagerungen aus Nicht-Regenzeiten von Vögeln, Insekten etc. Unterschiedliche Vorbehandlungen des Regenwassers bei entsprechenden Nutzungsarten sind daher unbedingt erforderlich. Dabei ist zu beachten, daß einfache Filter hauptsächlich nur Grobstoffe und nicht gelöste Bestandteile zurückhalten. Bei der Versickerung von Regenwasser oben beschriebener Auffangflächen ist i.a. keine Vorbehandlung nötig, sie sollte sich aber auf unverschmutztes Niederschlagswasser beschränken. Die Versickerung von Straßenabflüssen ist gegenwärtig genauso wenig erwünscht wie die Einleitung von Dachflächenabflüssen in das Grundwasser in unmittelbarer Nähe bestimmter Industriestandorte. Bei der Nutzung von Regenwasser zur Autowäsche und zur Bewässerung sollte ein Schwebstoffrückhalt erfolgen. Letztere Nutzungsarten lassen nicht nur einen monetären Vorteil (Trinkwassersubstitution) erwarten, sondern auch ökologische Vorteile (Vermeidung des Kälteschocks beim Bewässern von Pflanzen mit Trinkwasser, Düngung bei der Bewässerung, Vermeidung von Kalkablagermengen beim Wagenwaschen durch Substitution von sehr hartem Trinkwasser).

Die Regenwassernutzung zum Wäschewaschen und Kochen machen eine biologische Vorbehandlung notwendig. Die Kosten und der Aufwand übersteigen in der Regel das Interesse im privaten Bereich.

Regenwasser zum Reinigen von Weg-, Hof- und Hausflächen sollte von Schwebstoffen frei sein. Bei der Trinkwassersubstitution zur Toilettenspülung ist eine Vorbehandlung durch Filter unbedingt nötig. Zudem sind hygienische Gesichtspunkte zu berücksichtigen. Das Umweltbundesamt in Berlin läßt zur Zeit in einem Großversuch letztere Möglichkeit überprüfen. Untersuchungen von alten Dachabflüssen haben gezeigt, daß das abfließende Regenwasser aus Zinkdachrinnen und -fallrohren Zink und Cadmium enthielten. Von neuen Rinnen und Fallrohren ist kein Einfluß zu erwarten.

Generell ist ein genaues Abwägen zwischen Sinn und Zweck solcher Anlagen zur Nutzung und Versickerung von Regenwasser im innerstädtischen Bereich und dem Nutzen in ökologischer und ökonomischer Hinsicht notwendig.

Grundlage jeglicher Planung zur Regenwasserversickerung in innerstädtischen Bereichen muß die ausreichende Kenntnis des zur Versickerung anstehenden Bodens sein. Die Schwierigkeit zur Bemessung von Versickerungsbecken, -mulden oder -flächen liegt in der Vorausberechnung der maßgebenden Infiltrationsrate, nämlich der Wassermenge, die je Zeiteinheit über die Versickerungsfläche in den Untergrund dringt. Diese ist abhängig von Niederschlagsintensität, der Jahreszeit, dem Oberflächengefälle, dem Bodenbewuchs, der physikalischen Beschaffenheit des Bodens, wie Bodenfeuchte, hydraulische Leitfähigkeit, Wassertemperatur, Grundwasserstand und Dauer der Inbetriebnahme der Anlage. Mit zunehmender Sättigung des Bodens nimmt die Versickerungsintensität bzw. die Versickerungsgeschwindigkeit ab.

Hydrogeologische Voraussetzungen sind eine ausreichende Durchlässigkeit des im Untergrund anstehenden Gesteins mit einem K_f-Wert von $\geqslant 5 \cdot 10^{-6}$ m/s, da sonst eine zu schnelle Abdichtung und damit Verringerung der Funktionstüchtigkeit solcher Versickerungsanlagen zu erwarten ist sowie ein Mindestabstand von Sohle-Versickerungsanlage und maximalen Stand der Grundwasseroberfläche von 1 m. Geohydraulische Besonderheiten (z.B. Hanglage) können ein Grund sein, trotz guten durchlässigen Bodens auf eine Versickerung zu verzichten. Eine Bodenfüllung mit Bauschutt oder ähnlichem Material hat zwar einen günstigen K_f-Wert, eignet sich aber für Versickerung von Regenwasser auf gar keinem Fall, da das Wasser über wenige Bahnen direkt dem Grundwasser zugeführt wird, ohne daß der Boden eine Reinigungsleistung erbringen kann. Die Boden-

Qualitative Wasserwirtschaft

durchlässigkeit sollte vor Ort möglichst mit einfachen Mitteln des Feldversuchs, z.B. der Infiltrationsmessung mit einem Doppelringinfiltrometer, festgestellt werden. Die einfachste Formel zur Berechnung der Versickerungswassermenge lautet: $Q = A \cdot K_f \, [m^3/s]$
Q = Sickerwassermenge in m^3/s
A = Sickerfläche in m^2
K_f = hydraulische Leitfähigkeit in m/s

Unerläßlich ist eine sorgfältige konstruktive Gestaltung und Ausführung der Anlagen. Teilvernässung, Selbstabdichtung und Störungen im Winter sind zu vermeiden. Ein Mindestabstand von Versickerungsanlagen zu Gebäuden von 3—5 m sollte immer eingehalten werden. Eine Versicke-

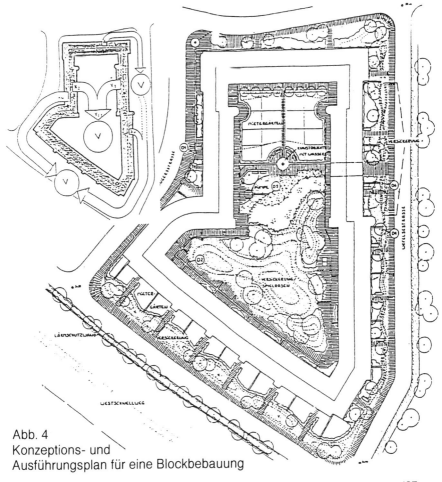

Abb. 4
Konzeptions- und
Ausführungsplan für eine Blockbebauung

rung von größeren versiegelten Flächen und Dachflächen von z.B. Zeilen- und Blockbebauung setzen einen durchdachten Versickerungsplan mit Strömungspfeilen sowie durchdachte Ausführungspläne voraus, unter Beteiligung von Ingenieuren, Hydrogeologen und Gärtnern.

Grundsätzlich ist der Bau von Versickerungsanlagen in Wasserschutzgebieten der Zone I und in der engeren Zone II unabhängig von der Untergrundbeschaffenheit aus Gründen des Grundwasserschutzes unzulässig. In anderen Schutzzonen ist bei günstigen Untergrundverhältnissen eine gezielte Versickerung gerechtfertigt. Ist eine Nutzung des Regenwassers im Haus oder im Garten erwünscht, können Versickerungsanlagen als Überläufe dienen, z.B.: ein Sickerschacht als Überlauf eines Regenwasserspeichers (Zisternen).

Zur Regenwasserversickerung in innerstädtischen Bereichen stehen je nach Platzangebot und Versickerungsmenge mehrere Möglichkeiten zur Verfügung:

— Versickerungsflächen

— Versickerungsmulden

— Rohr- und Rigolenversickerungsanlagen

— Versickerungsschacht

Unter dem Begriff **Versickerungsflächen** werden zusammengefaßt:

— durchlässig befestigte Flächen, wie z.B. Mineralbeton, Betongittersteine, Pflasterungen etc.

— Versickerung des von befestigten Flächen abfließenden Wassers in ebenen, unbefestigten i.a. begrünten Flächen.

Rasenflächen eignen sich besonders zur Flächenversickerung wegen der dichten Bodendurchwurzelung. Kennzeichnend für die Flächenversickerung ist, daß das Niederschlagswasser ohne wesentlichen Aufstau durch die Oberfläche versickert wird. Dies bedeutet, daß die Versickerungsintensität größer sein muß als die Intensität des Bemessungsniederschlages, da keine Speicherung möglich ist. Als Faustformel kann angenommen werden, daß der Flächenbedarf entsprechend der Beregnungsfläche eingeordnet werden kann.

Versickerungsmulden sind meist mit Gras bepflanzte Bodenvertiefungen mit kurzzeitiger Zwischenspeicherung des Regenwassers. Je nach Muldentiefe und Bodendurchlässigkeit ist eine um 5—20 % geringere Fläche als die angeschlossene Entwässerungsfläche notwendig. Die Muldentiefe ist bei der Grundstücksversickerung i.a. 0,1—0,5 m tief. Bei beengten

Platzverhältnissen kann der Flächenbedarf für die Versickerung durch Veränderung der Muldentiefe variiert werden. Versickerungsmulden lassen sich sehr gut in Grünbereiche und selbst in kleine Gartenanlagen integrieren. Der Zulauf sollte nicht punktförmig, sondern über einen Verteiler vorgenommen werden. Die Investition für diese Anlagen ist als niedrig zu betrachten, da nur ein geringer Mehraufwand bei der Herstellung einer Grünanlage zu berücksichtigen ist. Der Unterhaltungsaufwand beschränkt sich auf gelegentliche Entschlickungsarbeiten sowie auf das Entfernen von Laub. Bei regelmäßiger Ausführung dieser Arbeiten ist mit einer Lebensdauer von mehreren Jahrzehnten zu rechnen. Rasenmulden begünstigen zudem eine lange Betriebssicherheit, da Wurzeln und Pflanzentriebe zur laufenden Betriebsfähigkeit der Durchlässigkeit beitragen. Die intensive Durchwurzelung der oberen Bodenschicht schafft einen belebten Bodenhorizont, in der eine nicht unerhebliche Reinigungswirkung erreicht werden kann. Auf eine Anordnung von Überlaufmöglichkeiten in das Kanalnetz sollte aus Sicherheitsgründen nicht verzichtet werden.

Ebenfalls in der Haus- und Grundstücksentwässerung kann die **Rohr- und Rigolenversickerung** eingesetzt werden. Bei der Rigolenversickerung wird das Niederschlagswasser oberirdisch in einen kiesgefüllten Graben geführt. Eine flache Mulde dient dabei in der Regel als Oberflächenspeicher. Wird das Wasser unterirdisch durch einen in Kies gebetteten perforierten Rohrstrang geleitet, spricht man von Rohrversickerung als Untergrundverrieselung. Beide Versickerungsarten geben das Wasser dann verzögert an den Untergrund ab. Die Speicherkapazität ergibt sich aus den Querschnittsabmessungen der Rigole bzw. des Rohres und der entsprechenden Speichermulde. Es ist auf eine frostfreie Lage der Sickerebene zu achten, d.h. in unserer Klimazone muß die Grabensohle mindestens 80 cm unter Gebäudeoberkante, aber wenigstens 1 m über dem maximalen Stand des Grundwasserspiegels sein. Die Rigole ist alternativ offen oder überdeckt herstellbar. Ein oberirdischer Bewuchs der Speichermulde ist erwünscht, es darf jedoch nicht zu Verwurzelungen in den Rohrleitungen bei der Rohrversickerung kommen. Wichtig für die Versickerungsleistung der Rohrversickerung ist eine gute Bauausführung. Dabei sollten die Dränleitungen mit einem Durchmesser von 100 mm im Rohrgraben in einem Kies- oder Schotterbett verlegt und wenigstens 50 cm hoch mit gleichem Material überfüllt werden. Der so entstandene Filterkörper wirkt als Stauraum.

Beide letztgenannten Versickerungsarten benötigen eine geringe Flächenausdehnung und gelegentliche Wartungsarbeiten. Gegenüber den zuvorgenannten Versickerungsanlagen sind jedoch geringfügig höhere Investitionskosten erforderlich, und eine geringere biologische Filterfunktion muß einkalkuliert werden.

Versickerungsschächte kommen insbesondere für Einfamilienhausgrundstücke bzw. andere kleinere abflußwirksame Flächen in Frage. Diese Versickerungsmethode ist überall dort weit verbreitet, wo ein sandiger oder kiesiger Untergrund von ausreichender Mächtigkeit und der natürliche Grundwasserspiegel tiefer als 3—4 m unter Gelände ansteht. Das Niederschlagswasser wird in einem durchlässigen Schacht gesammelt und verzögert durch die Mantelfläche an den umgebenden Boden abgegeben. Eine Versickerung durch den Schachtboden findet kaum statt, da dieser nach geraumer Zeit verschlammt. Um diese Verschlammung zu verhindern, ist die Anordnung eines Schlammfanges sinnvoll. Der zentrale Schacht sollte einen genügend großen Absetzraum aufweisen (0,3—1,0 m³) und im mittleren Teil durchlässig sein. Bei halbvollem Schacht erfolgt der Eintritt des Wassers seitwärts. Wird der Schacht überstaut, dient eine obere Grobkiesschicht zur schnelleren Aufnahme des Sickerwassers in den Filterkörper. Der Filterkörper selbst wird mit Sandfraktionen von 1—2 mm Korndurchmesser gefüllt, wobei die Möglichkeit besteht, im Sinne einer Mehrschichtfiltration die Körnung von gröberem zu feinerem Korn abzustufen. Der Durchmesser der Schächte beträgt meist 1 m und ist somit leicht aus Normteilen aufzubauen. Für das in der folgenden Abbildung dargestellte Beispiel wurde der Abfluß von einem Flachdach mit 280 m² Oberfläche, für n = 2 (Regenintensität, die alle zwei Jahre auftritt oder überschritten wird), eine Bodendurchlässigkeit von $4,5 \cdot 10^{-5}$ m/s und eine nutzbare Porosität der Sickerpackung von 0,2 zugrundegelegt. Die Kosten für eine entsprechende Schachtversickerungsanlage liegen bei 3 500 DM ohne Selbsthilfe (d.h. Unternehmerpreis).

Auch bei diesen Anlagen ist aus Sicherheitsgründen eine Entlastungsmöglichkeit zur Kanalisation zu schaffen.

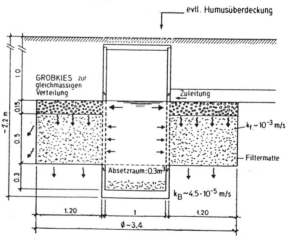

Abb. 5
Querschnitt durch einen Rundsickerschacht

Qualitative Wasserwirtschaft

Aus Sicht der qualitativen Wasserwirtschaft sollte bei einer ökologischen Stadtsanierung nicht nur nach Versickerungsmöglichkeiten gesucht werden, sondern auch nach Alternativen zur Sanierung von Kanalisationsanlagen und nach Möglichkeit zur Einsparung von Trinkwasser.

Eine nicht zu verachtende Möglichkeit, in hochverdichteten Gebieten einen Retensionsraum für Regenwasser zu schaffen, bieten im Einzugsgebiet dicht verteilte Regentonnen, über- oder unterirdische Zisternen sowie vorgefertigte Rückhaltebecken.

Vorteile von Regentonnen sind:

1. Regentonnen können sehr preiswert sein.
2. Standardisierte Behälter können vorgefertigt sein.
3. Konstruktiv notwendige Veränderungen sind unkompliziert und in Serie durchführbar.
4. Der Aufwand für den Einbau ist vergleichbar mit der Installation von Müllboxen in Hauswänden.
5. Positive hydrologische Effekte sind signifikant und quantifizierbar.
6. Verschlechterung des bisherigen Abflußzustandes, wie etwa bei einzelnen Rückhaltebecken möglich, können nicht auftreten.
7. Langfristig ist eine Verpflichtung von Anliegern denkbar, Behälter zur Zwischenspeicherung einzubauen.
8. Speicherungsmöglichkeit von Regenwasser zu Bewässerungszwecken oder bei größeren Behältern auch zur Trinkwassersubstitution bei der Wagenwäsche sowie der Toilettenspülung.

Versuche haben ergeben, daß besonders in Gebieten mit geschlossener Bebauung eine Verminderung des Spitzenabflusses bis zu 20 % möglich ist. Administrative Probleme sind lösbar, wie auch vereinbar mit der Bauordnung, den Ortssatzungen sowie anderen Vorschriften.

Zisternen für Einfamilienhäuser mit einem Fassungsvermögen von drei bis vier Kubikmetern kosten um 2 500 DM. Die Kosten lassen sich um ca. 1 000 DM senken, wenn der Bauherr die Erdarbeiten selbst ausführt. Größere Regenrückhalteschachtanlagen kosten bis zu 3 500 DM.

Die Bemessungswassermenge kann der Tabelle 1 entnommen werden. Manche Satzungen oder Vorschriften zu Bebauungsplänen schreiben eine Bemessungswassermenge vor (Beispiel aus der Vorschrift in der Legende eines Bebauungsplanes: "Das Fassungsvermögen von Zisternen muß mindestens 50 l/m² projezierte Dachfläche betragen").

Rechenbeispiele:

1) Einfamilien-Reihenhaus mit einer projezierten Dachfläche von 100 m²:
   $100 \text{ m}^2 \times 50 \text{ l/m}^2 = 5\,000$ l
   Bei einem Durchmesser des Schachtes von 1,50 m muß die Zisterne 5 000 l fassen.
   1 Ring faßt 0,88 m³ bei 0,50 m Höhe, somit sind
   6 Ringe á 0,50 m Höhe plus 1 Konus notwendig.

2) Bei 365 Tagen im Jahr soll 36 x eine Bewässerung der Rasenfläche vorgenommen werden, mit 25 l/m² Bewässerungsmenge:
   36 Tage x 25 l/m² = 900 l/m² im Jahr
   Bei der Zugrundelegung von 400 m² Rasenfläche ergibt sich der Wasserverbrauch:
   400 m² x 900 l = 360 m³ Wasser/Jahr
   Daraus läßt sich eine Ersparnis von 360 m³ x 4,50 DM (Kanal- und Wassergebühr) = 1 620 DM/Jahr errechnen. Geht man davon aus, daß die Niederschlagsmenge für eine einmalige Gartenbewässerung in zwei Tagen aufgefangen werden kann, so benötigt man 400 m² x 25 l/m² : 2 = 5 m² Fassungsvermögen (Bemessung der Zisterne s. Beispiel 1).

Trinkwassersubstitution und -einsparung in dichtbesiedelten Gebieten soll aber immer als begleitende Maßnahme zur Regenwasserversickerung verstanden werden. Positive Einflüsse sind nicht nur die Kostenersparnis für den Verbraucher, sondern auch die Verminderung der Trinkwassergewinnung aus Grund- und Oberflächenwasser und damit auch eine Verringerung der Grundwasserabsenkung. Bei der Sanierung von Altbauten und auch bei Neubauten sollte auf wassersparende Installationen geachtet werden, wie z.B. Toiletten-Spar-Spülsysteme, Durchflußbegrenzer von Wasserhahn und Brausekopf, wassersparende Armaturen.

Der Mensch braucht täglich im Mittel 150 l Wasser. Rund 30 % der Tageswassermenge wird für die Toilettenspülung verwendet, d.h. 45 l/E.d. Bei den älteren 9-l-Behältern bedeutet dies eine Anzahl von fünf Spülvorgängen. Neuere Spülkästen haben ein Behältervolumen von 6 l, die nach neuesten Erkenntnissen vollkommen ausreichen. Dies bedeutet aber auch bei gleicher Spülanzahl eine Wassereinsparung von 15 l/E.d. Die einzusparende Wassermenge ist noch durch den Einbau einer Stop-Taste zu erhöhen. Wie man sieht, kann jeder auch in dichtbesiedelten Gebieten etwas zum Wasser-/Grundwasserschutz beitragen. Die Aufgabe der planenden Ingenieure und Architekten ist hierbei, durch sinnvolle, überdachte Planungsunterlagen und Wirtschaftlichkeitsberechnungen den Bauherrn oder den Hauseigentümer von solchen wassersparenden und wassersubstituierenden Maßnahmen zu überzeugen, da in der Regel zunächst höhere Investitionen nötig sind, die sich aber schnell amortisieren können.

Schließlich sei noch etwas zur rechtlichen Grundlage zur Versickerung von Regenwasser angemerkt.

Wasserrechtlich ist Niederschlagswasser als Abwasser zu bezeichnen, wenn es von bebauten oder befestigten Flächen abfließt. Es unterliegt damit der Beseitigungspflicht der Gemeinden. Aufgrund des § 31 des Wasserhaushaltsgesetzes ist eine wasserrechtliche Genehmigung somit erforderlich, da die entwässerungstechnische Versickerung als Einleiten eines Stoffes in den Untergrund zu vertreten ist. Zuständig ist in der Regel die untere Wasserbehörde. Nach § 9 (1) Nr. 16 BBauG können Wasserflächen für die Regelung des Wasserabflusses festgesetzt werden. Zu diesen Flächen zählen auch Sickerbecken und Gräben. Viele Gemeinden regeln daher in ihren Ortssatzungen den Anschlußzwang an die Kanalisation oder ein Versickerungsgebot gesondert. Es ist vor der Planung also immer erst bei der Gemeinde nachzufragen, welche Möglichkeit man in Betracht ziehen kann. Sollten diese Zusatzregeln nicht vorhanden sein, bedarf es oftmals "nur" eines Anstoßes durch den Planer (selbstverständlich auch der "Überzeugungsarbeit").

Literaturverzeichnis

(01)
Böhnke, B.: Hochschulumdruck zur Abwasserableitung, 1980/81, RWTH Aachen

(02)
Boller, M.; Böni, H.: Versickerung von Dachwasser. GWA, 65. Jahrgang 1985, Nr. 7

(03)
Bruhns, J.; Uhl, M.: Versickerung von Niederschlagsabflüssen. Wasser 9/10, 1985

(04)
BUND: Umweltinformationen, Nr. 12, Juni 1983

(05)
Gall, B.R.: Private Regenrückhaltung, Taunus

(06)
Hässelbarth: Einfluß von Regenwasser und von Regenwasserableitungen auf das Grundwasser. Wassergütewirtschaft und Gesundheitsingenieurwesen, Nr. 24 (1987)

(07)
Hinderling, M.; Kaufmann, P.: Ortsentwässerung und quantitativer Gewässerschutz. GWA, 65. Jahrgang 1985, Nr. 3

(08)
Pietsch, J.: Bewertungssystem für Umwelteinflüsse — Nutzungs- und wirkungsorientierte Belastungsermittlungen auf ökologischer Grundlage. Deutscher Gemeindeverlag, Kolhammer, 1983

(09)
Pöpel, F.: Lehrbuch für Abwassertechnik und Gewässerschutz. Deutscher Fachschriftenverlag Braun & Co. KG, Mainz, Wiesbaden 1975

(10)
Ramke, U.: Die Versickerung von Oberflächenwasser als Entsorgungselement für den Städtebau im ländlichen Raum. Wasser und Boden, 5/1985

(11)
Schilling, W.: Kleine Rückhaltebecken als Alternative zur kostenspieligen Sanierung von Kanalisationsnetzen. GWF, 124 H 6/1983

(12)
Sieker, F.: Versickerung in städtischen Gebieten. Mitteilungen des Instituts für Wasserwirtschaft der Uni Hannover, Heft 56, 1985

(13)
Umweltbundesamt: Daten zur Umwelt 1986/87, Erich-Schmidt-Verlag

Ekhart Hahn · Peter Thomas · Jochen Zeisel

Dezentrale Wasseraufbereitung — eine Pflanzenkläranlage in der Diskussion [1]

Vorbemerkungen zu unserem Umgang mit Wasser

"Die Vorräte an gutem Wasser sind nicht unerschöpflich. Deshalb wird es immer dringlicher, sie zu erhalten, sparsam damit umzugehen und wo immer möglich, zu vermehren." (Europäische Wassercharta des Europarats)

Um das Jahr 1900 betrug der Wasserverbrauch etwa 10 Liter pro Person und Tag; im Jahr 1986 weisen die Berliner Wasserwerke einen über die ganze Stadt gemittelten Verbrauch von ca. 160 Liter pro Person und Tag aus und in Prognosen des Batelle-Institutes wird für das Jahr 2000 ein Wasserverbrauch von über 200 Litern vorausgesagt. In Berlin beträgt der häusliche Wasserbedarf mehr als 50 % des Gesamtverbrauches. Dabei handelt es sich immer um Trinkwasser, ein Wasser allerhöchster Qualität, das in immer aufwendigeren und technisch perfektionierten Verfahren gewonnen wird. Den "Wettstreit" zwischen Wasseraufbereitung und einfacher Erschließung neuer Trinkwasserquellen hat der Wassermoloch Stadt längst zugunsten gewaltiger Rohrleitungssysteme entschieden, die das kostbare Naß aus unberührter Umgebung abziehen und in die Stadt leiten. Neben diesen Problemen der Wassermengenbeschaffung treten immer intensiver die Qualitätsverschlechterungen der Rohwässer für die Trinkwassergewinnung in den Vordergrund. Die Gifte aus industrieller Tätigkeit, Abgase der Luft aus wilden und "geregelten" Deponien sowie aus landwirtschaftlicher Tätigkeit gelangen auch in die Grundwässer und zwingen mancherorts zur Schließung der Brunnen.

Üblicherweise degradieren wir das Lebenselement Wasser zu einem Wasch-, Reinigungs- und Fortschwemmittel, das mit sanftem Gurgeln oder lautem Rauschen unsere Wohnungen in versteckten, großdimensionierten Rohrleitungen verläßt. Durch unser immer ausgeprägteres, marktwirtschaftlich erzeugtes Konsumverhalten ist das Wasser zu einer stinkenden Brühe geworden, das als Abwasser an die Peripherien der Städte geleitet wird, um dort aufwendig gereinigt zu werden. Selbst dann ist die Belastung unserer Flüsse (Vorfluter) durch diese gereinigten Abwässer oftmals so hoch, daß die natürliche Selbstreinigungskraft der Flüsse, das Zusammenspiel zwischen Sonnenlicht und höheren Pflanzen, Mikroorganismen und Algen, Fischen und Wasservögeln erlischt und der Fluß streckenweise zur toten Kloake wird. Dieses "schwarzgemalte" Wasserscenario ist in der Tat stellenweise der Normalfall in unseren Städten, doch geht es auch anders.

A. Projektbeschreibung

Eines der interessantesten Vorhaben mit ökologischem Inhalt (noch aus der Zeit der Internationalen Bauausstellung) wird jetzt in der südlichen Friedrichstadt in Berlin-Kreuzberg realisiert (2). Auf dem historischen Gelände der einstigen Philharmonie an der Bernburger und der Dessauer Straße (Block 6) wird im Zusammenhang mit einer neuen Wohnanlage (106 Wohnungen im sozialen Wohnungsbau) ein innerstädtisches und integriertes Wasserkonzept mit einer Pflanzenkläranlage verwirklicht.

Ziel des Demonstrationsvorhabens ist es, Trinkwasser, Abwasser und Energie einzusparen sowie Abwasser und Regenwasser im naturnahen Verfahren mit Hilfe von Sumpfpflanzen dezentral zu reinigen, um damit die Voraussetzung für seine Wiederverwendung zu schaffen. Die Gestaltung der Freiräume ist ebenso integraler Bestandteil des Konzeptes, wie die Einbeziehung der Nutzer durch entsprechende Angebote und Umweltprogramme.

Erforscht und erprobt werden sollen vor allem folgende Schwerpunkte:

— Möglichkeiten der Wassereinsparung und Umweltentlastung bei konsequentem Einsatz derzeit verfügbarer Wassertechniken, dezentraler Pflanzenklärung und Wasserwiederverwendung in innerstädtischen Wohngebieten.

— Untersuchung und Einwirkung auf das Bewohnerverhalten bei Realisierung der technisch möglichen Wassereinsparungen und Umweltentlastungen bei gleichzeitigem Angebot begleitender Umweltlernprogramme und nutzerbezogener Auslegung der Technik- und Funktionssysteme.

— Abgrenzung der Reinigungsleistungen durch dezentrale Pflanzenklärung, genereller Einsatz im urbanen Bereich und Festlegung bevorzugter Einsatzgebiete.

B. Das integrierte Konzept

1. Trinkwassereinsparungen

Zur Unterstützung des umweltorientierten "behutsamen" Umgangs mit Wasser in der Wohnung bietet die eingesetzte moderne Haustechnik unter dem Begriff "wassersparende Sanitärtechnik" Möglichkeiten, die auch im Rahmen einer normalen Wohnungsbaufinanzierung realisierbar sind.

Abb. 1:
Gesamtansicht des Projektes

Wassersparende Armaturen und Einhebelmischer

Es wurden Entnahmearmaturen eingesetzt, die aufgrund ihrer "inneren" Bauweise bereits einen geringen Wasserausfluß besitzen. Unterstützt wird dieser Wasserspareffekt durch die Einhebelmischtechnik an der Armatur. Dadurch ist es relativ schnell möglich, die gewünschte Wassertemperatur einzustellen, so daß der Wasserverlust durch den längeren Einregulierungsvorgang an zwei Bedienungshähnen für warm und kalt entfällt. Damit erwarten wir einen Wasserspareffekt von 5—10 %.

Durchflußbegrenzer

Die einfachste und zugleich billigste Möglichkeit der Einsparung von Wasser (Trink- und Schmutzwasser) und Energie ist der Durchflußbegrenzer, der beispielsweise bei einer Waschtischarmatur zwischen Auslauf und Luftsprudler geschraubt wird.

Die Industrie bietet verschiedene Modelle für unterschiedliche Verwendungszwecke an, mit jeweils fest eingestellten Ausflußmengen: 3, 5, 8, 10 oder auch 12 Liter pro Minute. Die Trinkwassereinsparung wird mit 20 bis 40 % angegeben.

6-Liter-Klosetts mit Spülstromunterbrechung

Die für Klosettanlagen bisher übliche Spülwassermenge von 9 Litern ist eine mehr oder minder willkürlich vor über 100 Jahren in Großbritannien gewählte Größe (2 Gallonen). Auch in den deutschen Haushalten fließen nach der DIN-Norm 19542 (Ausgabe Mätz 1970) bei jedem Spülvorgang mindestens 9 Liter (Trink-)Wasser in den Abfluß; auch dann, wenn nur 3 oder 4 Liter ausreichend wären, beispielsweise beim "kleinen Geschäft". Unter dem Druck einer breiten Öffentlichkeit sah sich der "Normenausschuß Wasserwesen" Ende 1982 gezwungen, die Unterbrechung des Spülvorganges zuzulassen.

Pro Person wird die Toilette im Durchschnitt fünf- bis sechsmal täglich aufgesucht. Da aber meist nur bei einer Spülung die Gesamtspülmenge von 9 Litern erforderlich ist, sind täglich vier sogenannte Sparspülungen mit jeweils 3 bis 4 Litern (statt 9 Litern) möglich. Pro Spülvorgang werden mindestens 5 Liter Wasser gespart; täglich also 20 Liter pro Person. Die rechnerische Wassereinsparung beziffert sich (bei konsequenter Nutzung der Spül-Stop-Taste) für den Block 6 im Jahr auf 2 864 000 Liter Wasser.

Umfangreiche Untersuchungen von Knoblauch (3) ergaben, daß das größte Potential zum Wassersparen grundsätzlich in der Verbesserung der hydraulischen Eigenschaften des keramischen Klosettkörpers liegt. Ein Teil der Sanitärkeramik-Hersteller hat relativ schnell auf diese Ergebnisse reagiert und bietet nun Klosetts an, die mit 6 Liter Spülwasservolumen auskommen und mit jedem handelsüblichen Spülkasen kombinierbar sind. Die Einsparung an Wasser und Abwasser beträgt gegenüber 1983 rd. 15 Liter pro Tag. Im Bauvorhaben Block 6 ist streng darauf geachtet worden, daß diese 6-Liter-Klosetts installiert wurden.

4-Liter-WSS-Klosettkombinationen

Ferner sind im Block 6 in begrenztem Umfang schwedische Klosettkombinationen installiert worden, die mit nur 4 Litern Spülwasser auskommen. Das Klosett "WSS" (Water Saving System) ist ein sogenanntes Absaugeklosett. Ein speziell konstruiertes Membran-Bodenventil am Klosettstutzen bewirkt, daß bei eingeleitetem Spülvorgang ein Teil des Wassers zunächst zurückgehalten wird. Erst bei Vollführung ist das Gewicht der Wassersäule so groß, daß die Membran den gesamten Querschnitt freigibt und das Gemisch aus Wasser und Fäkalien aus der Klosettschüssel abgesaugt wird (Saughebereffekt). Ein Teil der Nachspülwassermenge füllt das Sperrwasser in dem Geruchsverschluß wieder auf.

Eine vollwertige Abflußleistung mit nur 4 Litern Spülwasservolumen wird bei dieser bodenstehenden Klosettkombination u.a. durch den Ablaufanschluß "außen senkrecht" erreicht, was jedoch die Einsatzmöglichkeiten dieses wassersparenden Klosetts auf die Fälle beschränkt, bei denen die Klosettanschlußleitung unter bzw. in der Geschoßdecke verlegt werden kann. Der tägliche Wasserverbrauch bei 4 Liter Spülwasservolumen beträgt bei fünfmaliger Benutzung nur noch 20 Liter pro Person gegenüber 45 Litern bei herkömmlichen Klosettanlagen.

Wohnungskaltwasserzähler

Über diese direkten wassersparenden Sanitärinstallationen hinaus ist in allen Wohnungen ein Kaltwasserzähler installiert, der gegenüber der üblichen Wasserpauschale (ermittelt über Hauswasserzähler und Wohnungsgröße) den Kaltwasserverbrauch direkt visualisiert und die Erhebung einer verbrauchsgerechten Wassergebühr ermöglicht.

Rohr-im-Rohr-System

Um in größeren Wohnungen den Einbau von nur e i n e m Kaltwasserzähler zu ermöglichen, ist das gesamt Wasserversorgungsnetz in der Rohr-im-Rohr-Technik ausgeführt. Hier wird von einer zentralen Stelle in der Wohnung jede Zapfstelle über eine einzelne Leitung bedient. Das wasserführende Rohr besteht aus einem hochvernetzten, hygienisch einwandfreien PE-Rohr, das seinerseits in einem gewellten Schutzrohr, z.B. im Fußboden, verlegt wird (siehe auch Abschnitt 5. Trinkwassersubstitution).

2. Wärmerückgewinnung

Abwärme (Oberflächenverluste von Öfen, Kesseln, Elektrogeräten oder Raumwärme in Wohnungen etc.) ist nur für eine Wärmerückgewinnung brauchbar, wenn die Konzentration der Wärme möglich ist, wie beispielsweise bei klimatisierten oder zwangsbelüfteten Räumen. Bei einer Wohnraumbeheizung (Anteil ca. 80 % des häuslichen Energieverbrauchs) ist daher eine Energierückgewinnung nur begrenzt möglich.

Das Warmwasser, der zweitgrößte Energieverbraucher, enthält nach dem Gebrauch im Haushalt noch den größten Teil seiner Energie im Abwasser und bietet sich als "konzentrierter Wärmeträger" mit guter Wärmespeicherfähigkeit für die Wärmerückgewinnung an. Der Einsatz einer Wärmerückgewinnungsanlage ist aus Kostengründen nur bei einer zentralen Warmwasserbereitung wirtschaftlich, wobei der Systempreis nicht proportional der Zahl der angeschlossenen Wohneinheiten ist. Ein höherer Warmwasserverbrauch erhöht die Rentabilität der Wärmerückgewinnungsanlage.

In einem Bauteil des Projektes mit 20 Wohnungen ist eine zentrale Warmwasserbereitung (1 000 Liter) eingebaut worden, die über Fernwärme betrieben wird, während alle anderen Wohnungen aus Kostengründen eine Gruppenwarmwasserversorgung über Elektrodurchlauferhitzer erhielten. Dieser Warmwasserbereitung ist eine Sohle-Wasser-Wärmepumpenanlage vorgeschaltet. Aus baulich/technischen Gründen sind die Spezial-Edelstahlplattenwärmetauscher, 4 Stück in den Abmessungen 2 500 x 750 mm, in der zentralen Abwassersammelstelle (Emscherbrunnen) außerhalb der Gebäude untergebracht. Die Wärmepumpe hat sich nach DIN 8900 bei einer Einlauftemperatur von 10 Grad Celsius und einer Auslauftemperatur von 55 Grad Celsius eine Arbeitskennziffer von 2,6. Das bedeutet eine Heizleistung von 19 kwh bei einer Aufnahmeleistung von 7,3 kwh. Neben der Ermittlung möglicher Energierückgewinnungsgrade von 30 bis 50 % ist die Abwassertemperatur bei dem Wärmepumpenbetrieb grundsätzlich in Grenzen regelbar und ermöglicht dadurch spezielle Untersuchungen in der nachgeschalteten Pflanzenkläranlage. Insbesondere läßt sich die Reinigungsleistung der Sumpfpflanzen in Abhängigkeit von der Abwassertemperatur — unabhängig von der Vegetationsperiode bzw. der Außentemperatur — erstmalig untersuchen.

Die Meinung der Pflanzenkläranlagen-Experten zu einer vorgeschalteten Wärmerückgewinnung ist allerdings eher negativ, da sie bei Verringerung der Abwassertemperatur einen drastischen Rückgang der Reinigungsleistung befürchten.

3. Abwasserreinigung

Der Natur abgeschaut

Alte Methoden der Abwasserreinigung bedienten sich der "Landbehandlung". Das Schmutzwasser wurde auf Wiesen verrieselt, in der damals noch berechtigten Hoffnung, daß es auf seinem Weg durch die oberflächigen Pflanzen- und Erdschichten sowie der darunter liegenden Bodenschichten gereinigt in das Grundwasser gelangt.

Die eigentliche Abwasserreinigung bewirken hierbei Mikroorganismen, die in einer unvorstellbaren Zahl (bis zu 10 Mio. pro Gramm Boden) nur in den oberen Zentimetern des Bodens angesiedelt sind. Der große Flächenbedarf und die unnatürliche Chemisierung der Abwasser haben diese einfache Methode unmöglich gemacht; doch hat sie Eingang gefunden in die Pflanzenkläranlage-Verfahren.

Die Pflanzenkläranlage im Block 6

Eingebettet in den grünen Innenhof ist eine innerstädtische Pflanzenkläranlage entstanden, die im wesentlichen aus den Komponenten Absetzbecken, Pflanzenfilterbecken und Schönungsteich besteht. Die Pflanzenkläranlage ist so dimensioniert, daß das Abwasser von ca. 200 Bewohnern des Blocks gereinigt werden kann.

Trennung der Abwasserströme

In einer ersten und wichtigen Phase des Projektes soll ausschließlich Grauwasser in der Pflanzenkläranlage dezentral gereinigt werden. Dazu wird das Abwasser bereits innerhalb der Wohnungen getrennt: in einem mäßig verschmutzten Teil aus Bade-/Brausewasser, Waschtisch und Waschmaschine sowie einen feststoff- und fäkalienhaltigen Anteil aus der Toilette und der Küchenspüle.

Vorreinigung im Absetzbecken

Diese Abwässer werden innerhalb des Gebäudes zentral im natürlichen Gefälle zusammengeführt und den Absetzbecken zugeleitet, die aus zwei Emscherbrunnen mit einem Fassungsvermögen von je ca. 12 Kubikmetern bestehen. Innerhalb des Hauses ist die Möglichkeit gegeben, über druckluftgesteuerte Schieber wahlweise nur das Grauwasser, das Fäkalwasser oder beide Ströme zugleich der Anlage zuzuführen. Im Bedarfsfall kann das Abwasser selbstverständlich in die öffentliche Kanalisation abgeleitet werden.

In den Emscherbrunnen wird das Abwasser vorgereinigt. Die absetzbaren Inhaltsstoffe sammeln sich im unteren Teil der Becken zu einem Schlamm, der langsam ausfault. Die entstehenden Faulgase entweichen "über Dach" in die Atmosphäre. Die Aufenthaltszeit der Abwässer beträgt hier ca. 2 Stunden. Der Schlamm wird zweimal im Jahr abgefahren.

Pflanzenklärung

Aus dem Emscherbrunnen fließt das vorgereinigte Abwasser im natürlichen Gefälle in die Pflanzenkläranlage, die aus vier gleich großen Modulen mit einer wirksamen Pflanzenfläche von 650 qm besteht. Das Abwasser wird über die gesamte Breite in speziellen Einlaufbauwerken gleichmäßig in die Filterbecken eingeleitet. Es durchströmt die Becken horizontal, wobei der Wasserstand im Filter variierbar ist und immer unter der Substratoberfläche steht (eingestaut). Das Abwasser passiert die in der Reihenfolge Schilf-Binse-Schilf bepflanzten Filterbecken und wird in der Mittelachse der Anlage zentral gesammelt und einem geschwungenen Betonbecken, dem Schönungsteich, zugeführt.

Natürliche Reinigung im Substrat

In den sehr unterschiedlich konzipierten Pflanzenkläranlagentypen konkurrieren im wesentlichen die Aspekte der Hydraulik innerhalb der Filterbecken und die mikrobielle Prozeßdynamik. Hier wurde eine Anlage konzipiert, die vor allem nach strömungstechnischen und hydraulischen Gesichtspunkten optimiert wurde. Das gewählte Filtersubstrat ist ein "Kunstsubstrat" aus Schichten von jeweils gleichkörnigem Kies/Sandmaterial, das in horizontal und vertikal unterschiedlichen Schichtungen innerhalb der Becken eingebracht ist und zudem schicht- und beckenweise in der Korngröße variiert. Dadurch ist eine gute Durchschrömung gewährleistet und die mögliche Gefahr einer Verstopfung der Filter und ein unerwünschtes "Überströmen" der Filterbecken minimiert. Das Substrat dient zudem als Wachstumsunterlage für die an der Abbauleistung beteiligten Mikroorganismen. Neben den biologischen Filterwirkungen (s.u.) sind die chemischen und physikalischen Eigenschaften des Substrats in bezug auf eine Absorptionsfähigkeit von gelösten Wasserinhaltsstoffen für die Abwasserreinigung von Bedeutung.

Die Pflanzen und die Mikrobiologie

Die Hauptaufgabe der Pflanzen liegt in der Durchwurzelung und der "Aktivierung" der mikrobiellen Prozesse im Substrat. Im Wurzelraum der Sumpfpflanzen (Röhrichtvegetation) entstehen Räume höherer Mikroorganismendichte. Dafür werden zwei unterschiedlich wirkende und miteinander verknüpfte Prozesse verantwortlich gemacht:

— Die Wurzeln scheiden sogenannte Wurzelexudate aus, die in einer Symbiose mit verschiedenen Mikroorganismen stehen und einen eigenen Abwasserreinigungseffekt in bezug auf die Keimtötung besitzen.

— Von großer Bedeutung ist die Fähigkeit bestimmter Wasserpflanzen, in speziellen Luftleitgeweben Sauerstoff in die sonst sauerstofffreien Wurzelbereiche zu transportieren. Dies führt innerhalb des durchwurzelten Bodens zu einer feinen "Mosaikstruktur" aerober (sauerstoffreicher) und anaerober (sauerstofffreier) Bereiche. Dadurch kommt es zu einem engräumigen Zusammenwirken von aerobisch und anaerobisch arbeitenden Mikroorganismen, die die Ab- bzw. Umbauprozesse der Abwasserinhaltsstoffe, d.h. die eigentliche Reinigung, vornehmen. Der Sauerstoffeintrag in den Boden hat gleichfalls keimtötende Wirkung.

Die Reinigungsleistung

Die Pflanzenbecken im Block 6 sind mit einem Flächenbedarf von 3 bis 4 qm pro Abwassermenge eines Einwohners so dimensioniert, daß die

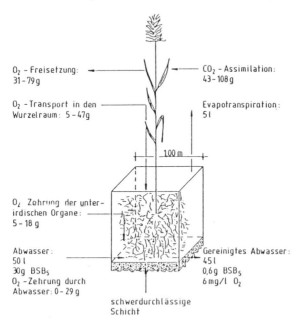

Abb. 2
Reinigungsleistung im Wurzelraum, nach Kiekuth

Reinigungsleistung nach einer bestimmten Anwachs- und Durchwurzelungsphase ein Niveau erreichen soll, daß die Wiederverwendung des gereinigten Abwassers zum Zweck der Toilettenspülung und Bewässerung gestattet.

Der Schönungsteich

Für eine weitere Verbesserung der Qualität des Ablaufwassers aus der Pflanzenkläranlage dient ein ca. 100 qm großer Schönungsteich, in dem das gereinigte Abwasser etwa ein bis drei Tage verweilt und dort ebenfalls durch die biologische Aktivität im Teichwasser gereinigt wird. Der Schönungsteich ist der einzige Teil der Anlage, der von einem kleinen Zaun umgeben ist, da dort eventuell bei Ausfall der Anlage noch die Gefahr einer Kontamination gegeben ist. Bei allen anderen Anlagenteilen ist eine mögliche Kontamination ausgeschlossen, da das Abwasser nicht sichtbar oder erreichbar ist. Die Einlaufbauwerke sind durch abschließbare, begehbare Deckenplatten gesichert.

4. Regenwasserbehandlung

In dem verwirklichten Regenwasserkonzept wird der anfallende Niederschlag **vollständig** auf dem Grundstück belassen und somit kein Regenwasser in die öffentliche Kanalisation abgeleitet.

Das Grasdach und Regenwasserbehandlung

Der Regen fällt hier auf einen Gebäudekomplex, der zu 60 % mit einem "grünen Pelz" ausgestattet ist. Die Grasdächer sind extensiv begrünt und erfüllen viele ökologische Funktionen. Grasdächer geben durch Verdunstung einen Teil des Regens an die Atmosphäre ab und schließen auf diese Weise den natürlichen Wasser-Kreislauf kurz. Das nicht verdunstete Wasser versickert durch Grasschicht und Substrat. So erhält es schon eine erste Vorreinigung, bevor es abfließt. Das abfließende Niederschlagswasser aller Dachflächen wird gesammelt und zu einer weiteren Reinigung in bepflanzte Filterbecken gepumpt. In den ca. 45 qm großen Regenfilterbecken durchsickert das Regenwasser den schilfbewachsenen Filterboden vertikal, wird in Drainagerohren gesammelt und dann direkt in den Regenwasserteich geleitet.

Das Installationskonzept

Es wurden Betriebswasserversorgungsleitungen aus Kunststoffmaterialien verwendet, da das gereinigte Abwasser u.U. korrosiv wirken könnte. Für die Kellerverteilleitungen wurde ein Hart-PE-Rohr verwendet, das auch optisch eine Unterscheidung von den Trinkwasserleitungen aus Kupfer möglich macht und für die Stockwerksleitungen (das Rohr-im-Rohr-System) als wasserführende Rohr ein hochvernetztes Polyäthylen-Rohr (VDPE). Eine Verwechslung der Leitungssysteme (Trinkwasser, Brauchwasser) ist nahezu völlig ausgeschlossen, da das betriebswasserführende PE-Rohr, in der Wand und im Boden verlegt, von dem Verteilerkasten aus innerhalb der Wohnung direkt und ohne Abzweig an den Toilettenspülkasten führt. Durch diese Rohr-im-Rohr-Installationstechnik war es möglich, die "doppelte Leitungsführung" für das Betriebswasser fast kostenneutral auszuführen. Auch bei der Betriebswasserversorgung sind wegen der individuellen Wasserabrechnung Wohnungswasserzähler eingebaut worden, so daß in jeder Wohnung drei Wasserzähler (Kalt-, Warm- und Betriebswasser) vorhanden sind.

Das Betriebswasser wird aus dem Schönungsteich in einen ca. 2 000 Liter fassenden Betriebswassertank gepumpt und von dort mit einer Doppelpumpen-Druckerhöhungsanlage (falls eine ausfällt) in das ge-bäudeübergreifende Betriebswassernetz eingespeist. An den Betriebswassertank ist eine Trinkwassernotversorgung angeschlossen, so daß bei einer zu geringen Betriebswassermenge über eine Niveausteuerung und ein Magnetventil Trinkwasser im freien Auslauf in den Betriebswassertank fließt.

Was bringt's?

Durch die Betriebswasserversorgung der Toiletten können im Block 6 etwa 1 600 000 Liter/a Trinkwasser eingespart werden; das sind pro Wohnung etwa 24 000 Liter pro Jahr Einsparung.

Grundwasseranreicherung

Eine weitere Verwendung des gereinigten Abwassers und des Regenwassers ist von großer Bedeutung, weil mit ihr der Wasserkreislauf wieder geschlossen wird: die Rückführung zum Grundwasser. Die Grundwasserbilanz ist in den Innenstadtgebieten nach wie vor negativ: Es wird mehr

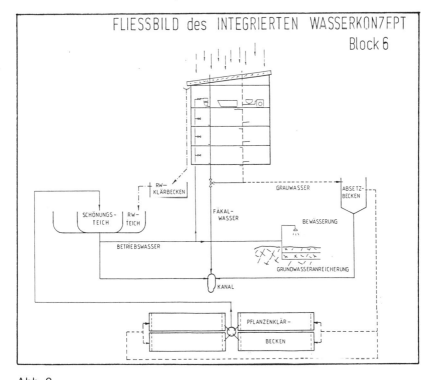

Abb. 3
Fließbild des integrierten Wasserkonzeptes Block 6
Graphik: AG ökologischer Stadtumbau

Grundwasser entnommen, als neu gebildet. Im Block 6 wird das durch die Pflanzenkläranlage gereinigte Abwasser durch einen unterirdischen Sandfilter auf eine Fläche von ca. 100 m² in das Grundwasser infiltriert. Dafür bedarf es aber noch einer speziellen wasserrechtlichen Genehmigung, die erst dann gegeben werden kann, wenn die Pflanzenkläranlage sich eingespielt und bewährt hat.

Der Regenwasserteich

Die gesamten abwasserbelasteten Anlagenteile liegen wie eine Insel inmitten des 1 000 qm großen Regenwasserteiches. Das gereinigte Regenwasser wird an mehreren flachen Stellen in den Teich geleitet, die z.T. als "Wasserspielstellen" angelegt sind, so daß dort immer frisches Regenwasser vorhanden ist. Der Teich wird in seinen tiefsten Bereichen ca. 1,80 m tief sein, so daß eine beständige und natürliche Wassertierwelt genügend Rückzugsraum hat. Der Regenwasserteich selber ist mit einer ca. 20 cm mächtigen Tonschicht abgedichtet und an seinen Rändern naturnah gestaltet. Bei hohem Wasserstand kann das Regenwasser in den Schönungsteich überfließen (umgekehrt nicht) und dort mit zur Grundwasseranreicherung und Trinkwassersubstitution (Toilettenspülung, Bewässerung) verwendet werden.

5. Trinkwassersubstitution — Wasserwiederverwendung

Trinkwasserersatz bei der Toilettenspülung

In der Bundesrepublik fehlen gesetzliche Regelungen über die Güte- und Qualitätsanforderungen von häuslichen Versorgungswässern, die nicht unmittelbar Trinkwasseransprüchen genügen müssen. Hingegen wird vom Toilettenwasser eigentlich nur verlangt, daß es nicht stinkt, keine festen Inhaltsstoffe enthält, die die Funktion der Toilette beeinträchtigen könnten, hygienisch relativ unbedenklich und so sauber ist, daß es das Klosettbecken nicht ständig verschmutzt. Im Block 6 soll das in Pflanzenklärbecken und Schönungsteich gereinigte häusliche Abwasser, das jetzt Betriebswasser heißt, als Trinkwasserersatz in der Toilettenspülung eingesetzt werden. Im Frühjahr 1988 wird die Pflanzenkläranlage mit der Grauwasserreinigung ihren Betrieb aufnehmen. Im Gesamtkonzept ist zusätzlich eine weitergehende Aufbereitung des pflanzlich gereinigten Abwassers vorgesehen: Eine kleine Ozonierungsanlage soll mögliche pathogene und bakterielle Inhaltsstoffe des Betriebswassers eliminieren.

Trinkwasserersatz für die Bewässerung

Im Block 6 wird kein Trinkwasser, sondern das gereinigte Abwasser zur Bewässerung der Gärten benutzt. Bei ausreichenden Niederschlägen, wenn der Regenwasserteich voll ist, wird ein Gemisch von Regen- und Abwasser für diese Zwecke genutzt. Auf der Innenhofseite besitzt jede Erdgeschoßwohnung einen betriebswassergespeisten Zapfhahn, der so niedrig angebracht ist, daß ein Trinken daraus unmöglich ist.

6. Freiraumgestaltung und Naherholung [4]

Die Pflanzenkläranlage ist nicht nur durch ihre unmittelbare Funktion bedeutsam, sondern in ihrer sichtbaren Gestalt auch als Symbol eines notwendigen neuen Umweltbewußtseins, einer neuen Entsorgungsmoral. Sie ist daher keineswegs eine Einrichtung, die es verschämt zu verstecken gilt. Vielmehr besteht eine wesentliche Bedeutung dieses Pilot-Projektes gerade darin, zu zeigen, daß dezentraler Abwasserentsorgung auch im Siedlungsfreiraum eine Gestalt gegeben werden kann, die hohe zusätzliche szenische Qualität, Vielfalt, Erlebnisreichtum und Naturnähe bringt. Denn erst "gebaute Wirklichkeit" hat jene Beispielwirkung und Überzeugungskraft, die anderen Bauträgern und Planern Mut macht, ebenfalls solche Aufgaben in Angriff zu nehmen.

Die Pflanzenkläranlage muß daher so gebaut sein und betrieben werden, daß alle Auswirkungen (z.B. Geruchsbelästigung) ausgeschlossen sind, die den Blockinnenbereich als Freizeit- und Naherholungsbereich abwerten könnten. Nur dann ist entsprechende Akzeptanz, ja Identifikation der Bewohner mit "ihrem" besonderen Block-Park zu erwarten. Deshalb ergeben sich als Kriterien für das Entwurfskonzept (siehe Abb. 2):

— Integration der Pflanzenkläranlage

— weitgehende Naturnähe durch entsprechende landschaftsbauliche Gestaltungsmaßnahmen

— Bepflanzung mit standortgerechter Vegetation

— folgende Detailmaßnahmen: wesentlich verlängerte Uferlinie mit naturnahen Formen, Teichuferausbildungen mit durchgehendem Erdanschluß; tier- und pflanzenbesiedelbare Drahtschotterkörbe als Böschungsstufen (Mietergärten, Terrassen etc.); luft- und wasserdurchlässige, sich je nach Trittintensität wiederbegrünende Trennbeläge der Wege und Plätze; kleinteilige, pflegefreie Gehölzrandzonen, weitgehend einheimische Pflanzenauswahl

— Schaffung räumlicher und geländemäßiger Voraussetzungen für eine Erweiterung der randseitigen Mietergärtenkonzeption (Erhöhung der Verantwortung der Nutzer für das Gesamtgebiet, geringere Anonymität der angrenzenden halböffentlichen Bereiche, höhere Kommunikationsdichte, höheres Sicherheitsgefühl etc.)

— Maximierung der klimatisierenden Pflanzenoberflächen durch entsprechende Fassadenbegrünung bestehender Gebäude und Ausbildung aller Flachdächer wenigstens als extensive Grasdächer

— Durch alle diese Einzelmaßnahmen soll die Erlebnisvielfalt gesteigert werden.

7. Abfallkonzept

In der BRD werden Jahr für Jahr rd. 30 Mio. Tonnen Hausmüll produziert, davon allein in Berlin 515 000 Tonnen. Im Block 6 (mit ca. 346 Bewohnern) fallen hochgerechnet ca. 94 Tonnen pro Jahr an. Durch richtige Behandlung können diese Sekundärrohstoffe z.T. wieder in nutzbare Ressourcen überführt werden.

Das Abfallkonzept gliedert sich in:

— Benutzerinformation hinsichtlich Abfallvermeidung, getrennter Sammlung, Kompostierung und Fernhaltung von Abfällen aus dem Wasser

— Getrennte Sammlung von Glas, Altpapier, Kunststoff/Metall/Textilien, organischen Abfällen und Restmüll

— Kompostierung der organischen Abfälle

— Erfassung der Kleinchemikalien

— Begleituntersuchungen zum Vergleich verschiedener Sammelsysteme in der Küche sowie Anschluß an die psychologische Begleituntersuchung

Getrennte Sammlung von Abfall und Wertstoffen

Für die getrennte Sammlung stehen im Block — erstmals im sozialen Wohnungsbau — fertig eingebaute, unterschiedliche Sammelsysteme in den Küchen zur Verfügung. Jedes System ist so eingebaut, daß vier Behälter angeboten werden für die Fraktionen:

— Knüllpapier

— Kunststoffe/Metalle/Textilien

— Restmüll

— Organische Abfälle

Glas und Zeitungen werden nicht in den Sammelbehältern der Küche, sondern lose an beliebigen Stellen gesammelt. Die zentralen Abfall- und Wertstoffsammelbehälter werden einmal wöchentlich geleert.

Kompostierung

Kompost ist ein nährstoff- und spurenelementreiches Bodenverbesserungsmittel. Zusätzlich wird die Wasserhaltefähigkeit des Bodens gesteigert und der Gießwasserverbrauch im Sommer verringert. Für den Fall, daß sich etwa 60 % der Blockbewohner an der Kompostierung beteiligten, stehen etwa 7 Kubikmeter hochwertiger Kompost für die ausreichende Düngung der Mietergärten zur Verfügung.

Erfassung von Kleinchemikalien

Der Erfassung von Kleinchemikalien wie Farb- und Lackreste, Fotochemikalien, Altmedikamente und Altbatterien kommt im Block 6 mit seiner Pflanzenkläranlage besondere Bedeutung zu. Hier gilt es vor allen Dingen, giftige oder auch störende Stubstanzen nicht in das Abwasser gelangen zu lassen. Es werden daher

— Sammel- und Entsorgungsmöglichkeiten eingerichtet und

— Informationsmaterialien zur Vermeidung dieser Stoffe sowie zur Auswirkung dieser Stoffe auf die Pflanzenkläranlage und die Umwelt erarbeitet und verteilt.

8. Nutzerkonzept

Das erste ökologische Gesetz ist die Mitwirkung der Bewohner!

Umweltentlastende Techniken allein führen, wie die Energiesparprogramme gezeigt haben, zu wenig befriedigenden Ergebnissen. Das eigentliche Problem liegt bei den die Technik nutzenden Menschen. Es wäre ein unbefriedigendes Ergebnis, wenn die Bewohner des Blocks trotz des integrierten Wasserkonzepts weiterhin die Abwässer von Fotolabors oder andere Umweltgifte über das häusliche Abwassersystem entsorgen und hochaggressive Reinigungsmittel verwenden würden. Das würde nicht nur die angestrebte Umweltentlastung einschränken, sondern auch die Leistungsfähigkeit der Pflanzenkläranlage gefährden.

Das integrierte Wasserkonzept ist grundsätzlich so angelegt, daß es auch bei ökologisch wenig informierten und motivierten Bewohnern funktionsfähig ist. Ziel ist allerdings, das Interesse der Bewohner für ökologische Zusammenhänge im Haushalt zu fördern. Das Nutzerprogramm soll nach neuesten umweltpsychologischen Erkenntnissen Motivation und Information zu folgenden Themenbereichen fördern bzw. vermitteln:

— zu den Wirkungsgesetzen ökologischer Kreislaufsysteme am Beispiel Wasser in einem unmittelbar erlebbaren Rahmen,

— zu den Möglichkeiten, sparsam mit Wasser und Energie umzugehen,
— zum sorgfältigen Umgang mit Umweltchemikalien im Haushalt
— zur Problematik der umweltgefährdenden Abfallentsorgung über Toiletten und Spülen.

Es wurde schon sehr früh entschieden, eine psychologische Begleitforschung durchzuführen, die sich speziell mit der Entwicklung und Durchführung eines Umweltlernprogramms für die zukünftigen Bewohner des Blocks befaßt. Dabei stehen folgende Aspekte im Vordergrund (5):

— die Wechselwirkungen zwischen den ökologischen Konzepten in der Wohnanlage und dem Verhalten der Nutzer,
— ständiges Beobachten der Entwicklung und flexibles Reagieren/Einleiten von Maßnahmen, um günstige Bedingungen für den Erfolg des Projektes zu schaffen/zu erhalten,
— Feststellung von Verhaltensweisen der Nutzer, die die Funktionsweise der ökologischen Konzepte beeinträchtigen und Entwicklung von Maßnahmen zur Veränderung dieses Nutzerverhaltens,
— spezielle Auswirkungen des Projektes auf die Nachbarschaftsbeziehungen der Anwohner.

Schon im Herbst 1986, mehrere Monate vor Bezug des ersten Bauabschnittes, wurden die ersten Mieterinformationen durchgeführt. Mittlerweile, nach Bezug des letzten Bauabschnittes, sind eine Reihe solcher Seminare durchgeführt worden. Die Erfahrungen sind durch positiv (5):

Die Darstellungen im Informationsteil haben zahlreiche Sachfragen aufgeworfen, die unmittelbar zu lebendigen Diskussionsrunden überleiteten. Der Anteil der aktiven Mitdiskutanten lag teilweise bei 90—100 %. Durch die Teilnahme von Experten konnten sehr detaillierte und spezielle Sachfragen geklärt werden. Die Teilnehmer nahmen es als positiv auf, daß sich verantwortliche Planungsexperten einem Mieterinteressenforum zur Diskussion stellten. Für nicht klärbare Sachfragen übernahmen die Moderatoren eine Vermittlerfunktion hin zu Eigentümer bzw. Hausverwaltung.

Insgesamt überrascht besonders, welch hohe Motivation für ein aktives umweltfreundliches Wohnen bei den Teilnehmern ohne Ausnahme anzutreffen war. Dies ist u.a. auf eine sehr konsequente Vorauswahl mit zurückzuführen. Der Prozeß der Mieterinformation ist noch lange nicht abgeschlossen. Neben solchen Veranstaltungen erhielt jeder Mieter mit seinem Mietvertrag eine Anlage, in der die wesentlichen Hinweise zum Umfang mit Wasser in der Wohnanlage erläutert wurden.

C. Das Experiment Block 6 und seine Begleitforschungen

Das Experiment Block 6 hat verschiedene Bestandteile: Das Ziel des Gesamtexperiments ist es, in den untersuchten Bereichen das Stadium des Pilotprojektes zu überwinden, zu realistischer integrierter Planung ökologischer Systeme zu kommen und übertragbare Kriterien zu entwickeln, die in den zukünftigen Wohnungs- und Städtebau einfließen müssen.

Dazu ist **einerseits** die Auseinandersetzung mit folgenden Detailfragen notwendig:

— Psychologische Aspekte
  o Evaluationsforschung
  o Interventionsforschung
  o Erforschung sozialer Transfereffekte

— Städtebauliche Aspekte
  Hier steht die Auswertung der Durchsetzbarkeit ökologischer Maßnahmen im Vordergrund des Interesses, z.B. im Rahmen
  o der Bauleitplanung/Städtebauförderung,
  o der Bodenordnung,
  o des Erschließungsrechts,
  o der einschlägigen Normen, Landesbauordnungen und schließlich im Bezug auf die Wohnkosten.

— Naturwissenschaftlich-technische Aspekte
  Ziel der naturwissenschaftlich-technischen Begleituntersuchung ist die Analyse von Leistungsfähigkeit und Wirtschaftlichkeit des integrierten Wasserkonzeptes und der darin integrierten Einzelbestandteile unter Verbreitungs- und Übertragbarkeitsgesichtspunkten:
  Beteiligt werden müssen hierfür die Disziplinen
  o Biologie
  o Bodenkunde
  o Hygiene
  o Klimakunde
  o Sanitärkunde
  o Wasserwirtschaft
  o Bioklimatologie

Andererseits macht es der Anspruch integrierter Forschung notwendig, daß die einzelnen wissenschaftlichen Untersuchungen nicht losgelöst voneinander entwickelt und durchgeführt werden. Dementsprechend ist

Das Gesamtprojekt als interdisziplinäre Forschung angelegt und in drei Forschungsphasen gegliedert. Phase 1 (dezentrale Grauwasserklärung) umfaßt den Zeitraum Frühjahr 1987 bis Herbst 1988. Phase 2 (Grauwasserklärung und Trinkwassersubstitution bei der Toilettenspülung) beginnt 1989 und endet 1990. Phase 3 (Schmutzwasserklärung und Trinkwassersubstitution bei der Toilettenspülung) umfaßt die Forschungen in den Jahren 1991 bis 1992.

Anmerkungen

(1)
Teile dieses Textes wurden im Auftrag der Bauausstellung Berlin GmbH erstellt und für diese Veröffentlichung freundlicherweise zur Verfügung gestellt. Verantwortliche Mitverfasser sind **Jochen Zeisel** und **Peter Thomas**.

(2)
Das Bauvorhaben wird mit finanzieller Unterstützung des Bundesministers für Raumordnung, Bauwesen und Städtebau realisiert. Bauherr ist die BOTAG, die technische Betreuung liegt in den Händen der Spreeconsult, für die Fachplanungen zeichnen verantwortlich:

Pflanzenkläranlage:	Dipl.-Ing. H. Krafft
Landschaftsplanung:	Prof. Dipl.-Ing. H. Loidl
Haustechnik:	Compactplan

Architekten der Neubauvorhaben sind die Architektengemeinschaft Borck, Boye, Schäfer sowie Rave & Partner; Grötzebach mit dem Partner Plessow und Ehlers sowie das Architekturbüro Langhof. Die Gesamtkoordination liegt in den Händen der Internationalen Bauausstellung. Initiator des Projektes und Koordinator des integrierten Wasserkonzeptes und des wissenschaftlichen Begleitforschungsprogramms ist die Arbeitsgemeinschaft ökologischer Stadtumbau.

(3)
Knoblauch, H.J.: Klosettanlagen, neue Kriterien für die Spülwirkung, Berlin 1980

(4)
Erläuterungen von Hans Loidl

(5)
Erläuterungen des Instituts für Psychologie der TU Berlin

Eckhard Jochum
Hasenhecke Kassel — Recycling einer Kasernenanlage
Ein Beispiel für sensible, ökologische Stadterneuerung (Werkstattbericht)

Die Hasenhecke gehört zum Stadtteil Wolfsanger. Sie liegt als Splittersiedlung, umgeben von Wald und landwirtschaftlichen Nutzflächen, am nordöstlichen Rand des Kasseler Beckens. Im Norden und Osten wird das Planungsgebiet vom Interessentenwald Wolfsanger eingeschlossen; zusammen mit drei kleineren Waldflächen direkt an der Hasenhecke stellen diese Areale ein wichtiges Erholungspotential für den Nordosten von Kassel dar. Die interessanten Blickbeziehungen auf Wolfsanger, Ihringshausen und über das gesamte Kasseler Becken bieten Abwechslung und Raumerlebnis. Zur Zeit wohnen ca. 700 Einwohner auf der Hasenhecke.

1. Die Vorgeschichte

In den 30er Jahren entsteht, abgeschirmt von hohen Waldfluren, in ca. 1,5 km Entfernung vom Siedlungsrand von Wolfsanger, eine Flak-Kaserne der Wehrmacht mit allem, was zu einer solchen Anlage gehört: Mannschaftsunterkünfte, Garagen, Kasino, Waffen- und Kfz-Werkstätten, Schießstände, Exerzierplatz, Tank- und Munitionslager... Insgesamt eine Anlage mit einer Fläche von ca. 35 ha. Im Oktober 1943 wird bei der Bombardierung Kassels auch die Kasernenanlage Hasenhecke leicht beschädigt.

2. Die Nachkriegsgeschichte

Nach 1945 werden die beschädigten Gebäude instandgesetzt und "provisorisch" für Wohnzwecke hergerichtet, um den großen Bedarf an Wohnraum decken zu helfen: Kassels Innenstadt war zu 80 % zerstört, außerdem brauchten die vielen Flüchtlinge und Obdachlosen ein Dach über dem Kopf... Auch die Garagen- und Werkstattgebäude werden umgenutzt: Verschiedene kleine Gewerbebetriebe lassen sich hier nieder... Mit typischen Reihen- und Doppelhäusern wird in den 50er Jahren östlich der Kasernenanlage eine Siedlungsergänzung vorgenommen: Die Hasenhecke wird langfristig Wohnstandort. Insgesamt bleibt der ganze Komplex jedoch eine Splittersiedlung ohne die erforderlichen Versorgungseinrichtungen.

Abb. 1
Luftbild von der Hasenhecke
Freigabe: Rg.-Präs. Münster 9044/80

Die Bemühungen, die Wohnsituation auf der Hasenhecke durch grundlegende Modernisierung und weitergehende Ergänzungsbebauung zu verbessern, reichen zurück bis in die 60er Jahre. Sie sind jedoch — in erster Linie — an den überzogenen Forderungen des Bundes in bezug auf Bodenpreis und Gebäuderestwert gescheitert. Mehrere "Anläufe" zur Teilmodernisierung der Kasernenwohnungen bleiben im Ansatz stecken.

Erst als der Bund Anfang der 80er Jahre signalisiert, sich von den Liegenschaften auf der Hasenhecke trennen zu wollen, ohne einen Kaufpreis zu verlangen, zeichnen sich reale Möglichkeiten ab, den inzwischen aufgelaufenen Problemen auf der Hasenhecke "zu Leibe zu rücken" und das zentrale Anliegen der Stadt Kassel, die Hasenhecke als attraktiven Wohnstandort langfristig zu sichern, in einem überschaubaren Zeitraum zu erreichen.

3. Ausgangslage und Planungsrecht

Wer auf der Hasenhecke wohnt, muß sich seit vielen Jahren gegen ein schlechtes Image zur Wehr setzen: Die Hasenhecke ist keine gute Adresse. Und das ist kein Wunder, denn die Kasernenwohnungen sind auch Anfang der 80er Jahre noch immer ein schlechtes Provisorium, die das Wohnen wahrhaftig nicht zum Vergnügen werden lassen: fast die Hälfte der Wohnungen hat z.B. kein Bad und kein WC! Hier wohnen außerdem mehr Ausländer und Sozialhilfeempfänger als im Durchschnitt in Kassel.

Aber auch in anderen Bereichen haben sich Probleme angehäuft: Die Wasserleitungen sind defekt und verursachen Wasserverluste bis zu 40 % (!); die Kanalisation ist nur noch bedingt funktionsfähig, die Klärleistung der bundeseigenen Kläranlage so gering, daß die Fulda durch unzureichend geklärte Abwässer dauernd belastet wird; große Teile der Kasernenanlage — vor allem die Vorflächen vor den Garagen — sind versiegelt; das völlig überdimensionierte Straßennetz verleitet zum schnellen Fahren, es kommt immer wieder zu gefährlichen Situationen zwischen Autofahrern und Kindern; viele am Rand der Legalität arbeitenden Werkstätten haben hier einen Unterschluß gefunden; vor allem "Kfz-Reparatur-Institute" haben sich niedergelassen und benutzen die riesigen Garagenvorflächen als Bremsversuchsgelände; städtebaulich völlig unverbunden liegen Kasernenanlage und Einfamilienhaussiedlung nebeneinander; die jeweiligen Bewohnergruppen wollen nichts miteinander zu tun haben; die Versorgungseinrichtungen sind unzureichend: Außer einem Teil-Zeit-geöffneten Lebensmittelladen gibt es nichts zum Einkaufen; im Wirtschaftsgebäude (ehemaliges Offizierskasino) sind Kirchenräume, Jugendzentrum, eine kleine Druckerei und die Außenstelle einer Sonderschule für Körperbehinderte untergebracht; große Teile des Wirtschaftsgebäudes stehen jedoch leer und in den leerstehenden Räumen und im Dachgeschoß gibt es bereits erhebliche Bauschäden; im östlichen Bereich der Hasenhecke ist jahrzehntelang ein Schrottplatz betrieben worden: Eine Gefährdung des Grundwassers durch unsachgemäßen Umgang mit Öl und Schmierstoffen ist nicht auszuschließen . . .

Dieser sicherlich unvollständigen Mißstandsbeschreibung stehen Qualitäten gegenüber, die ein wirksames Gegengewicht darstellen:

— Die Hasenhecke liegt nicht nur umgeben von Grün in attraktiver Lage am oberen Beckenrand, sie enthält auch im Inneren großzügige, reizvolle Grünflächen mit einem wertvollen, prägenden Baumbestand,

— die vorhandene Bausubstanz der ehemaligen Kasernenanlage ist im wesentlichen intakt und bietet u.a. die Möglichkeit, Wohnen und Gewerbe sinnvoll miteinander zu verbinden und

— ein attraktives Flächenpotential für ergänzende Bebauung steht zur Verfügung und damit die Chance, den "Doppel-Splitter" Hasenhecke städtebaulich befriedigend zusammenzufügen.

Offensichtlich sind die Qualitäten und Perspektiven, die von Anfang an (d.h. von 1945 an!) in der Siedlung gesteckt haben, von den Bewohnern feinfühlig erfaßt worden: Trotz der gravierenden Probleme und Mängel, insbesondere was die Qualität der Wohnungen anbetrifft, haben in der Haushaltsbefragung, auf die noch zurückzukommen sein wird, 97 % (!) der Haushalte angegeben, hier weiterhin wohnen zu wollen und fast 70 % der Haushalte haben bei der Modernisierung und Verschönerung der eigenen Wohnung selbst Hand angelegt. Das alles kann nicht nur an den niedrigen Mieten gelegen haben.

Planungsrechtlich erlauben sowohl der regionale Raumordnungsplan als auch der Flächennutzungsplan erhebliche Ausdehnung der Siedlungstätigkeit (ca. 10 ha) im Bereich der Hasenhecke selbst; außerdem sind ca. 21 ha (!) "gemischte Bauflächen" ausgewiesen. Da eine derartige Entwicklung weder realistisch, noch (u.a. aus ökologischen Gründen) wünschenswert ist, hat die Stadt ein Verfahren zur Änderung der Flächennutzungsplanung eingeleitet. Damit verbunden ist ein Stopp für die Bebauung südwestlich der Waldfluren unterhalb der Hasenhecke.

4. Der Einstieg

Im November 1983 wird vom Amt für kommunale Gesamtentwicklung der Stadt Kassel — parallel zu den seit 1982 mit dem Bund intensiv geführten Vertrags- und Übergabeverhandlungen — eine **Projektstudie** erarbeitet. Sie beschreibt die Situation der Wohnsiedlung mit ihren sozialen, städtebaulich-technischen und ökologischen Mißständen und entwickelt ein darauf abgestimmtes Lösungskonzept mit den fünf (Grund-)"Bausteinen"

— Umbau/Modernisierung der Kasernenwohnungen,

— (Teil-)Umbau der Garagen zu Reihenhäusern,

— Erneuerung des Wasser- und Kanalnetzes mit Anschluß an die Kasseler Kläranlage,

— Verkehrsberuhigung und

— arrondierende Ergänzungsbebauung.

Voraussetzungen für dieses sog. "Bausteinkonzept" sind:

— Das "grüne Licht" der Bewohner und der Mieter der Hasenhecke für das Gesamtprojekt, insbesondere jedoch für die Modernisierung der Kasernenwohngebäude,

— die Überlassung der Hasenhecke mit allem "Drum und Dran", ohne Kaufpreis und

— die Kooperation zwischen Stadt und gemeinnütziger Wohnungswirtschaft.

o Einer umfassenden Mieterbefragung im Februar/März 1984 folgen zwei Bewohnerversammlungen im Juni und November. Beide Versammlungen sind mit über 200 Mietern bzw. Bewohnern der Hasen-

Abb. 2
Torsituation

hecke sehr gut besucht; beide Versammlungen werden mit Faltblättern der Stadt vorbereitet und vorangekündigt. ("Wohnen auf der Hasenhecke/Zur Diskussion", Nr. 1 und 2)

Das Fazit: Fast geschlossen steht die Mieterschaft zu den Plänen der Stadt, die Hasenhecke als attraktiven Wohnstandort langfristig zu erhalten und das in den Faltblättern beschriebene "Bausteinkonzept" zu realisieren. Lediglich Teile der Siedlerschaft erheben Einspruch gegen die geplante Ergänzungsbebauung . . .
Die Ampeln stehen auf grün!

o Der Bund überläßt die Hasenhecke der Stadt Kassel und der Hessischen Heimstätte/Kurhessen Wohnungsbaugesellschaft anteilig und ohne Kaufpreis mit der Auflage, die bekannten und ausführlich beschriebenen Mißstände zu beheben.

o Stadt und Heimstätte schließen untereinander einen sog. Maßnahmenvertrag, der sie gegenseitig zur partnerschaftlichen Projektabwicklung verpflichtet. Der "Schulterschluß" zwischen Kommune und gemeinnütziger Wohnungswirtschaft stellt einen wesentlichen Schlüssel zur Lösung (nicht nur) der Hasenhecken-Probleme dar.

Schwerpunkt der Tätigkeit der Heimstätte: Modernisierung der Kasernenwohnungen mit Wohnungsbaudarlehen des Landes und (Teil-)Umbau der Garagen zu Reihenhäusern. Aufgaben der Stadt: Sanierung des Kanal- und Wassernetzes, Vorbereitung der Verkehrsberuhigung und Wohnumfeldverbesserung und Schaffung der planungsrechtlichen Voraussetzungen (insbesondere für die Ergänzungsbebauung). Aus den Erlösen für die Grundstücksverkäufe und den Erschließungsbeiträgen der Hessischen Heimstätte kommen ca. 6,0 Mio. DM zusammen, die auf ein Treuhandkonto eingezahlt und zur Finanzierung der technischen Infrastruktur- und Verkehrsberuhigung dienen.

5. Verfahren und Abwicklung

Schon während der Arbeit an der Projektstudie sind die Kontakte zur Geschäftsführung der Hessischen Heimstätte intensiviert worden mit der Konsequenz, daß bereits in diesem Stadium des Projektes eine partnerschaftliche Aufgabenteilung beschrieben und anvisiert werden konnte. Zwar hat die Federführung für das gesamte Verfahren und die Öffentlichkeitsarbeit bei der Stadt gelegen, die jeweiligen Schritte sind jedoch gemeinsam geplant und dann auch gemeinsam gegangen worden.

Die Bestandsaufnahme des gesamten "Inventars" der Hasenhecke ist in der 2. Jahreshälfte 1984 abgeschlossen worden; die Stadt hat Anfang 1984 die Mieterbefragung durchgeführt und ausgewertet; im Sommer sind für den nach § 4 Hess. Naturschutzgesetz (HENatG) erforderlichen Landschaftsplan die Freiflächenqualitäten, Flora und Fauna umfassend erhoben und der erste Entwurf für den Bebauungsplan vorbereitet worden. Auf der Basis der Mieterbefragung hat die Heimstätte den exakten Wohnungsbestand ermittelt und in mehreren Begegnungen die Wünsche und Vorstellungen der Mieter zur bevorstehenden Modernisierung abgefragt. Die detaillierte Erhebung und Beschreibung des Ist-Zustandes hat zweierlei verdeutlicht: Zum einen haben sich viele Probleme als noch brisanter und dringlicher herausgestellt als ursprünglich angenommen (z.B. das Ausmaß der Bauschäden an den Gebäuden und die ökologische Wertigkeit und Empfindlichkeit von Teilbereichen, die für die Ergänzungsbebauung vorgesehen waren), zum anderen ist klar geworden, daß auch nach vollständiger Realisierung der im Maßnahmenvertrag geregelten Aufgaben erheblicher Sanierungsbedarf "unerledigt" liegenbleiben würde. Deshalb hat die Stadt Kassel für die Hasenhecke Mittel nach dem Städtebauförderungsgesetz beantragt. Am 16. Dezember 1985 hat die Stadtverordnetenversammlung den Beginn der vorbereitenden Untersuchungen beschlossen. Inzwischen liegen der Stadt Bewilligungsbescheide des Landes für zwei Programmjahre (1986 und folgende / 1987 und folgende) vor. Auch bei der Verwirklichung der Maßnahme nach Städtebauförderungsgesetz (jetzt BauGB) arbeiten Stadt und Heimstätte zusammen: Die Heimstätte ist seit Dezember 1986 Treuhänderin der Stadt, wobei die Stadt auch selbst Maßnahmen vorbereiten und durchführen kann.

Eine ausführliche Beschreibung der Maßnahmen nach dem Städtebauförderungsgesetz erfolgt im nächsten Abschnitt; insgesamt stehen damit für das Projekt Hasenhecke mit den 5,4 Mio. DM Städtebauförderungsmitteln ca. 37,0 Mio. DM zur Verfügung; 22 bis 23 Mio. DM sind bereits verbaut.

Anfang 1987 hat die Stadt ein ökologisches Gutachten für die Erneuerung und den Umbau der Hasenhecke in Auftrag gegeben mit dem Ziel, die Verträglichkeit des städtischen Bausteinkonzeptes zu überprüfen, ergänzende ökologische Einzelmaßnahmen vorzuschlagen, ein Konzept für die Arrondierungsbebauung zu entwickeln und weitergehende, zukunftsorientierte Veränderungskonzepte zu formulieren.

Fazit: In enger Zusammenarbeit mit der gemeinnützigen Wohnungswirtschaft steuert die Stadt Kassel das Projekt Hasenhecke aus den "Niederungen" einer in vielerlei Hinsicht stigmatisierten Siedlung hin zu einem attraktiven Wohnstandort, der auch für neue Bewohnerschichten interessant sein kann und wird. Schon heute gibt es Wartelisten für die modernisierten Wohnungen; auch für die Grundstücke im Ergänzungsbaugebiet liegen zahlreiche Anfragen vor.

Das Besondere am Projekt Hasenhecke ist (wenn überhaupt) die Bündelung verschiedener Finanzierungsmodi (kommunale Mittel/Mittel der gemeinnützigen Wohnungswirtschaft/Wohnungsbaumittel des Landes/ Städtebauförderungsmittel . . .), die Komplexität des Problemlösungsanspruchs und die Offenheit des Planungsprozesses, auf den noch zurückgekommen wird. Ungewöhnlich vielleicht auch der Tatbestand, daß **alle** Maßnahmen bisher nur mit Zustimmung der Bewohner der Hasenhecke und ihrer gewählten Interessenvertretung, dem Mieter- und Siedlerbeirat, eingeleitet und daß **alle** Maßnahmen auf ihre ökologische Verträglichkeit hin "abgeklopft" worden sind. Erste sichtbare Konsequenz dieser sozial- und umweltverträglichen Vorgehensweise: Bis auf zwei alters- bzw. gesundheitsbedingte Ausnahmen sind tatsächlich **alle Mieter** auf der Hasenhecke wohnen geblieben.

6. Die Schwerpunkte der Erneuerung

6.1 Mannschaftsunterkünfte werden zu Wohnungen

Wesentlicher "Baustein" des Projekts ist die spürbare Verbesserung der Wohn- und Lebenssituation der Mieter in den Kasernengebäuden.

Bis zum Umbau hat sich die Wohnsituation durch folgende "Qualitäten" ausgezeichnet:

— 167 WE haben keine Etagen- oder Zentralheizung,

— 69 WE kein WC,

— 62 WE kein Bad/Dusche in der Wohnung;

— der wärmetechnische Zustand der Wohnungen ist unbefriedigend: schlechte Keller- und Dachdeckendämmung, unzureichende Wärmedämmung von Außenwänden und Dach; undichte, defekte Fenster mit hohen K-Werten und teilweise noch Einscheibenverglasung,

— der Raumwärmebedarf liegt bei 114 W/m^2,

— viele Wohnungen haben Fenster nur nach Norden,

— viele Wohnungen sind ungünstig aufgeteilt: gefangene Räume, keine Querlüftung, zu groß, zu klein etc.

— in allen Wohnblocks gibt es lange dunkle Flure und viel zu große Treppenhäuser,

— in 18 % der Haushalte leben Ausländer (in Kassel im Durchschnitt ca. 9 %),

— fast 50 % der Haushalte sind ohne Erwerbseinkommen (zu je 25 % Renten o.ä. bzw. **kein Erwerbseinkommen**),

- die Fluktuation ist hoch, die Leerstände nehmen zu: Bei Modernisierungsbeginn stehen trotz extrem niedriger Mieten zwischen 1,50 — 2,50 DM/m^2 ca. 10 % der Wohnungen leer,
- fast ein Drittel der Haushalte wird in unterschiedlicher Intensität vom Sozialamt betreut.

Aber nicht nur negative Momente sind vorgefunden worden: Viele Hasenheckenbewohner — fast 70 % (!) — haben laut Befragung das Wohnprovisorium nicht akzeptiert und in Eigenleistung ihre Wohnung verschönert; fast alle Mieter wollen auf der Hasenhecke bleiben; zwischen Ausländern und Deutschen sind keine Spannungen, sondern ein auffallend hohes Maß an gegenseitigem Verständnis registriert worden. In vielen Fällen sind seltene Formen von Familienzusammenhalt (regelrechte "Clanbildung") und stabile Nachbarschaftshilfe entdeckt worden; über die Hälfte aller Mieter wohnt schon 20 Jahre und länger auf der Hasenhecke.

Nach der Modernisierung sind aus den 189 Notwohnungen, an denen die ehemalige Nutzung bis zum Schluß deutlich ablesbar war, 219 moderne Wohnungen mit hochwertigen Grundrissen und guter Nutzbarkeit geworden. Gas-Etagenheizung und Thermohaut (Außendämmung) sorgen heute für einen sparsamen Umgang mit Primärenergie: Der Raumwärmebedarf ist auf ca. 60 W/m^2 gedrückt und damit fast halbiert worden!

Abb. 3
Blick auf zwei Kopfwohnungen vor der Modernisierung

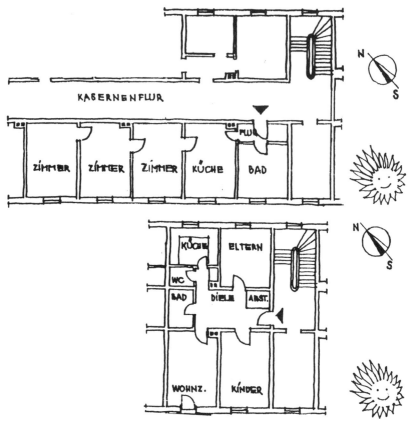

Abb. 4 u. 5
Grundrisse vorher — nachher

Die Berechnungen des Kasseler Energiezentrums haben zwar ein Blockheizkraftwerk als beste Lösung für den Wohnstandort Hasenhecke ausgewiesen, es hat sich jedoch kein Betreiber für eine derartige Anlage gefunden. Im Kern ist das BHKW an der Frage der Vergütung des überschüssigen Stroms gescheitert. An dieser Stelle ist eindeutig eine große Chance vertan worden, die Umwelt noch wirksamer zu entlasten und langfristig niedrige Energiekosten für die Mieter der Hasenhecke sicherzustellen. Dennoch darf der Umbau der ehemaligen Mannschaftsunterkünfte mit dem spürbar gesenkten Energiebedarf, der auf 5 Jahre festgelegten Grundmiete von 3,50 DM/m² (!) und dem "Voll-Recycling" der gesamten Bausubstanz als erster wichtiger Teil-Erfolg angesehen werden, als Beispiel für eine sozial- und umweltverträgliche Modernisierung.

Abb. 6
Im "neuen Kleid" — kaum wiederzuerkennen

6.2 Die Garagen werden zu Reihenhäusern

Sowohl unter städtebaulich-ökologischen als auch nutzungsorientierten Gesichtspunkten müssen am Garagenkomplex, der die gesamte Anlage wie ein langgezogener D-Zug zerteilt, umfassende Veränderungen vorgenommen werden.

Bei Übernahme der Liegenschaften sind die meisten Garagen, baulich teilweise in schlechtem Zustand, als Lager-, Bastel-Garage, Unterstellraum bzw. Grauzonen-Gewerbe mit vielen negativen Begleiterscheinungen genutzt worden.

Das Konzept für die Integration des Garagentraktes in die sanierte Siedlung hat viele Elemente, die zum Teil noch in der Diskussion und finanziell unzureichend abgesichert sind:
— (Teil-)Umbau der Garagen zu Reihenhäusern (ca. 10—11 WE) und Rekultivierung der ehemaligen Vorflächen für Gartennutzung,

— Entsiegelung der restlichen 16 000 m² Asphalt- und Betonvorflächen auf der Grundlage eines minimierten, nutzungsorientierten Erschließungskonzeptes,

— Ansiedlung bzw. Beibehaltung von wohnverträglichem Kleingewerbe,

— Sanierung der Flachdächer des östlichen Garagentraktes (ca. 20 % des Bestandes), ggf. mit extensiver Dachbegrünung,

— Umbau/Umnutzung der Einzelgaragen mit großer Platzverschwendung zu Sammelgaragen. Dadurch lassen sich, zusammen mit den Parkplätzen im Straßenraum, ausreichend Stellplätze nachweisen, ohne daß wertvolle Freiflächen in Anspruch genommen werden müßten,

— Beseitigung der Bauschäden.

Aus einem "wilden", vielfach tristen Garagenkomplex soll ein Bereich multifunktionaler, lebendiger Nutzung entstehen; hier soll gewohnt, gebastelt, gearbeitet, umgebaut und gegärtnert werden. Effekte: Mikroklimaverbesserung, erhöhte Regenwasserversickerung und neue Orts- und Stadtbildqualitäten, insbesondere durch eine Begrünung, die sich an die vorhandenen Grünstrukturen anlehnt. Falls der mit Wohnungsbaudarlehen geförderte Garagenumbau die erhofften Erfolge bringt, sollen diesem Pilotprojekt weitere Garagenumnutzungen — ggf. als Selbsthilfemaßnahmen — folgen.

Wie beim "Baustein" Wohnungsmodernisierung steht auch hier der Recyclingaspekt im Vordergrund: Insgesamt werden fast eine Viertelmillion Kubikmeter umbauter Raum erhalten und langfristig genutzt!

6.3 Neue Kanäle, neue Wasserleitungen

Mit dem Ziel, die Belastung der Fulda durch ungeklärte Abwässer aus der Hasenhecke zu stoppen und die hohen Trinkwasserverluste des maroden Wassernetzes abzustellen, ist die Erneuerung der technischen Infrastruktur mit hoher Priorität in das "Bausteinkonzept" aufgenommen worden. Erste Überlegungen, für die Wohnsiedlung Hasenhecke eine Teichbinsenkläranlage zu bauen, mußte aufgegeben werden. Zum einen hatte die Topographie erhebliche Schwierigkeiten bereitet, zum anderen war die Gegenliebe für diesen Projektbestandteil bei den zuständigen Behörden nicht sehr ausgeprägt. Auch die Begeisterung des Tiefbauamtes der Stadt Kassel hat sich sehr in Grenzen gehalten, da aus der Sicht dieses Amtes die neue (und teure) Kläranlage der Stadt alle Voraussetzungen für eine umweltfreundliche Abwasserbeseitigung bietet.

Abb 7 u. 8
Garagenvorplatz vorher — nachher

1986 ist das Wassernetz erneuert worden; seit Oktober 1985 ist die Hasenhecke an das Kanalnetz der Stadt Kassel angeschlossen. Ende 1987 werden auch die Kanalarbeiten im Inneren der Hasenhecke abgeschlossen sein. Der Vollständigkeit halber muß erwähnt werden, daß die Hasenhecke seit August 1985 an das Gasnetz der Städtischen Werke AG angeschlossen ist.

6.4 Verkehrsberuhigung

Um die Straßen wieder zu einem allen Verkehrsteilnehmern gleichberechtigt zur Verfügung stehenden Verkehrs- und Freiraum zu machen (d.h. in erster Linie Verringerung der Gefahren für die schwächsten Verkehrsteilnehmer — Kinder, alte Menschen, Radfahrer etc.) und um die völlig überdimensionierten, versiegelten Verkehrsflächen wieder auf ein auch ökologisch sinnvolles Maß zu reduzieren (d.h. Verbesserung von Regenwasserversickerung und Mikroklima) muß der gesamte öffentliche Straßenraum umgestaltet werden. Die langen und viel zu breiten Längsachsen müssen durch den Umbau von Kreuzungen unterbrochen und durch Längsparkmöglichkeiten unter Baumbestand verschmälert werden. Die Vorplanung für die Verkehrsberuhigung ist abgeschlossen; die Ausführung ist für 1988 bzw. 1989 vorgesehen.

6.5 Behutsame Ergänzungsbebauung

Die Einfamilienhaus-Siedlung und die eigentliche Kasernenanlage sind nicht nur völlig unterschiedliche Siedlungselemente im jeweils typischen "Baustil", sie sind auch ohne jede Verbindung aneinandergereiht; ohne Rücksicht auf Topographie und Landschaftsbild, ohne städtebauliche Grundanforderungen zu berücksichtigen. Hinzu kommt die einseitige und sehr aufwendige Erschließung des Einfamilienhausgebietes.

Um diesen städtebaulichen und landschaftsplanerischen Problemkomplex befriedigend zu lösen, sind als Ergänzungsbebauung ca. 100 neue Wohneinheiten — Einzel- und Reihenhäuser — vorgesehen. Sie sollen, optimal angepaßt an die Topographie, ein insgesamt abgerundetes Siedlungsensemble entstehen lassen und Kasernenanlage und Eigenheimsiedlung städtebaulich miteinander verknüpfen.

Damit verbessern sich auch die Chancen, die vorhandene gewerbliche Infrastruktur zu stabilisieren und vielleicht doch noch eine verbesserte Versorgung innerhalb der Hasenhecke zu erreichen.

Quartierrecycling

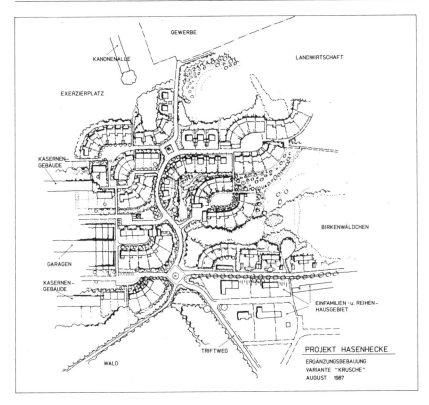

Abb. 9
Plan der Ergänzungsbebauung

Folgende Aspekte sollen bei der Ergänzungsbebauung berücksichtigt werden (in Stichworten):

— Konsequente Südorientierung der Häuser/passive Sonnenenergienutzung

— Kombination aus flächen- und energiesparenden Reihenhäusern und Siedlerstellen am Siedlungsrand

— Grasdächer und begrünte Carports

— Offene Regenwasserführung

— Sichtschutzpflanzungen

— Windschutzpflanzungen (gegen kalte Nordwinde auf der Kuppenlage)

— Knappe und der Topographie angepaßte Erschließung mit niedrigem Abflußbeiwert und

— Erhaltung aller wertvollen Vegetationsbestände und Verbindung dieser Bestände mit neuen Grünelementen (Streuobstwiesen, Baumpflanzungen etc.) zu einem vernetzten System

Das inzwischen vorliegende ökologische Gutachten für die Hasenhecke bestätigt in seinen Aussagen die Linie der Stadt in bezug auf die anzustrebenden Qualitäten der Ergänzungsbebauung. Folgende Aspekte kommen hinzu:

— Vermeidung von Versiegelungen auch auf den privaten Grundstücksflächen,

— private Regenrückhaltung in Zisternen,

— engmaschiges Fuß- und Radwegenetz,

— Gestaltung vielfältiger Sonderbiotope, insbesondere Feucht-, Trocken- und Magerbiotope und deren Vernetzung,

— Integration von extensiver Landwirtschaft,

— Kompostierung biologischer Abfälle und

— Komposttoiletten (zumindest in einem Teil der Häuser).

Da ein großer Teil dieser "Qualitäten" in den kurz vor der Offenlage stehenden Bebauungsplan nicht bindend übernommen werden kann, wird bei der Realisierung der Ergänzungsbebauung die kommunale Wohnungsbauinitiative der Stadt Kassel — "Junge Familie" — eine entscheidende Rolle spielen. Mit diesem Instrument lassen sich wesentliche ökologische Forderungen an Gebäudeform und -struktur, das Baumaterial, die Energiebilanz und die Freiraumnutzung durchsetzen.

Der nach § 4 Hessisches Naturschutz (HENatG) fertiggestellte Landschaftsplan hat auf der Basis der schon erwähnten Erhebungen und einer aufwendigen Freiraumbilanz nachgewiesen, daß die Eingriffe im Sinne des § 5 HENatG durch zahlreiche im Projekt verankerte Maßnahmen ausgleichbar sind. Dazu gehören neben der Rekultivierung der Garagenvorflächen, den Baumpflanzungen im öffentlichen Straßenraum in der Kasernenanlage und den zukünftigen Hausgärten folgende Maßnahmen:

— Pflanzung von Feldholzinseln,

— Ausweisung neuer Sukzessionsflächen auf bislang intensiv genutzten Ackerflächen und

— Verlagerung bzw. Abriß von Gewerbeflächen mit Umweltrisiko bzw. hohem Anteil von versiegelten Flächen (z.B. Schrottplatz).

Dennoch ist die Ergänzungsbebauung nicht unumstritten. Zum einen werden teilweise wertvolle Sukzessionsflächen in Anspruch genommen, zum anderen ist das Baugebiet im noch nicht eingegrünten Zustand aufgrund der exponierten Lage von weither einsehbar und beeinträchtigt deshalb in den ersten Jahren nach der Entstehung das Landschaftsbild.

In der offenen Auseinandersetzung mit engagierten Bewohnern der Hasenhecke, mit Naturschutzgruppen und den "grünen" Trägern öffentlicher Belange scheinen jetzt Kompromisse und Lösungen gefunden zu sein, die die Ergänzungsbebauung als integrierten, verträglichen "Baustein" der Erneuerung der Wohnsiedlung Hasenhecke gelten lassen.

Und noch ein Bonbon: Grundlage des Bebauungsplanes ist ein radiästhetisches Gutachten für den gesamten Bereich der ca. 5 ha umfassenden Ergänzungsbebauung, d.h. die verschiedenen elektromagnetischen Strahlen aus Untergrund und Umfeld sind mit geeigneten Instrumenten gemessen und ausgewertet worden. Im Plan dargestellte "Reaktionszonen" unterschiedlicher Intensität beschreiben die radiästhetische Grundstruktur im Baugebiet. Die entscheidenden Ergebnisse des Gutachtens, insbesondere die Hinweise auf extrem belastete, nicht bebaubare Bereiche sind entsprechend berücksichtigt worden.

Damit die privaten Bauherren/-frauen auf die für ihr Grundstück relevanten Ergebnisse bei Grundriß und Lage des Gebäudes entsprechend eingehen können, erhalten sie das Gutachten und den Plan mit den "Reaktionszonen" rechtzeitig vor Planungsbeginn.

6.6 Das Wirtschaftsgebäude

Das ehemalige Offizierskasino wird zum sozialen Mittelpunkt der Hasenhecke. Die Sanierung des Wirtschaftsgebäudes hat einen besonders hohen Stellenwert für das Gesamtprojekt. Das heute im wesentlichen als Jugendzentrum und Behindertenschule genutzte Gebäude steht zu großen Teilen leer und weist bereits erhebliche Bauschäden auf.

Das Nutzungskonzept der Stadt Kassel sieht vor, mit Hilfe von Städtebauförderungsmitteln hier den sozialen Mittelpunkt der Hasenhecke zu entwickeln:

— Zur Schule und dem erweiterten Jugendzentrum sollen Räumlichkeiten für Beiräte, Vereine, Familienfeiern etc. hinzukommen.

— Mit einer Gaststätte (plus Kiosk) soll eine wichtige Versorgungs- und Kommunikationslücke geschlossen werden; dabei wird der Versuch unternommen, an die Tradition eines Ausflugslokals anzuknüpfen, das es hier in den 50er Jahren schon einmal gegeben hat.

— Neben den Räumlichkeiten der evangelischen und katholischen Kirche und der Druckerei sollen eine Post und ein Dentallabor angesiedelt werden.

— Vor dem Wirtschaftsgebäude soll auf einer öffentlichen Freifläche der Festplatz der Wohnsiedlung entstehen.

Über die Nutzung des fast 1 500 m² großen Dachgeschosses und der großen Eingangshalle (bei deren Betreten man heute noch das Klappern blankgeputzter Offiziersstifel zu hören glaubt) bestehen noch Unsicherheiten. Der Versuch, ein Institut der Gesamthochschule Kassel und das Kasseler Planeratium hierher zu locken, sind aus verschiedenen Gründen gescheitert.

Die Beseitigung der Isolierungsschäden am Kellergeschoß ist angelaufen; bis 1989 soll das Gebäude fertig saniert sein und von seinen alten und neuen Nutzern in Anspruch genommen werden können.

6.7 Abriß und Rekultivierung problematischer Bausubstanz

Auch wenn Recycling ein Schlüsselwort bei der Sanierung der Hasenhecke geworden ist: Nicht alles Gebaute aus den späten 30er Jahren kann erhalten werden.

Der Schrottplatz und die ehemalige Kanonenhalle im Norden der Hasenhecke müssen umgehend abgerissen und rekultiviert werden. In beiden Fällen können aufgrund der Nachkriegsnutzungen Grundwasserbelastungen und Bodenkontamination nicht ausgeschlossen werden. Die Kündigungen sind ausgesprochen; der Abriß soll noch 1987 erfolgen.

Im Bereich der ehemaligen Kanonenhalle sind nach der Rekultivierung extensive Spiel- und Bolzflächen vorgesehen; das Schrottplatzgelände liegt in der Ergänzungsbaufläche und hätte dieser neuen, höherwertigen Nutzung ohnehin weichen müssen.

Auch ein Teil der östlichen Garagenzeile, nur einstöckig und in schlechtem Zustand, muß der Ergänzungsbebauung zum Opfer fallen, wenn die sanierten Kasernenwohngebäude, die Siedlung und das Ergänzungsbaugebiet städtebaulich befriedigend miteinander verknüpft werden sollen. Mit der Rekultivierung dieser Teilflächen sind jeweils großflächige Bodenentsiegelungen verbunden.

Finanziert werden diese Maßnahmen mit Städtebauförderungsmitteln.

6.8 Wohnumfeldverbesserungen

Mit den über den Maßnahmenvertrag zu finanzierenden Umbauten des öffentlichen Straßenraumes können weder alle Defizite und Probleme im Wohnumfeld beseitigt noch die an eine verkehrsberuhigte Zone zu stellenden Anforderungen vollständig eingelöst werden. Aus diesem Grund sollen unter dem inzwischen bei Sanierungsvorhaben nach dem Städtebauförderungsgesetz anerkannten Terminus "Verbesserung von Wohnumfeld und Stadtökologie" eine ganze Reihe von Maßnahmen ergriffen werden, die den Erneuerungsprozeß erfolgreich abrunden sollen.

Zu erwähnen sind in diesem Zusammenhang:

— die Umgestaltung der Eingangsbereiche zur Wohnsiedlung,

— die Platzgestaltungen vor dem Wirtschaftsgebäude und im Mittelpunkt der Hasenhecke (vgl. auch Plan für die Ergänzungsbebauung),

— der Um- und Rückbau der riesigen "Verkehrsknoten" zu grünen Kreuzungen,

— ergänzende Baumpflanzungen im Straßenraum, an den Straßenrändern und am Siedlungsrand, den vorhandenen Grünstrukturen nachempfunden,

— die Umgestaltung der "halböffentlichen" Freiflächen um die ehemaligen Kasernengebäude mit dem Ziel, sie für alle Altersgruppen intensiver und vielfältiger nutzbar zu machen (aus der Haushaltsbefragung geht eindeutig hervor, daß der Wunsch, die hausnahen Grünflächen in Anspruch zu nehmen, größer ist als deren reale Nutzung. Nur jeder zweite Haushalt macht von den Grünflächen direkt vor der Haustür Gebrauch). Gedacht ist hierbei an Mietergärten, Spielplätze auch für größere Kinder und Ruhe- und Rückzugsbereiche für die älteren Bewohner. Nach der qualitativen Verbesserung der Wohnungen müssen die Mieter auch die Möglichkeit haben, die wohnungsnahen Freiflächen mehr als bisher in Besitz zu nehmen. Damit eröffnen sich gute Chancen für zusätzliche soziale Kontakte und eine gesteigerte Identifikation mit der Siedlung.

— die Rekultivierung der Garagenvorflächen je nach Nutzung (vgl. Punkt 6.2).

Alle diese Maßnahmen müssen — wie der Umbau und die Modernisierung der Wohnungen — mit den Bewohnern diskutiert, vorbereitet und durchgeführt werden.

Als Beispiel für erste Schritte kann die Aktion "Grüne Fassaden" vom Frühjahr 1986 dienen, die heute bereits sichtbare Spuren hinterlassen hat. Nach Vorgesprächen mit der Hessischen Heimstätte und dem Mieterbei-

Abb. 10
Die Aktion läuft . . .

rat konnten mehrere Mieter dafür gewonnen werden, gemeinsam mit Kollegen von Stadt und Heimstätte selbst den Spaten in die Hand zu nehmen. Die Aktion hat Spaß gemacht und wird im Herbst d.J. an allen sanierten Kasernengebäuden weitergeführt.

6.9 Baustein Zukunft

Das ökologische Gutachten bestätigt im Prinzip die ökologische Orientierung des städtischen Bausteinkonzeptes und — unter Berücksichtigung der vorgeschlagenen ökologischen Aspekte für die Ergänzungsbebauung — die Verträglichkeit der erforderlichen Eingriffe in die Landschaft. Es geht aber in seinen "sozialökologischen Programmüberlegungen" weit über das hinaus, was konzeptionell und finanziell im Projekt bislang abgesichert ist. Dennoch sollen hier einige Punkte angeführt werden, die geeignet sein können, die Hasenhecke als Splittersiedlung in städtischer Randlage langfristig stabil und attraktiv zu machen:

— Ansiedlung eines ökologisch bewirtschafteten landwirtschaftlichen Betriebes, der auch die Pflege und Unterhaltung der Biotope in und um die Hasenhecke übernimmt.

— Einrichtung einer Öko- und Umweltstation, die in Kooperation mit der Gesamthochschule Kassel, dem Jugendzentrum und dem Öko-Betrieb Kurse und Seminare zum Thema Gartenbau, Landwirtschaft, Naturschutz, angepaßte Technologie etc. anbieten kann, insbesondere für Kinder und Jugendliche.

— Aufbau einer Verbrauchergenossenschaft, die die Produkte des Öko-Betriebes sowohl für die Hasenhecke selbst als auch für einen erweiterten Einzugsbereich nutzt, weiterverarbeitet und verteilt.

— Verschiedene Formen von Nachbarschafts- und Mieterhilfe, konzentriert um eine im Wirtschaftsgebäude zusammengefaßte "Sozialstation", in der Kinderbetreuung, Kranken- und Altenpflege, Eheberatung und Elternschule etc. organisiert werden.

— Ausbau der geplanten Gaststätte zu einem kommunikativen Zentrum mit Gartenlokal, Café, Biergarten, speziellen Angeboten für Ausflügler in der Saison, kleinem Mehrzwecksaal für Veranstaltungen, (Kinder-)Festen etc..

Das Projekt Hasenhecke ist so angelegt, daß solche und andere auf die Zukunft orientierten Bausteine additiv und miteinander vernetzt die bereits realisierten und geplanten Erneuerungsmaßnahmen wirksam ergänzen können.

7. Hand in Hand mit den Bewohnern

Bürgerbeteiligung nach dem Buchstaben des Gesetzes ist eine Sache (und natürlich ist dem § 2a Bundesbaugesetz Rechnung getragen worden), partnerschaftliche, ernstgemeinte Zusammenarbeit mit den Bewohnern und ihrer Interessenvertretung eine andere.

Mit der Überschrift "Wohnen auf der Hasenhecke — Zur Diskussion" hat die Stadt im Juni und November 1984 in zwei Faltblättern den jeweils aktuellen Untersuchungs-, Diskussions- und Verhandlungsstand offen dargelegt. In gut besuchten Versammlungen sind die Positionen von Stadt und Heimstätte verdeutlicht worden, die Bewohner und Mieter haben ebenso deutlich Flagge gezeigt. (In der 2. Versammlung konnten schon durch Wahlen legitimierte Interessenvertreter — der Siedler- und Mieterbeirat — das Wort ergreifen.)

Nach der im Februar 1984 durchgeführten haushaltsdeckenden Mieterbefragung, die mit einer weit über 90 % liegenden Antwortquote und den bereits angesprochenen Ergebnissen einen guten Einstieg gebracht hat, erhalten Stadt und Heimstätte damit nicht nur das Gesagte "grüne Licht" für den Projektstart, es ergeben sich auch erhebliche Korrekturen am Konzept für die Ergänzungsbebauung aus der Kritik einer Gruppe von Siedlern. In vorbildlicher Weise raufen sich die Verwaltung und die betroffenen Bürger, die sich von naturkundigen Experten und Umweltgruppen unterstützen lassen, zusammen. Der gefundene Kompromiß kann sich sehen lassen: Wertvolle Sukzessionsflächen bleiben erhalten. Sie werden sogar ausgedehnt und unter weitergehenden rechtlichen Schutz gestellt; die Ergänzungsbebauung weicht auf weniger empfindliche Flächen aus und wird — wie beschrieben — durch ein ganzes Bündel ökologischer Aspekte verträglich gemacht.

Auch beim "grünen Licht", dem dann in vielen anderen Fällen andernorts doch wieder die "Beglückung von oben" durch Planer und Verwaltung folgt, ist man nicht stehengeblieben. In mehreren Begehungen und Einzelgesprächen sind die Mieter auf die bevorstehende Sanierung vorbereitet worden; nahezu alle Wohnwünsche konnten erfüllt werden; in den meisten Fällen sind auch die gewachsenen nachbarschaftlichen Strukturen erhalten geblieben.

Als Fazit der Mietergespräche kann festgehalten werden, daß es nicht nur Zustimmung zur Modernisierung im Grundsatz, sondern auch bei den vielen komplizierten Details (Lage der Wohnung, Wohnungsgröße, Zuschnitt der Zimmer, Ausstattung etc.) Einverständnis und Einvernehmen gegeben hat. Bei über 150 Miethaushalten hat es nur drei Familien gegeben, die — weil sie sich ihre großzügigen, gut geschnittenen "Kopfwohnungen" selbst umgebaut hatten — nicht ganz glücklich über die anstehenden Veränderungen gewesen sind.

Während der Modernisierungsphase selbst — profimäßig und gekonnt von der Hessischen Heimstätte in nur 1 1/2 Jahren und vier Bauabschnitten durchgezogen (von Mai 1985 bis Ende 1986) — hat sich das im April 1985 eingeweihte Stadtteilbüro mehr als bewährt. Hier haben Mieter- und Siedlerbeirat getagt, hier haben die Mieter Ansprechpartner der Hessischen Heimstätte vorgefunden und auch Mitarbeiter der Stadt; hier sind die vielen großen und kleinen Auseinandersetzungen abgelaufen, die sich bei einem komplizierten Planungs- und Realisierungsprozeß nicht vermeiden lassen.

Alle Beteiligten, auch die personell immer noch unverändert arbeitenden Beiräte, wollen an dieser Institution festhalten. Sie wird sicherlich noch gebraucht.

Abb. 11
Das Wohnumfeld der Hasenhecke ...

8. Der Stand der Dinge
   ... oder wohin die Reise gehen soll!

Zum bisherigen Verlauf des kommunalen Schwerpunktprojekts Hasenhecke mit seinem integrierten Ansatz, seiner kooperativen Abwicklung mit der gemeinnützigen Wohnungswirtschaft, seiner weitgehenden Bewohner- und Mieterbeteiligung und seiner ökologischen Orientierung läßt sich schon jetzt — auch wenn erst die beiden "Bausteine" Wohnungsmodernisierung und Erneuerung der technischen Infrastruktur (fast) abgeschlossen sind — vorsichtig festhalten:
Der Versuch, für die Wohnsiedlung Hasenhecke mit ihren komplizierten Ausgangsbedingungen einerseits und ihren chancenreichen Potentialen andererseits durch ein Bündel sozialer, (städte-)baulicher und ökologischer Maßnahmen einen dynamischen, bausteinartigen und offenen Erneuerungsprozeß — getragen von Politik, Wohnungswirtschaft, Verwaltung und Betroffenen — in Gang zu setzen, ist geglückt. Erste Erfolge (insbesondere im Zusammenhang mit der abgeschlossenen Modernisie-

rung der Kasernenwohnungen) und ein sich veränderndes Image der Hasenhecke können bereits verbucht werden. Es bestehen bei allen am Projekt Beteiligten berechtigte Hoffnungen, daß sich dieser Prozeß fortsetzt; der Wille dazu ist bekundet, die Finanzierung weitgehend gesichert. Dennoch bleiben weitergehende Einschätzungen den kommenden Jahren vorbehalten. Das gilt auch für die Frage, inwieweit die auf der Hasenhecke gemachten Erfahrungen Modell für vergleichbare, dezentrale Problemsiedlungen in der Bundesrepublik sein können.

Für Stadterneuerung allgemein und ökologische Stadterneuerung im besonderen kann formuliert werden:

— Stadterneuerung in den 80er Jahren muß ein offener Prozeß sein, der auf "heilbringende" Planungskonzepte von "oben" (die nur Lösungen, aber keine Fragen kennen) verzichtet. Offen heißt dabei, daß für alle Beteiligten, auch und vor allem die Verwaltung, Lernprozesse möglich sein müssen, die zu besseren Lösungen führen.

— Bei der auf längere Frist einzukalkulierenden Mittelknappheit "vor Ort" — die aktuellen Diskussionen um die Steuerreform lassen erkennen, daß die Kommunen in Zukunft mit noch geringeren Spielräumen bei den Investitionen zu rechnen haben — müssen Erneuerungsprozesse auch zeitlich offen angelegt sein. Darin liegt die Chance und die Notwendigkeit, in **langen Zeiträumen** zu denken und zu planen, in **kleinen, behutsamen Schritten** zu realisieren und das so, daß der nächste Schritt auch noch getan werden kann.

— Wenn ökologische Stadterneuerung kein Schlagwort bleiben soll, das in unseren immer noch "unwirtlichen" Städten nur zu spektakulären grünen Tupfern, zu vereinzelten Öko-Siedlungen für eine ausgesuchte Klientel und zu erneuerten grünen Gebäudeoberflächen (die Ökologie nur simulieren) führt, dann muß der überfällige, sich an ökologischen Essentials orientierende Umbauprozeß der Städte (mindestens) viererlei berücksichtigen:

1. Stadtökologie heißt erst einmal "kleinteilige Vernetzung aller der städtischen Funktionen, die der sanitäre Stadtumbau so unnachsichtig" getrennt hat,

2. Stadtökologie erfordert eine Wende im Verwaltungshandeln, das "als Folge jahrhundertelanger Schulung auf die Aufhebung jedes Einzelfalles und Einzelortes angelegt" ist, statt im Vordenken, Planen und Handeln die ökologisch relevante Vernetzung der Einzelfälle und -orte sicherzustellen.

3. Stadtökologie wird erfolgreich nur stattfinden, sofern sie "nicht als Staatsästhetik oder als Sozialsanierung von oben kommt, sondern kleingegliedert vor sich geht, kapillar" und

4. Stadtökologie wird es "nur mit den, nicht gegen die Benutzer der Stadt" geben. (Zitate: D. Hoffmann-Axthelm. In: Der Architekt 7 — 8/1986).

Auch wenn es für bilanzierende Einschätzungen noch zu früh ist und das Projekt Hasenhecke diesen Anforderungen in Sachen "ökologische Stadterneuerung" vielleicht nicht voll entsprechen kann, darf den Erneuerungsbestrebungen am nordöstlichen Rand des Kasseler Beckens dennoch nachgesagt werden, daß ernsthaft versucht wird, der Gunst und Qualität aller gegebenen Voraussetzungen gerechtzuwerden. Nach wie vor stehen die Stadt, die Hessische Heimstätte und die Bewohner der Hasenhecke mit ihren Interessenvertretungen zum Schlußsatz aus den beiden Faltblättern von 1984:

"... und wenn bis 1990 alles gebaut, geschafft und verwirklicht ist, dann wird die Hasenhecke einer der Stadtteile von Kassel sein, wo man in modernisierten Wohnungen, praktisch und bequem, mitten im Grünen leben kann — mit einem herrlichen Blick auf die Stadt, für den am anderen Ende von Kassel erst der Herkules erklettert werden muß ..."

Jörg Forßmann · Norbert Schoch
Ökologische Stadterneuerung in einem belasteten Stadtteil — das gebietsbezogene Förderungsprogramm Humboldt-Gremberg in Köln

1. Einleitung

Ein neuer Begriff macht die Runde! Er heißt "ökologische Stadterneuerung". Was ist ökologische Stadterneuerung überhaupt?

— Ein neues "grünes" Modewort?

— Ein Ausdruck für die Anpassung an ein verändertes Bewußtsein der Bürger über ihren Lebensraum?

— Oder die Vereinnahmung einer sozialen und politischen Bewegung, ohne daß inhaltlich etwas Neues hinzukommt?

Viel ist darüber bereits gesprochen und geschrieben worden. Unbestritten ist die Notwendigkeit, gerade bei der Stadterneuerung ökologische Aspekte stärker zu berücksichtigen als bisher. Trotzdem ist u. E. die "sozialorientierte" Stadterneuerung konkret und als Begriff engagierten politischen Handelns nach wie vor aktuell!

Sozialorientierte Stadterneuerung hat bisher schon die drei wichtigsten politischen Handlungsfelder in alten Stadtteilen und Wohnvierteln zum Inhalt gehabt:

1. **Das soziale Handlungsfeld**: Hier die Verbesserung der Lebensbedingungen benachteiligter Bevölkerungsgruppen in absinkenden Stadtquartieren.

2. **Das ökonomische Handlungsfeld**: In einem doppelten Sinn: Nämlich effektiver Einsatz öffentlicher Mittel für die soziale Zielsetzung beim sparsamen Umgang mit den materiellen Ressourcen — aber auch Sicherung und Schaffung von Arbeitsplätzen und betrieblichen Standorten.

3. **Das ökologische Handlungsfeld**: Umweltverbesserung im umfassenden Sinne unter Ausschöpfung aller verbliebenen natürlichen Ressourcen. Es beinhaltet Luft, Wasser, Boden, Pflanzen und Tiere.

Angesichts der Finanzkrise der Kommunen und sinkender Realeinkommen der Arbeitnehmer kann nur eine "erhaltende" Stadterneuerung sozialorientiert sein, nicht jedoch eine durchgreifende und zügige Sanierung im Sinne des alten Städtebauförderungsgesetzes. Nur behutsames und sparsames Vorgehen kann die sozialen Belange der Betroffenen einigermaßen berücksichtigen, insbesondere die zunehmenden Probleme von Mietern und kleinen Hausbesitzern. Nur eine vorsichtige Herangehensweise ist letztendlich geeignet, knappe Mittel effektiv einzustzen, vorhandene Substanz wieder in Wert zu setzen und das empfindliche Gefüge betrieblicher Standorte und Arbeitsplatzangebote zu sichern. Und nur einer sensiblen Planung und Durchführung kann die Erhaltung verbliebener natürlicher Ressourcen gelingen, um darauf aufbauend Verbesserungen zu erreichen. Erhaltende Stadterneuerung ist daher im Interesse benachteiligter Bevölkerungsgruppen!

Eine "sozialorientierte" Stadterneuerung ist daher eine erhaltende Erneuerung der baulichen und natürlichen Substanz; und sie beinhaltet die ökologische Seite von ihrem Wesen her, ist selbst "ökologische" Stadterneuerung. Was nicht heißen soll, daß Planer, Politiker und Betroffene nicht noch eine Menge in ökologischer Hinsicht dazulernen müssen! Viele wissenschaftliche und praktische Erkenntnisse dazu liegen bereits vor. Es gilt, sie sich umfassend anzueignen und in der Praxis anzuwenden. Die größten Feinde einer ökologischen Stadterneuerung (und einer ökonomischen!) sind jedoch zwanghafter Ordnungssinn, pedantisches Sauberkeitsempfinden, perfektionierte Technikanwendung und gefühlloses bürokratisches Verhalten, gepaart mit einem menschenfeindlichen Eigentumsverständnis.

Am Beispiel der Erneuerung des Kölner Stadtteils Humboldt-Gremberg sollen in diesem Sinne Ansätze einer sozialorientierten Stadterneuerung mit einer stärkeren Berücksichtigung ökologischer Aspekte, als dies bisher bei der Kölner Stadterneuerung geschah, dargestellt werden.

2. Humboldt-Gremberg, ein gründerzeitlicher Arbeiterstadtteil im rechtsrheinischen Köln

Der heutige Stadtteil Humboldt-Gremberg ist im rechtsrheinischen Köln im sogenannten 1. Vorortgürtel gelegen, also Teil der im Zusammenhang mit der Industrialisierung in der 2. Hälfte des 19. Jahrhunderts, außerhalb der damaligen Stadt Köln, entstandenen Industrie- und Wohngebiete. Er wurde aus den beiden Ortsteilen Humboldt — ursprünglich eine Arbeiterkolonie der damaligen Maschinenaktiengesellschaft Humboldt im benachbarten Kalk, die sich nach dem Naturforscher und Entdecker Alexander von Humboldt benannte — und Gremberg, einer östlich davon gelegenen Ansiedlung an einer gleichnamigen Hofanlage aus dem Mittelalter, gebildet. Der besiedelte Teil des Stadtteils wird begrenzt im Norden von den Gleisanlagen der Bundesbahn und der dahinterliegenden Traktorenfabrik von Klöckner-Humboldt-Deutz (KHD) in Kalk, im Westen und Südosten von weiteren Bundesbahngütergleisanlagen und im Süden vom östlichen

Autobahnzubringer (A 59) (vgl. Übersichtsplan). Das zum Stadtteil gehörende "Gremberger Wäldchen" im Südosten ist ebenfalls von Verkehrsanlagen der Bundesbahn bzw. des Kölner Autobahnringes eingeschnürt oder zerschnitten. Der Stadtteil hat eine Gesamtfläche von 283 ha und hatte 1985 rund 15 000 Einwohner.

Der Anteil ausländischer Bewohner liegt derzeit bei etwa 17 %. Gleichzeitig liegt mit etwa 18 % der über 60jährigen eine Überalterung der deutschen Bevölkerung vor. Der Stadtteil stellt heute ein dichtbesiedeltes Wohn- und Mischgebiet dar mit einem voll wirksamen Nahbereichszentrum um die Taunusstraße. Er ist traditionell eng mit dem Bezirkszentrum Kalk verbunden, das höherwertige Zentrumsfunktion wahrnimmt.

Die gründerzeitlichen Wohnquartiere in Humboldt, sowenig auch von ihrer ursprünglichen Bausubstanz erhalten geblieben ist, und in Gremberg sind durch geschlossene zwei- bis viergeschossige Blockrandbebauung mit gering überbauten Innenbereichen charakterisiert. Die Wohnsiedlungen der Nachkriegszeit weisen eine einfache drei- bis viergeschossige Zeilenbauweise des sozialen Wohnungsbaus mit dem üblichen Baugebietsgrün auf. Die Wohnsiedlung im Südwesten aus den späten 60er Jahren besitzt eine besondere städtebauliche Qualität, die sich aus dem Erschließungssystem (Straßen und Grünanlagen) und der raumbildenden Anordnung der Baukörper ergibt, bereichert durch den üppigen Aufwuchs des Baugebietsgrüns. Durch den Bau der östlichen Zubringerstraße 1971 entlang der Südseite wurde wieder vieles davon zunichte gemacht. Die randlichen Bereiche sind voll und ungeschützt dem Verkehrslärm und den Abgasen dieser Autobahn ausgesetzt. Gewerbe größeren Ausmaßes hat sich in der Rolshover Straße (Hagen-Gelände, Betrieb 1983 in Konkurs gegangen), auf dem Bundesbahngelände an der Odenwaldstraße, in der Mitte des Stadtteils nördlich der Gremberger Straße und südlich davon ein großer, nicht integrierter Einkaufsmarkt sowie im Nordwesten an der Gießener Straße entwickelt. Im Süden befinden sich größere Brachflächen, Aufschüttungen ehemaliger Ziegeleigruben.

Im Südosten liegt das bis zum Ausbau des Kölner Autobahnrings und seiner Zubringerstraßen geschlossene, innenstadtnahe Waldgebiet (72,5 ha), das Gremberger Wäldchen, das die Stadt Köln bereits 1899 vor der Eingemeindung für ein zukünftiges Ausflugsgebiet für die stadtkölnische Bevölkerung gekauft hatte.

_{Beim Ankauf war der Wald in einem ungeordneten Zustand; einige Pfade führten hindurch, waren aber weitgehend bei schlechtem Wetter unpassierbar. 1901 erhielt der damalige Stadtobergärtner den Auftrag zur Instandsetzung und Aufschließung des Waldes nach einem einheitlichen, allen Ansprüchen entsprechendem Projekt. Es sollte hier im Gegensatz zum linksrheinischen Stadtwald "den vorhandenen Waldcharakter in jeder Weise wahren, durch vorsichtiges Abholzen neue landschaftliche Schönheit erschlie-}

ßen und vor allem durch Anpflanzung geeigneter Nadelhölzer dem Laubwalde wirkungsvolle Abwechslung verleihen". Eine Straßenbahnlinie sollte von Köln über Humboldt und Gremberg zu dem Ausflugsziel führen. Ausholzung, Neuanpflanzung und Wegenetz wurden ausgeführt, konnten aber die späteren Zerstörungen durch den Straßenbau auch nicht verhindern.

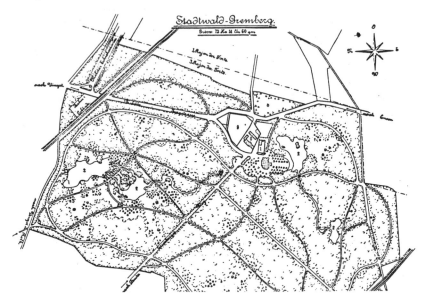

Abb. 1
Stadtwald Gremberg — historische Darstellung

3. Die wichtigsten ökologischen Probleme im Gebiet

Die Stadterneuerungsproblematik liegt weniger im gegenwärtigen Zustand der Bausubstanz, sondern hauptsächlich in der Beseitigung der aus der siedlungsstrukturellen Entwicklung entstandenen Umweltbeeinträchtigungen: Wohnumfeldsituation in den gründerzeitlichen Wohnquartieren, Altlasten in den aufgeschütteten ehemaligen Lehmgruben und aus früheren industriellen Nutzungen, Lärm und Abgase des Verkehrs, Behandlung der Brachflächen, Erhaltung, Wiederherstellung und Erweiterung von Grünflächen, auch gegen Planungstendenzen der letzten Jahrzehnte.

Viele der heutigen Beeinträchtigungen haben ihre tiefere Ursache in militärischen Auswirkungen auf das Gebiet: Waldzerstörungen durch Kriege und den Ausbau des äußeren Festungsgürtels (östlicher Militärring — heute Vingster und Gremberger Ring — mit dem ehemaligen Fort XIXb), Abgrabungen für Ziegel zum Bau der Festungsanlagen, Fabrikation von Sprengstoffen, Produktion kriegswichtiger Güter unter Verwendung besonders giftiger Rohstoffe wie Blei und Cadmium, Zerstörung von Wohngebäuden und Fabriken durch den Bombenhagel des 2. Weltkrieges.

Viele der heute zutage tretenden Probleme sind praktisch nur noch symptomatisch zu kurieren (Verkehrsanlagen), andere nur mit hohen Kosten zu sanieren (industrielle Altlasten), wieder andere nur mit vorsichtigem planerischen Handeln, sollen nicht neue ökologische Probleme entstehen (Abgrabungen und Aufschüttungen, Wiedernutzung alter Fabrikanlagen). Andererseits liegen auch in den vorhandenen Zuständen große Potentiale für eine für Mensch und Natur produktive Erneuerung und für eine private Entwicklung des Stadtteils insgesamt.

Belastungen des Bodens

Nach der gesamtstädtischen Kartierung der Altlasten existieren in Humboldt-Gremberg 10 Altablagerungen und ein Altstandort (Hagengelände). Bei den Altablagerungen handelt es sich überwiegend um Aufschüttungen in ehemaligen Lehmgruben oder anderen Abgrabungen. Genauere Informationen über mögliche Altlasten in diesen Altablagerungen sind nicht bekannt, jedoch liegen bisher keine Beeinträchtigungen des Grundwassers vor. Wichtig ist, daß in das derzeit vorhandene Gleichgewicht nicht eingegriffen wird, d.h. möglichst Erhaltung der vorhandenen Brachflächen mit vorsichtig gestalterischen Eingriffen in den Bewuchs.

Nach dem Konkurs der Akkumulatoren- und Batteriefabrik Gottfried Hagen 1983 erlebte der Stadtteil nicht nur den Verlust seiner größten Arbeitsstätte (zuletzt noch immer rund 530 Beschäftigte), sondern auch einen handfesten Umweltskandal. Als der Notvorstand der AG einige Fabrikhallen an kleine Gewerbebetriebe vermietete, mußte die Gesundheitsbehörde einschreiten, da das Innere der Gebäude in einigen Bereichen stark verunreinigt war. Außerdem wurden in einem benachbarten Kindergarten im Boden erhöhte Bleimengen gemessen, und in den vorhandenen Brunnen wurden zunächst ebenfalls erhöhte Blei- und Cadmiumwerte festgestellt. Untersuchungen des Bodens und des Grundwassers auf wassergefährdende Stoffe konnten zunächst nicht durchgeführt werden, da ein verantwortlicher Eigentümer nicht festzustellen war. Die Unruhe in der Bevölkerung nahm währenddessen zu. Erst 1986 konnte die Stadt in Ersatzvornahme ein Umweltgutachten vergeben (1).

Die Boden-und Grundwasseruntersuchung auf Schwermetalle und andere wassergefährdende Stoffe vom September 1986 hatte dann, entgegen den vorherigen Befürchtungen, ein nicht so dramatisches Ergebnis. Die bisher festgestellten Verunreinigungen waren anscheinend durch Staubverwehung und -ablagerung aus der Fabrikation verursacht worden, die direkt in die Kontrollbrunnen — nicht über das Grundwasser — eingedrungen waren. Dank der massiven Bauweise der Fabrikgebäude sind die Verunreinigungen durch Blei, Cadmium und Zink im Untergrund geringer als ursprünglich angenommen und im versiegelten Boden nur in geringem Maße auswaschbar. Trotzdem sind landwirtschaftliche und gärtnerische Nutzung usw. auf keinen Fall auf dem Gelände zulässig, ebenso wenig können lebensmittelverarbeitende oder pharmazeutische Betriebe zugelassen werden; auch eine Wohnnutzung wäre nach dem derzeitigen Kenntnisstand unvertretbar. Die weitgehende Erhaltung der vorhandenen baulichen Anlagen (Gebäuderecycling) scheint die beste Umweltschutzmaßnahme zu sein, bedingt allerdings umfassende Reinigungsmaßnahmen im Inneren der besonders stark verseuchten Fabrikgebäude (Bleiaccu- und Stahlaccu-Fabrik).

Verkehrslärm und -abgase

Die Umweltbeeinträchtigungen aus dem Verkehr entstehen hauptsächlich durch Anlagen des Kfz-Verkehrs, aber auch von Eisenbahnanlagen, an den Rändern des Stadtteils. Aber auch innerhalb existieren weitere Belastungen durch den Kfz-Verkehr auf den querenden Haupt- und Verkehrsstraßen. Die Immissionen durch Lärm des Eisenbahnverkehrs sind an der Hauptstrecke am Nordrand des Stadtteils und entlang der das Gebiet auf einem Damm querenden Güterzugstrecke festzustellen. Die Isolinie eines Mittelungspegels von 60 dB (A) nachts verläuft in etwa 100 Meter Entfernung durch das Wohngebiet. Die stärksten Auswirkungen durch Lärm und Abgase hat die das Gebiet südlich tangierende Zubringerstraße CA 59). Die Isolinie mit einem Mittelungspegel von 60 dB (A) nachts verläuft in 150 bis 200 Metern Entfernung durch die angrenzenden Bau- und Freiflächen; bei einer Belastung mit etwa 53 000 Kfz in 24 Stunden kein Wunder. Es gibt bisher keinerlei Lärmschutz, und bei der teilweisen Hochlage der Autobahn entstehen unerträgliche Belastungen für die angrenzenden Wohnungen und Grünanlagen. Dies gilt noch mehr für die an die Autobahnen angrenzenden Flächen des Gremberger Wäldchens, wo auch der dichte Baumbestand keinen Schutz bieten kann. Von den das Gebiet querenden Haupt- und Verkehrsstraßen haben eine ganze Reihe starke Verkehrsmengen und vermutlich zu hohen Lärmpegel und Abgasmengen: Die Rolshover Straße 9 000 bis 17 500 Kfz/24 Stunden, Gremberger Straße 5 000 bis 15 000, Taunusstraße/Am Grauen Stein 6 500 bis 15 000, Roddergasse 4 200 und Poll-Vingster-Straße 6 000. Selbst die Wohnstraßen Wetzlarer und Gießener Straße haben noch Verkehrsmengen von 8 750 bzw. 6 450 Kfz/24 Stunden.

Wohnumfeldbedingungen

Neben den Beeinträchtigungen der Wohngebiete durch Verkehr, insbesondere in den das Gebiet querenden Hauptverkehrsstraßen und Schleichwegen, sind die Wohnbedingungen in den gründerzeitlichen Wohnstraßen von Humboldt besonders beeinträchtigt. Im Gebiet zwischen An der Pulvermühle, Westerwaldstraße, Rolshover Straße und Eisenbahn befindet sich ein dicht besiedeltes Wohngebiet mit Straßen, die teilweise ursprünglich eine nur ein- bis eineinhalbgeschossige Bebauung erschlossen, heute aber drei- bis viergeschossig bebaut sind. Die Straßen sind völlig versiegelt, ohne einen einzigen Baum, und mit parkenden Fahrzeugen zugestellt, und stadtgestalterisch überwiegend eintönig. Wenigstens die Blockinnenräume sind nur wenig überbaut und teilweise begrünt und unversiegelt. Auch Straßen in den Wohnsiedlungen der 50er Jahre sind eintönig und umgestaltet und mit der schlichten Bebauung zusammen nicht gerade attraktive Wohnlagen. Besonders beeinträchtigt sind auch die zentralen Einkaufsstraßen (Taunusstraße und angrenzende Teile der Gremberger Straße) durch den Durchgangsverkehr. Sie sind nur schwer von Fußgängern zu überqueren. Das schränkt die Funktionsfähigkeit des Stadtteilzentrums ein, das vom äußeren Bild der Gebäude und Straßenräume einen eher heruntergekommenen Eindruck macht.

4. Planungsansätze zur Verbesserung der Wohn- und Arbeitsbedingungen im Stadtteil und das gebietsbezogene Förderungsprogramm

Aller Anfang ist schwer. Dies gilt gerade auch für die ökologische Erneuerung im Stadtteil Humboldt-Gremberg. Bei der Entwicklung von Planungsansätzen zur Verbesserung der Wohn- und Arbeitsbedingungen ist davon auszugehen,
— daß die Hauptsorgen der Bewohner sich auf die Erhaltung des Arbeitsplatzes und die Entwicklung der Lebenshaltungskosten insbesondere der Mieten beziehen,
— daß die finanziellen Spielräume für ökologische Maßnahmen im Rahmen der behutsamen, kostengünstigen Stadterneuerung eng begrenzt sind und
— daß man mit der wichtigsten Voraussetzung für solche ökologischen Maßnahmen, der Entwicklung des Bewußtseins der Bewohner dafür, die Verantwortung für die Pflege, die Erhaltung und den Schutz ökologischer Maßnahmen zu übernehmen, mit bescheidenen Ansprüchen ganz von vorne beginnen muß.

Vor diesem Hintergrund kann der Planungsansatz nur der Einstieg in den Prozeß eines sich stetig entwickelnden Ökosystems für den Stadtteil bedeuten.

Die wichtigsten Elemente dieses Ansatzes sind:
— Die Verminderung der Geruchs- und Lärmemissionen durch Produktion und Verkehr und damit der Belastung von Luft, Boden und Wasser.
— Die Verminderung der Flächen für den fahrenden und ruhenden Individualverkehr zugunsten der Flächen für Fußgänger, Radfahrer, für den Aufenthalt, das Spielen und die Erholung.
— Die Beseitigung aller unnötig versiegelten Flächen zugunsten offener, bepflanzter, wassergebundener oder gepflasterter Flächen.
— Die Verbesserung der vorhandenen Vegetationsflächen und Parkanlagen.
— Die netzartige Verknüpfung der Vegetationsflächen, der Straßen- und Platzräume mit Anschluß an große Grünbereiche in der Nachbarschaft, in benachbarten Stadtteilen und im Umland.

Dabei schränken die veränderten Rahmenbedingungen des "knappen Geldes" die bisher praktizierten Formen der Stadterneuerung und Sanierung zwar ein, eröffnen aber auch neue Möglichkeiten. Durch eine behutsamere, einfachere und schrittweise Stadterneuerung werden die Chancen für eine bewohnernahe und sozialorientierte Vorgehensweise eher besser als schlechter.

Insbesondere die Stadterneuerung durch Wohnumfeldverbesserung ist eine kostengünstige und wirksame Form der qualitativen Verbesserung alter, benachteiligter Stadtteile. Sie kann in besonderer Weise das private Engagement zur Verbesserung der Wohngebäude durch Instandsetzung und Modernisierung mobilisieren.

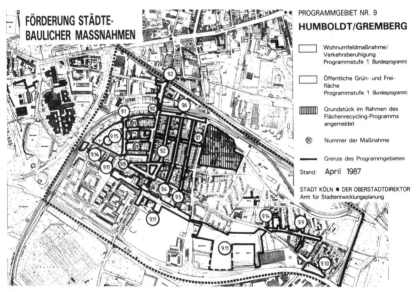

Abb. 2
Städtebauliche Maßnahmen Humboldt-Gremberg

9.1 bis 9.10 und 9.13 Wohnumfeldmaßnahmen in Straßen und Plätzen
9.11 Grünverbindung Westerwaldstraße/An der Lenzwiese
9.14 Spielplätze
9.15 Wiederherstellung des Humboldtparks
Flächenrecycling auf dem Hagen-Gelände

Der Zwang, durch Einsparungen die Ziele, Maßnahmen und Verfahren der Planung und Durchführung zu vereinfachen, kann helfen, bisher größtenteils verschüttete oder verbarrikadierte Diskussionen über sozialorientierte einfache und doch qualitativ gute Lösungen der Wohnumfeldgestaltung in Gang zu setzen und durch die einfache, bescheidene und preisgünstige Neugestaltung von Straßen und Blockinnenbereichen das Verhältnis zu den Betroffenen gelassener, entspannter und besonnener zu gestalten. Die Chancen, Mißtrauen abzubauen, mit den Bürgern ins Gespräch zu kommen, weitgehender konstruktiver Partizipation in der Planung und Durchführung werden dadurch gewiß nicht kleiner.

Allerdings muß hier folgender Konflikt beachtet werden:
Die augenblicklichen Wohnungsmarktverhältnisse gefährden den noch verbleibenden Bestand an Wohnungen mit niedrigen Mieten derart, daß wir uns ohnehin nicht länger durchgreifende, umfangreiche und teure Stadterneuerung leisten können. Substandard, Verkehrsbelastung, Immissionen und sonstige negative Belastungen der Wohngebiete sind für Bewohner mit geringem Einkommen häufig der Schutzschild ihrer Wohnung am Wohnungsmarkt, sicherer als jeglicher Schutz aus planungsrechtlichen Mitteln.

Die Stadterneuerung muß sich daher in sozialpolitischer Verantwortung darum bemühen, den richtigen Weg zwischen einem zuviel und einem zuwenig an Stadterneuerungsmaßnahmen zu finden. Dies kann nur gelingen, wenn Wohnumfeldverbesserungen behutsam, in einfacher Form und schrittweise durchgeführt werden.

5. Herangehensweise in einzelnen Maßnahmenbereichen

5.1 Schutz vor Umweltbelastung des Verkehrs

Die Umweltbelastung des Verkehrs wird vermindert durch:

— Herausnahme der Durchgangsverkehr

— Verbesserung der innergebietlichen Erreichbarkeit (der Zielverkehre) auf möglichst kurzem Wege

— Erhaltung und Verbesserung der Parksituation für Bewohner und Gewerbebetreibende

— Verbesserung des Wohnumfeldes und der Lebensbedingungen durch Reduzierung der Fahrgeschwindigkeit und der Flächen für den Fahrverkehr

— Verminderung von Lärm und Autoabgasen (Kohlenmonoxyd (CO)) durch Maßnahmen zur Verminderung auf eine möglichst konstant zu fahrende niedrige Geschwindigkeit und Lärmschutz der Hauptverkehrsstraße

— Standortsicherung und -entwicklung für Betriebe, die mit dem Wohnen vereinbar sind.

Erste Voraussetzung hierfür wird durch das Verkehrskonzept geschaffen.

5.2 Wohnumfeldverbesserung im Straßenraum einschließlich Entsiegelung

Die Wohnumfeldverbesserung einschließlich Verkehrsberuhigung ist in den wirtschaftlichen und sozialpolitischen Konfliktfeldern der Altbauquartiere Kölns zu realisieren. Lösungen dieser Widersprüche und Konflikte können nur unter intensiver Beteiligung der Betroffenen und durch besondere Unterstützung der in dieser Auseinandersetzung relativ schwachen Gruppe der Bewohner erreicht werden.

Gerade bei Wohnumfeldmaßnahmen gilt der Grundsatz: Weniger ist oft mehr. Dies gilt vor allem dann, wenn anstelle des Totalumbaues, des Umbaues der gesamten Straßenoberfläche, ein mehr behutsamer, partieller Umbau punktuell an mehreren Stellen verteilt mit guten Materialien und Bauelementen vorgesehen wird. Dadurch wird einerseits die Aufenthaltsfunktion signalisiert und andererseits das historische Straßenbild erhalten. Solche Verbesserungen in ganzen Straßenkomplexen durchgeführt, die das Image des gehobenen Wohnens vermeiden, sind der Kompromiß zwischen diskriminierendem Status quo und Verdrängung durch Aufwertung.

Es werden folgende städtebaulichen und gestalterischen Ziele und Voraussetzungen verwirklicht:

— Verbesserung der straßenräumlichen Qualität als Gestaltverbesserung mit historischem Bezug

Unter dem Gesichtspunkt der geschichtlichen Bedeutung und des Denkmalschutzes der Straßen in Altbaugebieten sind in der Regel Teilumbauten mit Maßnahmen der Rekonstruktion des Straßenraumes angebracht.

— Stärkung der Aufenthaltsfunktion

Dabei ist die Gestaltung und Schaffung von Niveaugleichheit in der Regel nur auf Teile der Straße begrenzt. Diese Einschränkung ergibt sich auch aus Kostenerwägung und der Tatsache, daß in innerstädtischen Gebieten das Parkbedürfnis und die verbleibenden Verkehrsmengen eine völlige Aufhebung der baulichen Trennung der Verkehrsarten als nicht praktikabel erscheinen lassen. Eine Folge von Teilaufpflasterungen mit Fahrbahneinengungen, Baumtoren und punktuellen Versetzen sind Beispiele eines einfachen Umbaues.

— Betonung des Eigencharakters

Ausprägung bzw. Weiterentwicklung des unverwechselbaren Gesichtes der einzelnen Straße einerseits und Schaffen eines gestalterisch abgestimmten räumlichen Zusammenhanges der benachbarten Straßen, Plätze, Blockinnenbereiche und sonstigen öffentlichen und privaten Freiflächen.

— Nutzungsgerechte Gestaltung

Die Gestaltung ist gerade auch an den heute feststellbaren Mengen und den Verhaltensformen von Fußgängern und Radfahrern auszurichten. Diese Gegebenheiten bilden die realistischen Potentiale für die Verwirklichung zukünftiger Aufenthaltsfunktionen im Straßenraum. Einrichtungen wie Stätten der sozialen

Begegnung, Parkanlagen, Schulen, Kindergärten, Altenwohnungen, Spielplätze, Zugängen zu den Blockinnenbereichen etc. sind wichtige Bezugspunkte für städtisches Leben. Auf wechselseitige Fahrbahnverschwenkung mit alternierender Parkplatzanordnung wurde ganz verzichtet, da dies ein erheblicher Eingriff in das geschichtlich geprägte gründerzeitliche lineare Straßenbild bedeuten würde. Ebenfalls wird das Schrägparken, welches gestalterisch Unruhe erzeugt, vermieden. Es sind ordnende und bauliche Lösungen entwickelt worden, die diese Straßenbildbeeinträchtigung vermeiden.

Es sind nur wenige Materialien zur Anwendung gekommen. Bescheidene und farblich zurückhaltende differenzierte Pflasterung mit Basalt- und Grauwackenatursteinen bei den einfachen Teilumbauten signalisieren die zum Aufenthalt vorgesehenen Bereiche der Straße und veranlassen den Autofahrer wie selbstverständlich zu vorsichtiger, langsamer Fahrweise. Unter der Asphaltdecke der Straßen befindet sich das alte Natursteinpflaster. Dieses Pflaster wird aufgenommen, gereinigt und wieder im Sandbett verlegt. Zusammen und im Wechselspiel mit vielen kleinteiligen und größeren Flächen aus Pflanzflächen und Flächen aus wassergebundener Decke ergibt sich ein großer Anteil an nichtversiegelter Fläche in den Straßenräumen.

— Verkehrssicherheit und Ziel der Verkehrslenkung und -organisation:

Durch Verringerung und Verlangsamung des Fahrzeugverkehrs wird die Verkehrssicherheit erhöht und die wichtigste Voraussetzung für die Verkehrsberuhigung geschaffen. Insbesondere ist die Sicherheit der zu Fuß gehenden und radfahrenden Kinder sowie alter Leute zu verbessern.

Als wirksames und stadtgestalterisch eingebundenes Mittel zur Dämpfung der Fahrgeschwindigkeiten haben sich Aufpflasterungen bewährt. Die Erhöhungen mit den Fahrbahnrampen (Neigung 1 : 6 bis 1 : 8) lassen sich mit niedriger Geschwindigkeit je nach Fahrzeugtyp verhältnismäßig bequem überfahren, eine regelmäßige Anordnung ohne zu große Abstände (ca. 40 m) soll ein gleichmäßig niedriges Geschwindigkeitsniveau erzeugen. Störender Durchgangsverkehr wird in der Regel allein mit baulich-gestalterischen Mitteln ohne Netzunterbrechung wie Sackgassen und Diagonalsperren reduziert. Der umgeleitete Verkehr darf nicht die Probleme in andere vergleichbare Straßen oder Bereiche verlagern. Ferner werden weitere mögliche nachteilige Folgen wie verschlechterte Orientierbarkeit, zusätzliche Suchfahrten und Behinderung des Rettungs- und Wirtschaftsverkehrs vermieden.

Abb. 3
Blick in die Wattstraße (3)

— Grünplanerische und ökologische Ziele:

Die Verbesserung des Kleinklimas und die Erlebbarkeit der Natur sind gerade in innerstädtischen Wohngebieten vordringliche Anliegen der Stadterneuerung. Durch Öffnung der Straßendecke mit Pflanzbeeten, Vorgärten sowie Fassaden- und Dachbegrünung wird der Erlebnisraum Straße abwechslungsreicher und attraktiver gestaltet. Hier können privates Engagement und Privatinitiativen im Rahmen von Gestaltung und Unterhaltung des Grüns (Baum- und Pflanzpatenschaften) mobilisiert und einbezogen werden.

Die Belastung durch Verkehrslärm bildet einen besonderen Negativfaktor in der Bewertung der Wohnqualität (Umzugsgrund!). Als Problem stellt sich hier dar, daß Lärm subjektiv je nach Einstellung zur Ursache bewertet wird und nur technisch als Schalldruckpegel zu messen ist. Werden z.B. Aufpflasterungen subjektiv abgelehnt, so kann der **Eindruck** einer höheren Lärmbelastung entstehen, obwohl der meßbare Geräuschpegel zurückgegangen ist.

Entgegen einem weit verbreiteten Vorurteil zeigen die vorgenommenen Messungen, daß durch Temporeduzierung und ein niedriges Geschwindigkeitsniveau die Verkehrslärmemission gesenkt werden kann. In einer verhältnismäßig stark belasteten Kölner Straße sind sogar Rückgänge um ca. 4 dB (A) festzustellen, was sonst nur durch eine Reduktion der Verkehrsmenge um mehr als 50 % erreicht werden könnte.

Wesentlich hierfür ist, daß die besonders verbrauchs- und emissionsintensiven Beschleunigungsphasen verkürzt werden. Auch wird weniger heftig beschleunigt und gebremst. Wichtig hierfür ist, daß durch die Gestaltung und den Abstand von geschwindigkeitsmindernden Einbauten (z.B. Aufpflasterungen) ein verhältnismäßig gleichmäßig niedriges Geschwindigkeitsniveau erreicht wird. Das Material des Straßenbelages spielt dann eine untergeordnete Rolle, so daß auch ohne Bedenken eine Pflasterung mit dem alten Naturstein erfolgen kann.

Ähnlich wie bei der Lärmbelastung besteht hinsichtlich des Abgasverhaltens auch vielfach das Vorurteil, daß Verkehrsberuhigung hier negative Effekte erzeugt. Diese Annahme wird durch die Meßergebnisse zu Verkehrsberuhigungsmaßnahmen nicht bestätigt, vielmehr ist eine Minderung der Schadstoffemissionen festzustellen, die jedoch von Fahrzeugtyp und Fahrweise abhängig ist.

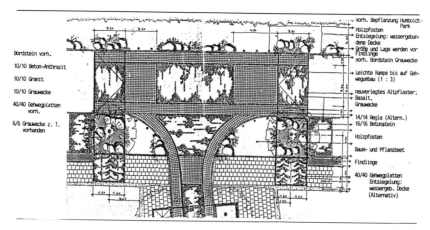

Abb. 4
Gestaltungsdetail zum Verkehrskonzept (3)

Wie schon gesagt, ist die wichtigste Voraussetzung für die Stadtteilökologie die Entwicklung des Bewußtseins für Bewohner, ihr Engagement und ihre Verantwortung für den Schutz, den Erhalt und die Pflege der Straßen-, Hof- und Grünräume. Um dies zu erreichen, wird eine intensive Beteiligung der Bewohner an der Planung und Durchführung der Maßnahme ermöglicht. Oft geht es darum, den Anfang vor dem Haus, der Haustür, dem Wohnungsfenster und dem Balkon zu machen. Ein typischer Gesprächs- und Diskussionsverlauf am Info-Stand macht das deutlich:

Abb. 5
Umgestalteter Eingangsbereich

Ein Ehepaar kommt an den Info-Stand, beide sehen sich die ausgelegten Planungsskizzen an. Nach einigen Minuten ...

Er:	"Sie sollten nicht nur an Bäume, sondern auch an unsere Parkplätze denken!"
Planer:	"Wir haben daran gedacht. Zwischen den Bäumen sind Parkplätze angeordnet."
Er:	"Das sind viel zu wenige. Durch den neuen Baum vor unserem Haus fällt auch noch ein Parkplatz weg."
Sie:	"Ach was, Du findest doch sowieso nie einen Platz vor dem Haus, sondern meistens nur weiter entfernt. Da kommt's auf ein paar Meter doch nicht an. In den Randstraßen gibt es noch Parkplätze genug."
Planer:	"Was halten Sie von folgendem Vorschlag: Anstelle eines Parkplatzes vor dem Haus baut die Stadt vor Ihrem Küchenfenster ein Beet, das Sie wie einen Vorgarten bepflanzen und nutzen können."
Sie:	"Das ist eigentlich eine prima Idee. Ich finde so ein Beet vor dem Fenster viel schöner als ein parkendes Auto."

Hier beginnt der Einstieg in ein Beratungsgespräch zum Bau und zur Unterhaltung einer Pflanzfläche im Straßenraum durch die Bewohner, das Schule machen kann.

5.3 Sicherung, Erneuerung und Schaffung von Grün- und Freiflächen

Eine ökologisch orientierte Planung des Stadtgrüns kann sich nicht damit begnügen, die quantitative Versorgung der Bewohner (Flächenanteil je Einwohner in einem bestimmten Umkreis um die Wohnstandorte) zu gewährleisten. Ein solch formal-quantitativer Ansatz ist häufig in allen Stadtgebieten wegen fehlender freier Grundstücke von vorneherein zum Scheitern verurteilt. Eine Kompensation kann oft nur in anders gearteten Angeboten für Freizeit und Erholung gefunden werden. In Humboldt-Gremberg sind für eine bedarfsgerechte Grünversorgung ausreichende Potentiale vorhanden. Diese Potentiale sollen jedoch nicht nur zu diesem Zweck ausgeschöpft werden, sondern auch um folgende Ziele zu erreichen:

— Sicherung und Wiederherstellung historischer Grünanlagen (Humboldt-Park, Gremberger Wäldchen)
— Ergänzung vorhandener Grünflächen und Vernetzung aller Grün- und Freiflächen untereinander (Grünachse im Zuge der Westerwaldstraße / Roddergasse)
— Sicherung bestehender Grün- und Brachflächen (Kleingärten am Großmarkt und an der Sauerlandstraße, Brachflächen südlich An der Lenzwiese, Westerwaldstraße und nördlich Aggerstraße)
— Verbesserung der privaten Grünflächen (Förderung der Blockinnenhofbegrünung, Baugebietsgrün am südlichen Rand des Hagengeländes)

Die derzeit laufende Programmstufe der Städtebauförderung enthält bereits wesentliche Maßnahmen, um diesen Zielen in absehbarer Zeit nahe zu kommen. Die Maßnahme Nr. 9.15 beinhaltet die Wiederherstellung des Humboldt-Parks, einer kleinen (2,1 ha) dreieckigen Grünanlage, in seiner historischen Gestalt. Dieser Park im Jugendstil wurde 1913 von Fritz Encke gestaltet und von der Firma Humboldt finanziert. "Die Form der Anlage und die Zuordnung ihrer Einzelteile werden durch zwei sich rechtwinklig kreuzende Achsen bestimmt. Die Hauptachse, auf eine sich östlich anschließende Wohnstraße bezogen, bildet gleichzeitig die Symmetrieachse der Anlage. Ihr sind ein Kinderspielplatz und ein Blumengarten zugeordnet. Die Nebenachse, die diesen Blumengarten längs durchzieht, ist zwischen einen runden Baumplatz und einen weiteren kleineren Ruhegarten eingespannt." (2)

Durch die Schaffung einer Grünachse in Längsrichtung durch den gesamten Stadtteil im Verlauf Bendorfer Weg, Westerwaldstraße, An der Lenzwiese bis zur Roddergasse (Maßnahme 9.11) und weiter durch die Roddergasse (Maßnahme Nr. 9.9) soll die Vernetzung vorhandener und noch geplanter Grün- und Freiflächen erreicht werden. Die Vernetzung ist sowohl im Sinne einer direkten Verbindung aller Grünpotentiale miteinander als auch im Sinne einer Verbindung für Fußgänger und Radfahrer nebst Anbindungen an die Wohn- und Erholungsstandorte sowie an die Gemeinbedarfseinrichtungen (Schule, Kindergarten, Kirche, Kirmesplatz, Spielplätze) gemeint. Die wesentlichen Problempunkte liegen hier bei der Querung der Hauptverkehrsstraßen (Am Grauen Stein, Rolshover Straße, Gremberger Straße, Poll-Vingster-Straße), deren Trennwirkung nur gemildert werden kann. Dies gilt auch für die Weiterführung dieser Grünachse in Richtung Innenstadt (Fachhochschule, Deutz) und in das Gremberger Wäldchen. Die Achse, die im wesentlichen aus einer zentralen Baumallee bestehen wird, schließt beidseitig vorhandene Grünanlagen, Festplatz, Spielplätze, Kleingärten und wild bewachsene Brachen zusammen. Das Wegenetz wird so ergänzt, daß eine zusammenhängende Erschließung halb der stärker befahrenen Straßen erreicht wird. Wesentlicher Grundsatz der Planung ist, mit geringstmöglichen Eingriffen in die vorhandene "natürliche" Substanz (Baumbestand, Bewuchs, Geländemodellierung, Wege mit wassergebundener Decke, Schotterrasen für den Festplatz) einer einfachen, naturnahen Gestaltung zu verfolgen.

In der Vergangenheit hat es durch die Planung mit dem Ziel, neue Flächen für Kleingewerbe zu schaffen, immer wieder Versuche gegeben, Freiflächen baulich zu nutzen. So sollten die Kleingärten nördlich des Großmarktes und an der Sauerlandstraße (es handelt sich nicht um gesicherte Dauerkleingärten) in Bauflächen umgewidmet werden. Die begrünte Aufschüttung nördlich der Aggerstraße sollte ebenfalls Gewerbegebiet werden; wegen Gründungsschwierigkeiten dachte man dann, dorthin die o.g. Kleingärten zu verlagern. Diese Planungen sind inzwischen wohl gescheitert. Noch nicht infragegestellt ist die Bebauung der großen Brachfläche zwischen Rolshover Straße, Westerwaldstraße, Am Grauen Stein und Zubringerstraße. Hier ist eine Berufsschule und eine ergänzende Wohnbebauung geplant. Es gilt, hier möglichst viel vorhandenes Grün zu erhalten und in die geplante Baustruktur zu integrieren.

5.4 Sanierung des Hagengeländes

Nach dem Konkurs der Batteriefabrik Gottfried Hagen AG 1983 siedelten sich sehr schnell — trotz der von den Gebäuden ausgehenden gesundheitlichen Gefahren — kleine Gewerbebetriebe an. Gemeinsam mit dem vom Amtsgericht eingesetzten Notvorstand und einem Gesamtmieter entrümpelten und reinigten Gewerbetreibende einige Fabrikhallen und richteten kleine Betriebe ein, hauptsächlich Werkstätten (Kfz-Reparatur, Auslieferungslager, Schlossereien, Werkzeugherstellung, Trödelmarkt u.a.m.). Dies war Folge der großen Nachfrage nach mietbilligem Gewerberaum im rechtsrheinischen Köln, wo auch zu wenig Grundstücke für die Ansiedlung kleiner Gewerbebetriebe existieren. Es lag daher nahe, das Gelände für eine neue gewerbliche Nutzung aufzubereiten. Es wurde deshalb als Teil des Förderungsprogramms beim Land für das Flächenrecycling-Programm (landesweiter Grundstücksfonds NRW) angemeldet.

Grundstück und Aufbauten sind vor allem durch Blei und Cadmium kontaminiert. Wie die Grundwasser- und Bodenuntersuchungen ergaben, war eine umfangreiche Sanierung des Geländes durch Abbruch der Gebäude und Abtragung des Bodens nicht notwendig. Im Gegenteil, bei bestimmten Reinigungsmaßnahmen in den Gebäuden spricht alles dafür, die Gebäudesubstanz und die versiegelten Hofflächen zu erhalten und wiederzuverwenden. Das Grundstück ist mit Fabrikgebäuden zwischen ein und vier

Geschossen dicht bebaut; die Nutzfläche beträgt ca. 25 000 qm. Die Freiflächen sind weitgehend asphaltiert, nur am Südrand befindet sich eine unbefestigte, wild bewachsene Freifläche, die möglichst erhalten werden sollte. Die Gebäudesubstanz aus der Zeit von 1900 bis nach dem 2. Weltkrieg ist unterschiedlich gut erhalten. Einige Bauten weisen so gravierende Mängel auf, daß sie nur noch abgerissen werden können. Ein erheblicher Teil der Gebäude ist jedoch vom Bauzustand und von der Tragfähigkeit her wiederverwendbar. Zwei Gebäude stehen unter Denkmalschutz.

Die derzeitige Planung geht daher davon aus, eine Art Gewerbepark auf dem Gelände zu errichten. Er soll kleinen Gewerbetreibenden und Künstlern mietbilligen Raum oder preiswertes Eigentum zur Verfügung stellen. Die wiederverwendungsfähigen Gebäude bleiben erhalten. Von der Gottfried-Hagen-Straße im Norden soll eine Erschließungsstraße in das Grundstück angelegt werden. Einige Hallen wird man in einer sinnvollen Anordnung zum Bestand neu errichten. Am Südrand soll ein Band privaten Grüns, überwiegend vorhandener Bewuchs, die Grenze zur benachbarten Wohnbebauung bilden.

Zur Zeit ist noch offen, wie die Trägerschaft des Projektes geregelt werden soll: ob die Stadt die Wiedernutzung und Inwertsetzung in eigener Regie übernimmt; oder ob dies dem freien Markt überlassen werden soll; oder ob die Wiedernutzung über den Grundstücksfonds Nordrhein-Westfalen erfolgen soll. Im Rahmen des Grundstücksfonds wäre das Land bzw. als Beauftragter die Landesentwicklungsgesellschaft (LEG) bereit, die Grundstücks- und Gebäudeteile, die nicht an die bereits im Gelände vorhandenen Betriebe in Eigentum oder zur Miete vergeben werden, entsprechend den Nutzungsvorstellungen der Stadt zu vermarkten. Das Land übernähme über den Fond das gesamte Risiko der Gebäudeinstandsetzung, der Flächenvorhaltung, Nutzbarmachung und den unrentierlichen Aufwand der Beseitigung der Altlasten. Das Gelände soll bei der anstehenden Zwangsversteigerung von der LEG erworben werden, sofern dies zu einem vertretbaren Kaufpreis möglich ist.

5.5 Arbeitsweise und Durchführung

Planung und Durchführung sind nicht mehr nacheinander geschaltet mit dem fixen Planungskonzept, dem rechtsverbindlichen Bebauungsplan, dem fixen Ausführungsplan am Anfang und der auf Gedeih und Verderb nachgeordneten, planungsverpflichteten Ausführung am Ende. Vielmehr sind sie parallel zu schalten. Die Durchführung der Planung in diesem Sinne ist ein Open-End-Prozeß, der sich als jeweils machbarer Folgeschritt auf gemachte Schritte ergibt, den nicht das Gesetz des idealen Endzieles, sondern das Gesetz einer flexiblen Planungs- und Durchführungsstrategie zugrunde liegt.

Durchführungspläne sind nur in wenigen schwierigen Ausnahmefällen erforderlich. Das wenige an Planung muß jedoch durch gemeinsame Entscheidungen vor Ort ergänzt werden. Letztlich bedeutet dies für die Planung eine Reduzierung des Aufwandes für die klassischen Tätigkeiten des perfekten Plänemachens am Tisch und eine Erhöhung des Aufwandes der differenzierten, gestalterischen und verfahrensbezogenen Entscheidungsabstimmung mit betroffenen Bürgern, Projekt- und Bauleitern vor Ort.

Im Sinne der behutsamen und prozeßhaft durchzuführenden Stadterneuerung ist es sinnvoll, einen gebietsbezogenen Finanzierungsblock Verkehrsberuhigung, Gestaltung und Bepflanzung von Straßen und Plätzen einzurichten, der je nach Durchführbarkeit, Sinnhaftigkeit und Bürgerakzeptanz flexibel eingesetzt wird. Der Einsatz der Mittel kann durch folgendes Konzept von Ausführungsprozeßstufen realisiert werden, die aufeinander aufbauen als schrittweise zunehmende Intensität des Umbaus. Der Ausbauprozeß beginnt mit einfachen kostengünstigen Maßnahmen und führt weiter, je nach Praktikabilität in aufwendigere Maßnahmen. Dafür ist eine Elementierung in zusammenfügbare und aufeinander aufbaubare Bausteine der Wohnumfeldgestaltung erforderlich. Diese Bausteine sollten so differenzierbar sein, daß der Vielfalt der unterschiedlichen Voraussetzungen (Identitäten) Rechnung getragen und monoton wiederholbare Strickmuster der Gestaltung vermieden werden:

1. Einfache Baumpflanzung unter Beibehaltung des Gehweges, der Bordsteine, der Fahrbahn und der Parkplatzanordnung. Die Bäume werden so gepflanzt, daß sie ohne Probleme in eine spätere Teil- oder Gesamtaufpflasterung integriert werden können. Die Baumpflanzung kann durch einfache Pflasterstreifen, die ins heutige Straßenprofil eingelegt werden, eingefaßt werden. Kosten: ca. 25,— DM/m².

2. Einbau von geschwindigkeitsmindernden Schwellen im Abstand von mindestens 40 m zwischen den Baumtoren, Aufpflasterung um die Bäume, Einbau von Sinkkästen und Veränderung der Bordsteinführung an der Aufpflasterung. Kostenstufe 2 einschließlich Kostenstufe 1 = 60,— DM/m².
In dieser Phase können unterschiedliche Alternativen der Parkplatzanordnung erprobt werden: Längs-, Senkrecht- und Schrägparken. Die Fahrbahn wird an den Baumtoren auf 3,50 m eingeengt und durch Verschiebung und Verdichtung der Parkplatzflächen werden freie Flächen für die Gestaltung und Entsiegelung von Aufenthaltsbereichen gewonnen. Diese Aufenthaltsflächen werden durch mobile Möblierung mit Blumenkübel, Fahrradständern etc. erprobt.

3. Aufpflasterung einzelner Kreuzungsbereiche, durch Pflasterung kenntlich gemachte Markierung von Parkplätzen, teilweise Umpflasterung von Gehwegen. Kostenstufe 3 einschließlich Kostenstufe 1 und 2 = 120,— DM/m².
Die möglichen Aufenthaltsflächen werden über einen längeren Zeitraum erprobt.

4. Dort, wo Aufenthaltsflächen tatsächlich angenommen und benutzt werden, wird der Ausbau der ersten großflächigen Aufenthaltsbereiche mit Oberflächenentsiegelung mit wassergebundener Decke oder

Pflaster vorgenommen. Es werden größere Flächen entsiegelt und bepflanzt. Die Möblierung wird ergänzt und fest eingebaut. Kostenstufe 4 einschließlich der anderen Kostenstufen ca. 180,— DM/m².

Wichtig beim gesamten Stufenprozeß ist, daß er in der Entstehung einer Bewährungsprobe unterliegt. Korrekturen sind auf diesem Entwicklungsweg nicht nur möglich, sondern im Prinzip erforderlich. Man nähert sich entsprechend den Erfahrungen der optimalen Lösung schrittweise an. Bürgerbeteiligung wird praktisch. Sie ergibt sich beim Gebrauch der einzelnen Realisierungsstufen.

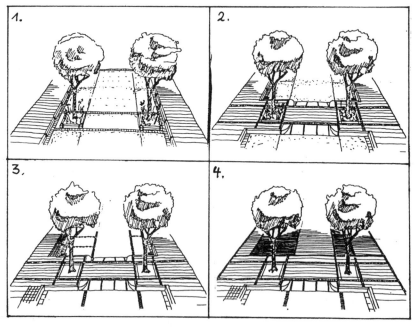

Abb. 6
Die Bausteine

6. Ausblick

Die Ansätze einer stärker ökologisch orientierten Stadterneuerung in Köln-Humboldt/Gremberg sind erst ein Beginn für praktische Schritte zur Umsetzung neuer Denkweisen. Der erste Schritt einer Stadtteil-Rahmenplanung, die die Gesamtrichtung einer auch ökologischen Erneuerung von Altbauquartieren festlegt, ohne zu starke Bindungen für ein stufenweises, an den Bedürfnissen und Möglichkeiten der Bewohner ausgerichtetes Vorgehen festzulegen, ist in diesem Beispielfall übersprungen worden. Aus den gemachten Schritten lassen sich aber allgemeingültige Erfahrungen im Experiment gewinnen, um Konzepte in einer erweiterten Denkweise entwickeln zu können.

Das Repertoire kommunaler Handlungsstrategien kann so erweitert werden, stufenweises Vorgehen plausibel gemacht, das Bewußtsein der Betroffenen für diesen Problembereich und ihre Mitwirkung erweitert und unkonventionelles Verwaltungshandeln erprobt werden. In einer Großverwaltung mit traditionellem Zuständigkeitsdenken und segmentierten Handlungsfeldern ist jedoch, auch bei eindeutiger Unterstützung der kommunalen Vertretungsorgane, die Verwirklichung eines solchen Konzepts nur eingeschränkt möglich. Dabei spielen Förderungsmodalitäten, wie sie die Zuschußrichtlinien des Landes Nordrhein-Westfalen anbieten, mit dem Ziel räumlicher und sachlicher Integration der Handlungsstrategien, eine nicht unwesentliche Rolle.

Anmerkungen

(1)
H.-Peter Fülling: Altlast-Nr. 5008/11/C — Boden- und Grundwasseruntersuchung auf Schwermetalle und andere wassergefährdende Stoffe (1. Bericht), September 1986

(2)
Heinz Wiegand: Entwicklung des Stadtgrüns in Deutschland zwischen 1890 und 1925 am Beispiel der Arbeiten Fritz Enckes (Geschichte des Stadtgrüns Band II), S. 62/63, Berlin o.J.

(3)
Skizzen von D. Prinz, beauftragter Planer der Stadt Köln für Humboldt-Gremberg.

Hubert Heimann

Ökologische Stadtentwicklung und Wirtschaftsförderung — ein Antagonismus?
Handlungsansätze einer umweltorientierten Wirtschaftsförderung am Beispiel der Stadt Solingen

1. Aufgabenwandel der Stadtentwicklungsplanung und der Wirtschaftsförderung

Städtische Ökosysteme sind isoliert nicht lebensfähig. Sie sind auf eine Vernetzung mit umgebenden Systemen angewiesen. Dies gilt sowohl für ökologische als auch für ökonomische Gegebenheiten.

Auf die in den letzten Jahrzehnten feststellbaren Umweltbelastungen wurde zunächst mit einer sektoral ausgerichteten Umweltschutzpolitik reagiert. Für die einzelnen Umweltbereiche wie z.B. Luft, Boden, Wasser wurden einzelne spartenspezifische Gesetze (z.B. für Wasserhaushalt, Immissionsschutz, Abfallbeseitigung) geschaffen und entsprechende Maßnahmen ergriffen. Später wurde klar, daß Umweltschutz eine Querschnittsaufgabe ist, die das Ziel verfolgt, die Umweltbelange bei allen kommunalen Entscheidungen zu berücksichtigen. Logische Folge war die Bildung entsprechender querschnittsorientierter Dienststellen für Umweltschutz in vielen Städten. Die weiteren Erfahrungen brachten die Erkenntnis, daß Umweltschutz integraler Bestandteil der Stadtentwicklungspolitik werden sollte.

Hierzu war es aber zunächst einmal erforderlich, die Kreisläufe städtischer Ökosysteme zu erkennen. Ökologische Stadtentwicklung erkennt die Regelkreisläufe der Natur und berücksichtigt bei (geplanten) Eingriffen in die Natur die vielfältigen Wechselwirkungen, die letztlich auf den Menschen zurückwirken. Eine stadtökologische Politik ist also nicht nur eine sektoral begriffene Politik für den Umweltschutz, sondern sie begreift die Stadt als Ökosystem, die ihren Naturhaushalt umfassend revitalisieren will (2).

Die ökologisch orientierte Stadtentwicklungsplanung ist also eine umfassend angelegte vorausschauende Planung, die den Naturhaushalt mit seinen Kreisläufen berücksichtigt. Sie beinhaltet nicht nur prophylaktische Maßnahmen, sondern auch planvolles Vorgehen zur Regeneration städtischer Ökosysteme.

Angesichts der hohen Belastungen städtischer Ökosysteme, die auch von der örtlichen Wirtschaft ausgehen, kann es nicht mehr das einzige Ziel der kommunalen Wirtschaftsförderung sein, Arbeitsplätze zu sichern bzw. zu schaffen und die örtliche Wirtschaftskraft zu stärken. Hinzutreten muß die Sicherung und Verbesserung der Umwelt.

Erst mit der Bewahrung der natürlichen Lebensgrundlagen werden wichtige Produktionsfaktoren gesichert. Ein regenerationsfähiger Naturhaushalt ist Voraussetzung für langfristig erfolgreiches Wirtschaften. Deshalb muß kommunale Wirtschaftsförderung eine ökologisch orientierte Wirtschaftspolitik sein, die neben der Sicherung und Schaffung von Arbeitsplätzen auch das Ziel hat, die örtlichen Umweltbelastungen zu verringern. In diesem Sinne ist die kommunale Wirtschaftsförderung integraler Bestandteil einer ökologischen Stadtentwicklungspolitik. Auch und gerade hierdurch kann ein wichtiger Beitrag zur Verbesserung der ökologischen Verhältnisse einer Stadt geleistet werden. Im folgenden sollen hierzu Ansätze und Beispiele von Handlungsstrategien für eine umweltorientierte Wirtschaftsförderung aufgezeigt werden.

2. Maßnahmen zur Verminderung der Immissionsbelastungen durch Betriebsverlagerungen

Viele Betriebe — vor allem in altindustrialisierten Industrieregionen — befinden sich in sogenannten Gemengelagen. Diese sind gekennzeichnet von erheblichen Belastungen des Wohnens und des Wohnumfeldes durch betriebliche Emissionen, insbesondere Lärm- und Erschütterungen, durch hohe bauliche Verdichtung, durch eine Behinderung der Betriebe durch gewerberechtliche Auflagen zum Schutz der immissionsempfindlichen Nachbarschaft und durch fehlende Erweiterungsmöglichkeiten (3).

Die Wirkungen solcher städtebaulichen Verhältnisse können einmal darin liegen, daß besserverdienende Bevölkerungsschichten aus diesen Gebieten wegziehen und die Wohnstandorte zu Sanierungsgebieten absinken. Gleichzeitig besteht die Gefahr, daß die Betriebe wegen ihrer unsicheren Zukunftsperspektive an Wettbewerbsfähigkeit verlieren und sich deshalb ein schleichender Niedergang vollzieht, der letztlich zur Aufgabe der betroffenen Betriebe führen und die Wirtschaft der entsprechenden Gemeinde erheblich schwächen kann.

Städtebauliche Lösungsansätze waren zunächst Entflechtungsmaßnahmen, d.h. Betriebe wurden aus den Gemengelagen in neue Industrie- und Gewerbegebiete verlagert.

Beispiel: Schmiedeprogramm der Stadt Solingen

Die Gesenkschmieden sind für die Klingenstadt Solingen von existentieller Bedeutung. Die städtebauliche Situation dieser Betriebe wird in Solingen durch kleinräumige Gemengelagen geprägt. Die ca. 60 Schmieden liegen nirgendwo dicht beisammen; sie sind über weite Teile des Stadtgebietes verstreut und fast immer von Wohnbebauung umgeben.

Dies bringt viele Konfliktpunkte in den Bereichen Städtebau und Umweltschutz mit den betrieblichen Entwicklungswünschen. Ihre Folgen sind für die Stadt schwerwiegend. Eine an sich zukunftsträchtige Industrie wird durch städtebauliche und immissionsrechtliche Standortprobleme auf den "Bestandsschutz" beschränkt. Sie konnte und kann nicht die zur Sicherung der Wettbewerbsfähigkeit erforderlichen Investitionen durchführen und gerät infolgedessen immer stärker in den wirtschaftlichen Niedergang. Die Umweltbeeinträchtigungen der benachbarten Wohnbevölkerung sind gravierend. Teilweise werden gesundheitsgefährdende Lärm- und Erschütterungsimmissionen in den benachbarten Wohnungen gemessen (4).

Angesichts dieser Situation wurde in Zusammenarbeit mit dem Land Nordrhein-Westfalen jede einzelne Gesenkschmiede auf ihre städtebauliche Situation und die von ihr ausgehenden Emissionen hin analysiert. Schließlich wurden im Rahmen einer Ultima-ratio-Strategie vier Schmieden mit einem Kostenaufwand von 14,6 Mio. DM verlagert. Zu diesem Zweck mußte ein neues Gewerbegebiet, das den strengen Anforderungen des Bundes- und Landesimmissionsschutzgesetzes genügte, erschlossen und in Anspruch genommen werden. Mit der Verlagerung der Schmieden konnten fünf kleinräumige Gemengelagen von erheblichen Störungen befreit und somit ein städtebaulicher Mißstand bereinigt werden. Die Lärm- und Erschütterungsimmissionen waren schlagartig beseitigt. Dieses "sachbezogene" Programm, das vom Land Nordrhein-Westfalen in erheblichem Maße gefördert wurde, brachte für die Schmieden am neuen Standort erhebliche Produktivitätsgewinne.

Angesichts des hohen Kostenaufwandes eines derartigen Betriebsverlagerungsprogrammes ist es in dieser oder ähnlicher Form nicht wiederholbar. Es wurde deshalb zu einem Standortsicherungsprogramm weiterentwickelt.

3. Standortsicherung von Gewerbe- und Industriebetrieben

Nicht nur Kostengesichtspunkte, sondern vor allem ökologische Gründe haben zunehmend dazu geführt, die belasteten Gemengelagen so zu verbessern, daß ein Nebeneinander von Wohnen und Arbeiten möglich ist. Dies hat viele Vorteile:

— Es müssen keine neuen Flächen für Betriebsansiedlungen in Anspruch genommen werden.

— Es entstehen keine zusätzlichen Verkehrsströme.

— Das wirtschaftliche Risiko einer Verlagerung für die betroffenen Gebiete verringert sich.

— Durch geeignete Maßnahmen wird die Immissionssituation deutlich verbessert.

Ziel einer Gewerbestandortsicherung in Gemengelagen ist es also, die vielfältigen Nutzungskonflikte in solchen Gebieten schrittweise abzubauen, um zu einer Verbesserung der Lebens- und Arbeitsbedingungen in diesen Gebieten zu gelangen. Wichtigste Voraussetzung hierzu ist es, daß die Betriebe Planungssicherheit erhalten, d.h., das Baurecht muß so geschaffen werden, daß der Betrieb über seinen "Bestandsschutz" hinaus betriebliche Entwicklungen durchführen kann, die für seine Marktstellung wichtig sind (5). Auf der Basis der so geschaffenen planungsrechtlichen Absicherung müssen die Betriebe meistens eine Reihe von Maßnahmen zur Verringerung ihrer Emissionen vornehmen.

Da in den kleinräumigen Gemengelagen eine Vielzahl von Nutzungskonflikten und städtebaulichen Problemen gegeben ist, ist eine Lösung nur mit Hilfe eines Sanierungskonzeptes möglich, bei dem am Ende der Planung eine Reihe von Maßnahmen steht.

Beispiel: Altes Industriegebiet Lüneschloßstraße

Als ein derartiges Beispiel sei hier der Lösungsansatz der Stadt Solingen im "Alten Industriegebiet Lüneschloßstraße" genannt. In diesem Gebiet wird ein Neuordnungskonzept verfolgt, das einen Kompromiß zwischen Wohnen und Arbeiten durch räumliche Nutzungsabstufungen und -verschiebungen innerhalb des Gebietes beinhaltet. Das Konzept enthält Maßnahmen, die von der Verlagerung dort wohnender Familien über den Bau einer Erschließungsstraße bis zum Abbruch nicht mehr nutzbarer Betriebsgebäude reichen. Als Zusatzeffekt ergibt sich die Möglichkeit, eine nicht genutzte Gewerbebrache wieder zu aktivieren.

Die städtebaulichen Verbesserungen sind ohne Maßnahmen der technischen Emissionsminderung nicht möglich. Allein planungsrechtliche Mittel können die Immissionskonflikte nicht beseitigen. Im Rahmen der Bestandserhaltung werden deshalb Maßnahmen des aktiven Umweltschutzes von den Betrieben gefordert. Darüber hinaus können flankierende Maßnahmen des passiven Immissionsschutzes an den Wohngebäuden erforderlich sein. Als Maßnahmen des betrieblichen Immissionsschutzes kommen in Frage (6):

— Einsatz neuer Maschinen, deren (Lärm-)Emissionen deutlich niedriger liegen als bisher,

— Aufstellung von schwingisolierten Fundamenten, die die Erschütterungen beseitigen oder zumindest deutlich mindern,

— Verbesserung der betrieblichen Organisation durch Kapselung von störenden Betriebsteilen, innerbetriebliche Verlagerung von Produktionsteilen,

— Einsatz von Filtern etc.

Das Land Nordrhein-Westfalen fördert diese so angelegte Standortsicherung in vielfältiger Weise. Aufbauend auf einem abgestimmten Konzept gehören neben steuerlichen Anreizen folgende Förderungen dazu (7):

— Förderung von Gutachten,

— Förderung von Maßnahmen des aktiven Immissionsschutzes durch das Immissionsschutzförderprogramm,

— Förderung des passiven Immissionsschutzes,

— Förderung der Neuordnung und Erschließung gewerblicher Bauflächen,

— Maßnahmen der Wohnumfeldverbesserung.

Stadtentwicklung und Wirtschaftsförderung

Zusätzlich zu der Förderung von Maßnahmen zur Standortsicherung nach den Städtebauförderungsrichtlinien werden auch Immissionsschutzmaßnahmen durch das Immissionsschutzförderprogramm und durch das Technologieprogramm des Landes NW gefördert.

Ziel ökologisch orientierter Stadtentwicklung kann heute nicht mehr in erster Linie die strikte räumliche Trennung städtischer Funktionen sein. Dies würde zu einem erhöhten Flächenverbrauch und tiefen Einschnitten in die gewachsene Stadtstruktur führen.

Standortsicherung bedeutet nicht Stillstand der betrieblichen Entwicklung. Unter Standortsicherung ist nicht der statische Bestandsschutz zu verstehen, der lediglich die vorhandenen Betriebsanlagen schützt. Standortsicherung geht weiter. Durch die Schaffung des erforderlichen Planungsrechtes sollen die Entwicklungschancen für die Betriebe so verbessert werden, daß auch Erweiterungen am vorhandenen Standort möglich sind. Standortsicherung hat also dynamischen Charakter. Sie zielt darauf ab, den Konflikt zwischen Wohnen und Arbeiten zu verringern. Ohne die Bereitschaft der betroffenen Betriebe, an entsprechenden Konzepten zur Lösung der Nutzungskonflikte in Gemengelagen mitzuwirken, ist Standortsicherung nicht möglich.

Durchgreifende Verbesserungen erfordern eine abgestimmte Stadtentwicklungsstrategie, die sowohl die zuständigen kommunalen Ämter als auch die privaten Investoren einbindet. Eine entsprechende Strategie muß folgende Verfahrensschritte beinhalten:

— Analyse der städtebaulichen Gemengelage, in der sich der standortzusichernde Betrieb befindet,

— Prüfung bodenordnerischer und kommunaler Infrastrukturmaßnahmen,

— Erarbeitung eines planerischen Konzeptes mit dem Ziel, die Nutzungskonflikte zu mindern, die Emissionen zu verringern und Entwicklungsmöglichkeiten für den Betrieb zu sichern bzw. überhaupt erst zu schaffen,

— Einsatz planungsrechtlicher Mittel,

— Erarbeitung eines Maßnahmenkonzeptes und Abstimmung mit den Zuschußgebern,

— Beratung der Betriebe, Sicherung der öffentlichen Förderung,

— Beratung von Wohnungseigentümern und Mietern.

4. Reduzierung des Flächenverbrauchs

Standortsicherung ist nicht in jedem Falle möglich. Viele Betriebe brauchen einen neuen Standort. Angesichts des hohen Flächenverbrauchs der vergangenen Jahre ist der Freiraum zu einem knappen Gut geworden. Da Freiraum ökologische Funktionen wahrnimmt (Lebensraum für Tiere und Pflanzen, Wasseraufnahme und -speicherung, Klimaausgleich, Ventilationsschneisen etc.), ist jede Verringerung des Freiraumes zugleich ein Eingriff in bestehende Ökosysteme mit den daraus erwachsenden negativen Folgen (7).

Angesichts der Überlastungstendenzen in den Ökosystemen altindustrialisierter Regionen ist die Inanspruchnahme von Freiraum für zusätzliche gewerbliche Entwicklungen nicht oder nur noch in begrenztem Umfang möglich. Das bedeutet, daß die Stadtentwicklung sich im wesentlichen auf die bereits besiedelten Flächen beschränken muß. Für die wirtschaftliche Entwicklung bedeutet dies, daß Gewerbe- und Industrieflächen, die als solche bisher genutzt wurden, auch künftig — soweit städtebaulich vertretbar — als solche genutzt werden sollten. Werden diese Flächen nicht mehr oder nur noch extensiv genutzt, ist alles zu tun, um sie expandierenden Betrieben zur Verfügung zu stellen. Sie sind also zu "recyceln", d.h. wieder in den Kreislauf zu bringen. Sie sind als städtebauliche Ressource für die Wirtschaftsförderung zu begreifen und bieten eine Chance für die Stadtentwicklung (8).

In der Regel befinden sich die Gewerbebrachen in Gebieten, die mit Infrastruktur (Straßen, Kanäle, Energieversorgung) gut ausgestattet sind. Häufig sind auch die Gebäude, die nicht mehr genutzt werden, noch verwendbar, so daß sie noch einen volkswirtschaftlichen Wert darstellen. In ihrem Erscheinungsbild sind sie aber oft "heruntergekommen", so daß sie einen städtebaulichen Mißstand darstellen.

Im Land NW ist das Flächenrecycling ein wichtiger Baustein im Konzept der erhaltenden Stadterneuerung. Dies gilt nicht nur für große zusammenhängende Industrieflächen, sondern auch für kleinere innerstädtische Gewerbeflächen. Für die großen Flächen hat das Land NW einen landesweiten Grundstücksfonds eingerichtet, der sich als sehr nützlich erwiesen hat. Weniger bekannt und für die Kommunen arbeitsaufwendiger ist die Reaktivierung kleinteiliger Gewerbebrachen, die vom Land NW im Rahmen seiner Städtebauförderungspolitik unterstützt wird.

Zu Beginn eines Aktivierungsprogrammes steht die Bestandsaufnahme und Beschreibung der vorhandenen Gewerbebrachen. Als Instrument bietet sich die Aufstellung eines Brachflächenkatasters an, das neben einer ausführlichen Beschreibung des Zustandes auch Informationen über Eigentümer, Größe, planungsrechtliche Situation und ggf. Altlasten enthält. Darauf aufbauend ist eine Auswahl von Flächen zu treffen, für die ein Handlungsprogramm aufgestellt wird.

Ein Beispiel: Die Stadt Solingen hat in Verbindung mit der Landesregierung und dem Regierungspräsidenten ein sachbezogenes Städtebauförderungsprogramm entwickelt. Das mit der Landesregierung abgestimmte Modell sieht vor, Erlöse aus der Veräußerung aufbereiteter Brachflächen für den Erwerb weiterer Brachen zu verwenden (sogenannter revolvierender Einsatz der Mittel). Die Stadt ist damit in der Lage, rasch zu reagieren, wenn von der Angebots- oder Nachfrageseite her kurzfristiges Handeln geboten erscheint.

Zum Verfahren ist folgendes zu sagen: Die Stadt kauft brachgefallene Grundstücke auf, soweit sie durch den Voreigentümer nicht vermarktet werden können. Analog zu den Bedingungen des Grundstücksfonds Nordrhein-Westfalen werden nicht wiederverwendbare Gebäude auch nicht entschädigt, im Gegenteil: 50 % der ermittelten Abbruchkosten werden vom Bodenwert abgezogen. Selbstverständlich läßt die Stadt das Grundstück vor dem Erwerb auf mögliche vorhandene Altlasten untersuchen. Die Sanierung erfolgt in der Regel im Rahmen der Erdarbeiten für die Neubebauung. Im Falle hoher Gefährdungspotentiale ist eine gesonderte Beseitigung auf der Basis eines "Altlasten-Sanierungsprogrammes" erforderlich. Die Flächen werden anschließend — soweit erforderlich — neu erschlossen, aufgeteilt und an interessierte Unternehmen veräußert.

Die gewerbliche Nutzung von Brachflächen bringt häufig eine Vielzahl von Problemen mit sich. Zunächst sind oft baurechtliche Probleme zu lösen. In Gemengelagen können solche Gebiete nach § 34 BBauG sowohl Standorte für Gewerbe als auch für Wohnen sein. Nach Abriß von Gebäuden auf einer derartigen Fläche könnte sich dieses Gebiet plötzlich als Wohngebiet eignen, was aber u. U. nicht gewollt ist. Zur Sicherung der gewerblichen Nutzung ist hier vielfach rechtzeitig ein entsprechender Bebauungsplan aufzustellen. Nicht selten wird die Wiedernutzung von Gewerbebrachen durch aufstehende Gebäude erschwert, die unter Denkmalschutz stehen. Dadurch werden potentielle Erwerber bzw. Nutzer derartiger Flächen abgeschreckt. Sie können in solchen Gebäuden einen optimalen Betriebsablauf häufig nicht organisieren und schrecken vor hohen Instandsetzungs- und Erhaltungskosten zurück.

Es gibt kaum noch brachgefallene Gewerbegrundstücke, die nicht mit Schadstoffen belastet sind. Deshalb ist es unerläßlich, alle brachgefallenen Gewerbegrundstücke (Altstandorte) auf mögliche Bodenverunreinigungen zu untersuchen. Mittlerweile gibt es ein ausreichendes Wissen über die Gefährdungsabschätzung von Altstandorten. Darüber hinaus gibt es eine Reihe von Verfahren und Erfahrungen zur Sanierung von Altlasten. Um den Untersuchungs- und Sanierungsaufwand so gering wie möglich zu halten, sollte nur auf erfahrene Gutachter zurückgegriffen werden.

Zusammenfassend kann festgestellt werden, daß die Reaktivierung von Gewerbebrachen für eine gewerbliche Nutzung einen erheblichen

Handlungsbedarf erzeugt, der von der Erarbeitung eines grundlegenden Konzeptes über Altlastenuntersuchungen bis hin zum An- und Verkauf der Grundstücke reicht. Entscheidend dabei ist, daß in der Regel die Revitalisierung nur gelingt, wenn sich die Flächen im Eigentum der Stadt befinden und die unrentierlichen Kosten für die notwendigen Maßnahmen vom Land gefördert werden. Die Bewältigung dieser Aufgabe macht ein personalintensives Flächenmanagement erforderlich.

Wenn man die ökologisch orientierte Stadtentwicklung will, gibt es zum Flächenrecycling keine Alternative. Angesichts der Knappheit gewerblicher Bauflächen und des Zwangs, Freiraum nicht mehr oder nur noch in Ausnahmefällen in Anspruch zu nehmen, muß die Stadtentwicklung auf den "Innenbereich" beschränkt werden.

5. Durchgrünung von Gewerbegebieten

Nicht alle Flächenengpässe lassen sich im Siedlungsraum beheben. Zusätzliche Flächen müssen in begrenztem Umfang in Anspruch genommen werden. Dies sollte nur auf der Basis einer sorgfältigen Planung geschehen mit dem Ziel, den unvermeidbaren Freiraumverbrauch so rationell wie möglich vorzunehmen. Dabei ist vor allem darauf zu achten, daß die Vernetzung mit vorhandenen Freiräumen so weit wie möglich durch Grünzüge sichergestellt wird und die letztlich besiedelten Flächen begrünt werden.

Beispiel Stadt Solingen

Grundlage für einen entsprechenden Bebauungsplan sollte in jedem Falle eine Umweltverträglichkeitsprüfung sein, die die vorhandene Flora und Fauna, vorhandene Biotope und Klimafunktionen berücksichtigt. Hier wieder ein Beispiel der Stadt Solingen: Als langfristige Flächenreserve muß ein neues Gewerbegebiet mit einer Fläche von ca. 30 ha erschlossen werden. Auf der Basis einer Umweltverträglichkeitsprüfung wurde eine großzügige Durchgrünung geplant. Dabei wurde streng auf eine Vernetzung mit benachbarten Freiräumen geachtet. Die Planung sieht nicht nur breite Grünstreifen, die in städtischem Besitz verbleiben, vor, sogar Krötentunnel und ein kleines Wäldchen sind geplant bzw. gesichert. Straßenbäume sind selbstverständlich. Bei der Grundstücksvergabe an Unternehmen werden strenge Auflagen bezüglich der Begrünung gemacht. Grundsätzlich ist für ca. 1 000 qm Grundstücksfläche ein Großbaum vorgeschrieben. Mit dem Land NW wurde Einigung erzielt, daß Mehrkosten für Fassaden- und Dachbegrünung förderungsfähig sind.

Wichtiger noch als bei neuen Gewerbegebieten ist die Begrünung von Flächen im Rahmen des Brachenrecyclings. Im Rahmen der Aktivierungsmaßnahmen werden zunächst die häufig vollständig versiegelten Flächen zumindest teilweise entsiegelt. Die häufig kleinteilige Aufteilung der Flächen läßt eine stärkere Durchgrünung zu. Ein Beispiel aus Solingen: Bei der Zuteilung von Grundstücken ehemaliger Brachen wird den neuen Eigentümern die Anpflanzung von Großbäumen und weitere Begrünung in

Abstimmung mit der zuständigen Fachbehörde vorgeschrieben. In einem Fall wurden auf der Basis eines Umweltverträglichkeitsgutachtens verschiedene Grünzüge vertraglich gesichert, ein Restteil wird zum Vogelschutzgehölz entwickelt.

Ein besonderes Problem bereitet es der Wirtschaftsförderung, die Firmen dazu anzuhalten, möglichst flächensparend zu bauen. Diese Frage stellt sich insbesondere bei der Nutzung neuer Gewerbegebiete. Hier ist es besonders schwer, die Unternehmen von den Vorteilen einer mehrgeschossigen Bauweise zu überzeugen. Da die Firmen in der Regel ihre Gebäude in Fertigbauweise errichten, sind ihnen die Vorteile einer zwei- oder mehrgeschossigen Bebauung kaum näherzubringen. Selbst das Ausnutzen eines Geländegefälles für eine zweigeschossige Bebauung fällt manchem Unternehmer schwer. Es gibt aber Beispiele, daß Firmen über mehrere Etagen kostengünstiger produzieren als in einer Ebene. Deshalb wird angeregt, die Firmen dazu zu bewegen, bei einem Fachinstitut für Transporttechnik die Betriebsabläufe optimieren zu lassen, bevor der Baukörper geplant wird.

6. Förderung ökologischer Initiativen

Wenn die Ziele der Wirtschaftsförderung neben den herkömmlichen Gesichtspunkten der Arbeitsplatzbeschaffung und -sicherung sowie der Stärkung der Wirtschaftskraft auch um ökologische Aspekte und Kriterien ergänzt werden sollen, sind die Instrumente der Förderung auch auf die besonderen Probleme und Gegebenheiten von kleinen Betrieben der alternativen Ökonomie abzustellen. Denn dies ist eine wichtige Voraussetzung dafür, daß aus Freizeit- und Nebenerwerbstätigkeiten ökologischer Art tragfähige berufliche Existenzmöglichkeiten entwickelt werden können.

Bei strenger und unnachsichtiger Auslegung von Gesetzen und Vorschriften befinden sich viele Initiativen "mit einem Bein im illegalen Bereich Schwarzarbeit" (unzulässige Nutzung von Gebäuden, fehlende bauliche Genehmigungen etc.). Dies geschieht in der Regel nicht durch eine absichtliche Mißachtung, sondern durch Unkenntnis und den Ausgangsgedanken, daß die jeweilige Produktionsweise nur vorübergehend ist. In dieser Übergangsphase sind Verständnis und wohlwollendes Entgegenkommen erforderlich, um das zarte Pflänzchen eines Betriebes wachsen zu lassen. Möglichkeiten, derartige Initiativen und "alternative" Betriebe zu stützen, sind im Rahmen der kommunalen Wirtschaftsförderung vor allem finanzieller Art. Aber auch die Bereitstellung von kommunalen Räumen (möglichst zu günstigen Mietpreisen) ist wichtig. Hinzu kommen Informations- und Beratungshilfen, evtl. die Erteilung von Bürgschaften, Darlehen u.ä. (9). In diesen Zusammenhang gehören auch Überlegungen, wie die kommunale Wirtschaftsförderung Betriebe, die umweltverträgliche Produkte herstellen und entsprechende Produktionsverfahren anwenden, fördern kann.

7. Schlußbemerkung

Die hier dargestellten Handlungsansätze einer umweltfreundlichen kommunalen Wirtschaftsförderung gehen davon aus, daß der Wirtschaftskreislauf die Umweltressourcen (nutzbarer Boden, saubere Luft, regenerierter Wasserkreislauf, gesunde Wälder) nicht als sogenannte freie Produktionsfaktoren betrachtet, sondern deren Beeinträchtigung als eine spürbare Einschränkung der lokalen Wirtschaftsentwicklung empfindet. Nur durch eine derartige Betrachtung kann langfristig das Wirtschaften erfolgreich sein.

Anmerkungen

(1)
Grohé, T.: Stadtökologie, Stadtgrün und integrierte Planung. In: Bundesforschungsanstalt für Landeskunde und Raumordnung: Informationen zur Raumentwicklung, Heft 10, 1982, S. 793

(2)
Ebd., S. 796

(3)
Der Bundesminister für Raumordnung, Bauwesen und Städtebau. Städtebaulicher Bericht "Umwelt und Gewerbe in der Städtebaupolitik" in der Schriftenreihe "Städtebauliche Forschung", Sonderheft, 1986, S. 110

(4)
Der Oberstadtdirektor der Stadt Solingen: Schmiedeprogramm Solingen 1982

(5)
Minister für Landes- und Stadtentwicklung des Landes NW: Konzeption einer Stadtökologie. Düsseldorf 1985

(6)
Der Bundesminister für Raumordnung, Bauwesen und Städtebau. Städtebaulicher Bericht "Umwelt und Gewerbe in der Städtebaupolitik" in der Schriftenreihe "Städtebauliche Forschung", Sonderheft, 1986, S. 113

(7)
Minister für Landes- und Stadtentwicklung des Landes NW: Konzeption einer Stadtökologie. Düsseldorf 1985

(8)
Dieterich, H.: Brachflächen als Entwicklungsressourcen. In: Bundesforschungsanstalt für Landeskunde und Raumordnung: Informationen zur Raumentwicklung, Heft 3, 1986, S. 141

(9)
Sellnow, R.: Arbeitshilfe zur ökologischen Erneuerung in der Stadt. In: Beiträge zum Nürnberg-Plan, Reihe E: Stadt- und Regionalforschung, Stadt Nürnberg (Hrsg.), 1986

Karl-Heinz Fiebig

Stadtökologische Ansätze und Projekte im Kontext der Aufgabenentwicklung im kommunalen Umweltschutz — die UVP als Hilfsmittel

1. Die "Stadtökologie" findet Eingang in die kommunalen Diskussionen

Der Begriff "Stadtökologie" wird in letzter Zeit in vielen kommunalen Überlegungen, Diskussionen und Konzeptpapieren für geplante und z.T. in Realisierung befindliche Projekte verwendet, denen das Ziel gemeinsam ist, das Handeln auf allen Planungs- und Entscheidungsebenen auf längere Sicht mit den örtlichen, natürlichen Gegebenheiten vereinbar zu machen. Die verschiedenen Begriffprägungen wie ökologischer Gesamtentwicklungsplan, ökologische Stadtentwicklung, ökologisches Planen, ökologische Stadtgestaltung, ökologische Stadterneuerung, ökologischer Stadtumbau, ökologisches Bauen, ökologische Stadt- und Haussanierung, ökologische Siedlungen, ökologische Modell-/Demonstrationsprojekte etc. zeigen, daß das Thema "Ökologie" in verschiedenen kommunalen Handlungsfeldern aufgegriffen wird.

Die so bezeichneten Projekte und Vorhaben sind weit gestreut in verschiedenen Städten und Gemeinden der Bundesrepublik zu finden. Sie sind durch äußerst unterschiedliche Umweltprobleme veranlaßt und verfolgen verschiedenartige Lösungswege. Die ökologischen Ansatzpunkte können bei Wasser-, Boden-, Luft-, Klima-, Flora- und Fauna-, Abfall-, Energieproblemen etc. liegen. Die Lösungswege sind sowohl organisatorischer, verfahrensmäßiger, verhaltensbestimmter als auch technisch-baulicher Art.

Die zur Zeit offensichtliche Konzentration auf ökologische "Bau-Projekte" insbesondere im Wohnbereich ist wohl aus Gründen der Machbarkeit und des "Innovationsbedarfs" in diesem Bereich zustandegekommen.

In dem breiten Spektrum der durch die Stadtentwicklung verursachten und der hauptsächlich von den Kommunen zu lösenden Umweltprobleme dürften allerdings "ökologische Wohnbauprojekte" nur ein Lösungsansatz unter mehreren anderen wichtigen sein.

2. Die Ansätze für stadtökologische Vorhaben und Projekte entwickeln sich

Eine zukünftige, breit angelegte kommunale Politik der Umweltvorsorge erfordert grundsätzlich erst einmal die Entwicklung von Zielsetzungen bzw. Umweltqualitätsstandards, mit denen die natürlichen Lebensgrundlagen als hervorragendes Schutzgut in alle wichtigen kommunalen Planungen, Entscheidungen und Handlungen einbezogen werden können. Die bisher praktizierte Umweltpolitik leistet dies noch nicht, weil sie ein Gemenge unterschiedlich konstruierter Sektoralpolitiken ist, die in der Mehrzahl den Vorrang der Nutzungsrechte an der Natur vor den der Schutzrechte setzen.

Wenn Umweltvorsorge über die Verminderung von Belastungen hinaus auch grundsätzlich die Entstehung bestimmter Belastungen verhindern soll, muß der Schutz und der haushälterische Umgang mit den natürlichen Lebensgrundlagen im Vordergrund stehen. Die Nutzungsmöglichkeiten und -grenzen der Natur müssen auch in den Kommunen aus einer soliden Kenntnis der jeweiligen örtlichen, geo-ökologischen Systeme sowie der Kenntnis der Wirkungszusammenhänge mit den sozio-ökonomischen Systemen abgeleitet werden.

Die Kenntnisse über den Aufbau und die Beeinflussung der geo-ökologischen Systeme sind z.Z. allerdings sowohl wissenschaftlich als erst recht für den Praxisgebrauch noch äußerst bruchstückhaft. Das noch geringe Grundlagenwissen über die geo-ökologischen Systeme, speziell in den urban-industriellen Verdichtungsräumen, wie auch das geringe Wissen über die Anpassungsmöglichkeiten des zivilisatorischen Handelns an ein ökologisch verträgliches Verhalten sind erst seit wenigen Jahren Ansatzpunkt für staatliche Aktivitäten, insbesondere der Forschungsförderung, aber auch für die ersten praktischen "Ökologie-Experimente" in einigen Kommunen, die z.T. von Umweltschutzgruppen oder anderen privaten Trägergruppen durchgefürt werden.

Neben den stärker naturwissenschaftlich ausgerichteten Untersuchungen von größeren naturräumlichen Ökosystemen und von schwer belasteten Ökosystemen (z.B. durch Altlasten), wie sie bisher hauptsächlich durch das Umweltministerium/Umweltbundesamt und das Forschungsministerium des Bundes unterstützt werden (1), haben die Förderungs- und Unterstützungsaktivitäten des Bundesbauministeriums/der BfLR, einzelner Länderministerien, Institute und einiger Kommunen eher eine planerisch-sozialwissenschaftliche Ausrichtung bei experimentellen Projekten und einen jeweils begrenzten ökologisch-naturwissenschaftlichen Untersuchungsansatz (2).

Für den letztgenannten Projekttypus hat sich der Begriff "Stadtökologie" in der Fachdiskussion eingebürgert, der auch allmählich Eingang in die kommunalpolitische Diskussion findet. Im fachlich naturwissenschaftlichen Bereich wird "Stadtökologie", d.h. die Ökologie in verstädterten Gebieten bzw. Verdichtungsräumen, als ein ökologisches Teilsystem unter besonderen, urbanen Bedingungen angesehen.

Der Begriff "Stadtökologie" ist über die formalen, wissenschaftlichen Begriffsableitungen hinaus jedoch auch ein synthetisierender Handlungsbegriff. Er soll die antipodischen Realitäten "Stadt" und "Ökologie" zusammenführen und postuliert damit eine prinzipielle Vereinbarkeit der beiden "Systeme"; er verbindet weiterhin analytische Sachverhaltsfeststellungen mit programmatischen Zielaussagen für politisches und administratives Handeln. "Stadtökologie" hat somit eine ökologisch angepaßte Handlungsstrategie der Stadtentwicklung zum Ziel.

3. Die "Stadtökologie" ist in das Aufgabenspektrum des kommunalen Umweltschutzes einzubinden

Wie läßt sich heute die "Stadtökologie" auf der kommunalen Ebene verankern bzw. wie können die vielfältigen kommunalen Ansätze des Umweltschutzes im Sinne der Stadtökologie gebündelt werden?

Die heutige Breite der Umweltprobleme erfordert ein Handeln in fast allen traditionellen Aufgabengebieten der Kommunalverwaltung. Grundsätzlich lassen sich die folgenden Handlungsfelder unterscheiden:

— die Gefahrenabwehr und "Umweltsanierung" bzw. der Umweltschutz mittels ordnungsbehördlicher Eingriffe, Durchsetzungs- und Ahndungsaufgaben,

— die "umweltverträglichen" Betriebstätigkeiten im Rahmen kommunalbetrieblicher Durchführungsaufgaben und

— die "Umweltvorsorge" bzw. die Umweltplanung, wobei zwischen planerischen / vorsorgenden und vorbeugenden / technischen Aufgaben zu unterscheiden ist.

Diese Handlungsfelder werden gegenwärtig in äußerst unterschiedlicher Weise in den Kommunen als Aufgaben wahrgenommen. Strukturprägend sind die vollzugsorientierte "Umweltsanierung" und z.T. die Betriebstätigkeiten, die umweltverträglich wahrgenommen werden könnten. Die "Umweltvorsorge" bzw. Umweltplanung ist als Querschnittsaufgabe erst in wenigen Kommunen installiert; noch herrscht die fallweise durchgeführte Abwicklung von "Sonderaufgaben" vor, die keinem Fachamt originär zugeordnet sind.

Die systematische Ausgestaltung und die Verknüpfung dieser drei Handlungsfelder innerhalb der Kommunalverwaltung stehen im Mittelpunkt der Aufgabenentwicklung im kommunalen Umweltschutz.

Sowohl bei den Pflichtaufgaben, wie z.B. der Abfallbehandlung, der Abwasserreinigung und der Wasserversorgung, verändern und erweitern sich die fachlichen Aufgabenstellungen, ebenso im Naturschutz, der Landschaftspflege, dem Gewässerschutz, dem Lärmschutz. Darüber hinaus entstehen neue fachliche Anforderungen/Aufgaben wie die Luftreinhaltung, der Klimaschutz, der Bodenschutz, die Altlastensanierung, die umweltbezogene Gesundheitsvorsorge sowie querschnittsorientierte Anforderungen wie die Vorsorgeplanung, die Öffentlichkeitsaufklärung, die Ermittlung/Aufbereitung von Umweltdaten, die umweltfreundliche Beschaffung etc.

Die Veränderung traditioneller Aufgaben, insbesondere infolge gesetzlicher Neuregelungen beschäftigt bereits viele Kommunen, die Ausformung neuer Aufgabenstellungen wird in einer wachsenden Zahl von Städten problematisiert.

Der Aufgabenzuschnitt und die Aufgabenwahrnehmung im kommunalen Umweltschutz sind im Verhältnis zu den realen Problemen noch äußerst lückenhaft bzw. defizitär. Insbesondere werden — wie bereits die gegenwärtig vollzogenen und vorbereiteten Aufgabenzuordnungen in neu eingerichteten Umweltämtern und -dezernaten verdeutlichen — zwei neue Schwerpunkte im zukünftigen Aufgabenzuschnitt gesetzt werden müssen:

— die mittel- und langfristige Planung der Umweltvorsorge und

— die Beeinflussung des aktuellen Handelns und Verhaltens.

Die mittel- und langfristige Planung der Umweltvorsorge müßte bei einem idealen Aufgabenzuschnitt in die folgenden Aufgabenbereiche untergliedert werden (vgl. Übersicht 1):

— **Umwelt(vorsorge)planung oder ökologische Entwicklungsplanung,**

— **Umweltinformation, Umweltanalytik,**

— **Umweltverträglichkeitsprüfung.**

Die Beeinflussung des aktuellen Handelns und Verhaltens sollte durch die Einrichtung der folgenden Aufgabengebiete realisiert werden (vgl. Übersicht 1):

Ansätze und Projekte im Kontext Umweltschutz

Übersicht 1
Aufgabenentwicklung im kommunalen Umweltschutz (eigene Zusammenstellung)

		Ökologische Entwicklungsplanung, Umweltvorsorgeplanung	Umweltinformation Umweltanalytik	Umweltverträglichkeitsprüfung von Verwaltungsverfahren
Querschnittsaufgaben		Ziele ökologischer Stadtentwicklung, Ziele ökologischer Stadterneuerung, -gestaltung	Umweltinformationssystem Umweltforschung	- Stadtentwicklungsplanungen - Förderprogramme - Satzungen - Beschaffungen
Lärmbekämpfung		Lärmminderungs-/ -vorsorgeprogramm, Lärmsanierungsplan	Lärmkataster (Verkehr, Gewerbe etc.)	- Planfeststellungsverfahren (Verkehrswege, -anlagen)
Luftreinhaltung/ Stadtklima		Luftreinhalteprogramm Klimaschutzkonzept Emissionsminderungsprogramm Immissionsschutzkonzept	Emissions-/Immissionskataster (Industrie, Verkehr, Hausbrand) Wirkungskataster Klimagutachten	dto
Naturschutz/ Landschaftspflege		Landschaftsplan Artenschutzprogramm	Biotopkataster Schadenskataster (Bäume, Tierarten etc.) Rote Listen	- Landschafts-, Grünordnungspläne - Freizeitanlagen
Grundwasserschutz/ -sicherung		Grundwasser-/Oberflächenwasserschutzprogramm	Gewässergütekarte Einleiterkataster	- wasserwirtschaftliche Planverfahren
Abwasserreinigung Gewässerschutz		Gewässerschutzprogramm	Einleitungs-/Belastungskataster Gewässergütekarte (Kleingewässer)	- Entsorgungsanlagen - Entsorgungsplanungen
Abfallwirtschaft/ -beseitigung		Abfallvermeidungskonzept (im Rahmen Abfallwirtschaftskonzept)	Abfallmengen-/Inhaltskataster Altlastenkataster	- Entsorgungsanlagen - Entsorgungsplangen
Bodenschutz		Bodenschutzkonzept Bodenschutzprogramm	Belastungs-/Nutzungskataster	
Bebaute Umwelt		Leitlinien ökologischen Planens und Bauens	Versiegelungskataster	- Flächennutzungsplan - Bebauungspläne - städtebauliche Rahmenpläne - Bau- und Erschließungsmaßnahmen
Energieversorgung		ressourcenschonendes, umweltverträgliches Energiekonzept	Wärmeatlas Emissionskataster	- Versorgungsanlagen - Leitungstrassen - Versorgungsplanungen
Gesundheitsschutz			"Umweltkrankheitenatlas"	
Strahlenschutz				

Übersicht 1
Aufgabenentwicklung ... (Fortsetzung)

	Fachplanungen mit Umweltrelevanz	Betriebstätigkeiten, die umweltverträglich durchgeführt werden können	Vollzug und Kontrolle gesetzlicher Umweltaufgaben (u.a. Katastrophenschutz) durch:
Querschnittsaufgaben	umweltverträgliches Verkehrsentwicklungskonzept	Umweltverträglichkeitsprüfung bei allen betrieblichen Planverfahren	Umweltbehörde
Lärmbekämpfung	Verkehrsberuhigungs-/ -entlastungs Planfeststellungen	lärmarme Fahrzeuge im ÖPNV, bei Versorgungs- und Entsorgungsbetrieben (Fahrzeuge und Anlagen)	Umweltbehörde Gesundheitsamt Straßenverkehrsbehörde Aufgaben nach BImSchG (kommunal in BA, BW; allgemein für nichtgenehmigungspflichtige Anlagen) Verbrennungsverbotssatzung Anschluß- und Benutzerregelung
Luftreinhaltung/ Stadtklima	Verkehrsberuhigungs-/ - entlastungsplanung Bauleitplanung Altanlagensanierungsprogramm	emissionsarme Fahrzeuge im ÖPNV emissionsarme Feuerungsanlagen in Gebäuden im öffentlichen Besitz	
Naturschutz/ Landschaftspflege	Freiflächenplanung Grünordnungsplan Landschaftspflegerischer Begleitplan Flurbereinigung Forsteinrichtungswerk	ökologische Grünflächenbewirtschaftung Landschaftspflege	untere Naturschutz-/Landschaftsschutzbehörde
Grundwasserschutz/ -sicherung	Wasserwirtschaftsplanung	Spartarife bei der Wasserversorgung	untere Wasserbehörde
Abwasserreinigung/ Gewässerschutz	Abwasserrahmenplanung Generalentwässerungsplan	(industrielle Vorreinigung) weitere Reinigungsstufen bei Kläranlagen	untere Abwasserbehörde
Abfallwirtschaft/ -beseitigung	Abfallbeseitigungsplanung (Verwertung, Beseitigung: Deponien, Verbrennungsanlagen)	recyclingfreundliche Sammelsysteme sichere Deponien abgasarme MVA und Fahrzeuge	untere Abfallbehörde Ordnungsämter
Bodenschutz	Land- und Forstwirtschafts-Planungen Kleingartenentwicklungsplan	Streusalzersatz Herbizid-, Pestizidverzicht	
Bebaute Umwelt	Bauleitplanung städtebauliche Rahmenpläne		Baugenehmigungsbehörde
Energieversorgung	umweltfreundliche Energieversorgungsplanung	Energiespartarife Ersatz von Altanlagen	Energieversorgungsunternehmen
Gesundheitsschutz			Gesundheitsämter
Strahlenschutz			Gesundheitsämter

Ansätze und Projekte im Kontext Umweltschutz

Übersicht 1
Aufgabenentwicklung ... (Fortsetzung)

	Umweltgerechtes Verwaltungshandeln	Umweltschutzbezogene Öffentlichkeitsarbeit
Querschnittsaufgaben	- Beschaffung Verbrauchsgüter - Fortbildung	Umweltberichte, -programme, -aktionen
Lärmbekämpfung	Beschaffung - Fahrzeuge - Geräte/Anlagen	Aufklärungsaktionen
Luftreinhaltung/ Stadtklima	Beschaffung - Fahrzeuge - Geräte/Anlagen - Baumaterial	Belastungsinformationen Aufklärungsaktionen
Naturschutz/ Landschaftspflege		Aufklärungsaktionen
Grundwasserschutz/ -sicherung	Wassersparen in öffentlichen Einrichtungen	Haushalts-Beratung Aufklärungsaktionen
Abwasserreinigung/ Gewässerschutz		Haushalts-Beratung Aufklärungsaktionen
Abfallwirtschaft/ -beseitigung	Abfallvermeidung in der öffentlichen Verwaltung/ Einrichtungen	Haushalts-Beratung Aufklärungsaktionen
Bodenschutz		Aufklärungsaktionen
Bebaute Umwelt	ökologisches Planen und Bauen im öffentlichen Bereich	Bau-Beratung Aufklärungsaktionen
Energieversorgung	Energiesparen im öffentlichen Bereich	Haushalts-Beratung Aufklärungsaktionen
Gesundheitsschutz		Aufklärungsaktionen Belastungsinformationen
Strahlenschutz		Aufklärungsaktionen Belastungsinformationen

— umweltgerechtes Verwaltungshandeln,

— umweltschutzbezogene Öffentlichkeitsarbeit.

Ebenso erst in Ansätzen stecken die Aufgabenkoordination und Abstimmung mit Teilen der traditionell vorhandenen Aufgabengebiete in anderen Fachämtern und Dezernaten wie bei (vgl. Übersicht 1):

— Fachplanungen mit Umweltrelevanz,

— Vollzug und Kontrolle gesetzlicher Umweltaufgaben,

— Betriebstätigkeiten, die umweltverträglich durchgeführt werden können.

Die letztgenannten Aufgabenstellungen sind in allen Kommunen — je nach Verfassung und Organisationsstruktur variierend — institutionalisiert. Der gegenwärtig kritisch diskutierte Punkt ist, inwieweit die jeweils in Fachverwaltungen und Betrieben verankerten Aufgaben unter gemeinsamen umweltpolitischen Zielsetzungen koordiniert und kontrolliert durchgeführt werden bzw. werden können.

Die zuvor genannten Handlungsfelder sind gegenwärtig unterschiedlich weit entwickelt und erst ansatzweise in einigen Kommunen als Aufgabengebiete eingerichtet. Eine breitere Diskussion wird geführt zur umweltschutzbezogenen Öffentlichkeitsarbeit über die Themen "Umweltberatung", insbesondere von Haushalten und in vielen Kommunen zur Umweltschutzberichterstattung. Gerade die Aktivitäten zur "Umweltberatung" sind äußerst vielgestaltig. Bisher erbringen die Kommunen nur im engeren Rahmen die Beratungsleistungen selbst; wichtig sind ihre unterstützenden und fördernden Aktivitäten bei Beratungsleistungen von Fachleuten, Verbänden und Initiativen für die Aufklärung der Bevölkerung sowie im Rahmen von "Ökologieprojekten".

Ein Kreis zumeist größerer Städte diskutiert die — in fast allen Kommunen erkannte — Notwendigkeit zur Einrichtung der Aufgabenbereiche:

— Umweltinformation und -bewertung (Stichwort: Umweltinformationssysteme),

— umweltgerechtes Verwaltungshandeln (Stichwort: umweltfreundliches Beschaffungswesen),

— Umweltverträglichkeitsprüfung (UVP).

In einigen Städten werden diese Aufgabenstellungen bereits modellhaft erprobt. Das Handlungsfeld/Aufgabengebiet ökologische Entwicklungsplanung/Umweltvorsorgeplanung wird bisher in wenigen Städten intensiv diskutiert; erste Konzeptionsansätze werden entwickelt.

Für eine umfassende ökologische Entwicklungsplanung werden in wenigen größeren Städten inhaltliche und methodische Entwicklungsarbeiten geleistet, die im Rahmen von Modellvorhaben erprobt werden sollen. Zum einen sind das gesamtstädtische Ökologievorhaben (3), mit denen die Grundlagen für und die Ziele einer ökologisch orientierten Stadtentwicklung erarbeitet werden sollen. Zum anderen sind in verschiedenen Kommunen besondere Experimentier- bzw. Modellvorhaben für Teilgebiete hervorzuheben (4), mit denen "Ziele der ökologischen Stadterneuerung/ -gestaltung" verfolgt werden, z.B.:

— ökologische Wohn- und Siedlungsbauten sowie Wohnumfeldverbesserungen

— ökologisch orientierte Verkehrsentwicklung mittels Verkehrsberuhigung, Fahrrad und Fußwegesystemen und integrierten Systemen der ÖPNV

— ökologische Abfall-Verwertung (Kompostierung, Wertstoffrecycling)

Ein wesentliches Merkmal dieser Vorhaben ist neben den ökologischen Inhalten die intensive Form der Bürgerbeteiligung. Ohne die Mitwirkungsbereitschaft und den Willen beteiligter Bevölkerungsgruppen, ihr Verhalten im Sinne ökologischer Ziele auch zu verändern, wären die Vorhaben nicht erfolgreich durchzuführen.

Weniger weit sind die Entwicklungen insbesondere in den Bereichen:

— Standortwahl und -gestaltung von Wirtschaftsbetrieben, Industrie- und Gewerbebau (erste Ansätze sind im Flächenrecycling und der Gemengelagensicherung festzustellen),

— Abfall-Vermeidung, Abfall-Beseitigung, Altlastensanierung, insbesondere auf kontaminierten Industriegeländen,

— Stadt- und Verkehrsplanung mit dem Ziel der Minderung von Verkehrslärm und -abgasen, auch bei Verkehrsbetrieben,

— Bauleitplanung, Baugenehmigung und Bautätigkeit im öffentlichen Bereich mit dem Ziel, den hohen Flächenbedarf, die Klimabeeinträchtigung, den Grünflächenverlust etc. einzuschränken,

— Abwasserentsorgung mit dem Ziel, die Abwassermengensteigerungen infolge zu hohen (Trink-)Wasserverbrauchs, steigende Abwasserfrachten infolge zu geringer Vorreinigungsleistungen bei Betrieben und fehlender Aufklärung bei Haushalten (z.B. über schadstoffreie Haushaltsmittel) zu reduzieren.

Zusammengefaßt konzentrieren sich die geplanten und die durchgeführten Vorhaben/Projekte der Stadtökologie z.Z. im wesentlichen auf den

Wohnsiedlungsbereich in den Städten bzw. Gemeinden (Wohnen, wohnungsnahes Grün), Vorhaben der kommunalen Verkehrsinfrastruktur (Verkehrsberuhigung etc.), Entsorgungsinfrastruktur (Recycling des Hausabfalls) und Versorgungsinfrastruktur (energiesparendes Bauen, wassersparende Haustechnik).

Nur peripher ist bisher die "Ökologisierung" der Produktions-, Distributions- und Kommunikationsbereiche angegangen worden. Erste Vorhaben modellhafter Entwicklung im Produktionsbereich sind allerdings angelaufen (Gewerbe-Altanlagenberatung, Standortsicherung, Flächenrecycling), ebenso im Distributionsbereich (Produktberatung für Haushalte, Recycling, Beschaffungswesen) und im Kommunikationsbereich (Aufklärungsaktionen, Vorwarnsysteme über Belastungszustände etc.).

In den Kommunen sollte deshalb die inhaltliche Aufgabenstellung "Stadtökologie" entwickelt und politisch beschlossen werden. Dieser Prozeß der Ziel-Entwicklung und der Ziel-Umsetzung sollte auf zwei Ebenen erfolgen:

— Entwicklung und Beschluß der langfristigen Grundsatzziele bzw. ökologischen Leitlinien der Kommunen für die Stadtentwicklung ("Ziele ökologisch orientierter Stadtentwicklung"),

— Entwicklung und Beschluß der mittelfristigen Zielsetzungen bzw. ökologischen Leitlinien für die einzelnen Planungs-, Vollzugs- und Betriebsbereiche ("Ziele der ökologischen Stadterneuerung bzw. Stadtgestaltung").

Über die Entwicklung ökologischer Konzepte in den oben genannten Bereichen hinaus werden für die Verankerung dieser inhaltlichen Zielsetzungen im kommunalen Handeln die Veränderungen der Organisationsstruktur und der Verwaltungsverfahren für die Zukunft von entscheidender Bedeutung sein.

4. Die Organisationsstruktur im kommunalen Umweltschutz entwickelt sich

Das kommunale Handeln im Umweltschutz ist zum einen noch stark von den traditionellen Verwaltungsstrukturen in der Organisationsform der klassischen Dezernate sowie der "Verwaltung" von Vorgängen bestimmt, zum anderen innerhalb der jeweiligen Fachbehörden durch Steuerungsmechanismen von technisch-ökonomischen Teilsystemen. Die Wahrnehmung der Belange des "Naturhaushalts" insgesamt spiegelt sich in der traditionellen Verwaltungsstruktur nicht wider.

Die organisatorische Anpassung der Kommunen an die wachsenden gesetzlichen und faktischen Anforderungen des Umweltschutzes ist in den letzten Jahren intensiv angelaufen (5). Bisher auf die traditionellen Dezernate verteilte Teilaufgaben und Kompetenzen werden bei Umweltbeauftragten, in Sachgebieten und Umweltämtern konzentriert. Erst in wenigen Kommunen ist der Schritt zur Umweltdezernatsgründung gemacht worden, der — zumindest als politisches Postulat — den Umweltschutz gleichrangig neben die traditionellen Dezernate stellen soll.

Die durchgeführten Veränderungen in der Organisationsstruktur einiger Städte zeigen, daß die Bündelung von Kompetenz durch Zusammenfassung vorhandener unterer Behörden und zum Teil von Betriebsteilen in Umweltdezernaten und Umweltämtern bisher noch nicht zu einer Ökologisierung des kommunalen Handelns im Ganzen führt, weil einerseits die Umweltvorsorge und die Koordination von Aufgabengebieten und Ressorts noch weitgehend unterentwickelt sind, andererseits deshalb, weil Know-how und allgemein entsprechende Personal- und Finanzmittelausstattung fehlen. Aber auch die "Stärke" der bisherigen Fachressorts und der fehlende politische Wille, formale Organisation und faktische Kompetenz in Übereinstimmung zu bringen, spielen eine wichtige Rolle.

In den Kommunen sollten deshalb Organisationsregelungen getroffen werden, die die amts- bzw. dezernatsübergreifende Koordination im Umweltschutz generell und speziell die Einbringung und Beachtung ökologischer, d.h. vorsorgender Zielsetzungen in die Verwaltungsverfahren gewährleisten. Die Einrichtung einer "Arbeitsgruppe Umweltschutz und Stadtökologie", verbunden mit einer Koordinationsstelle Umweltschutz beim Umweltbeauftragten, in einem Amt oder einem Dezernat, erscheint dafür zweckdienlich.

5. Die Umweltverträglichkeitsprüfung könnte die Entwicklung ökologischer Vorhaben voranbringen

Die zielgerichtete Steuerung der Verwaltungsverfahren und Betriebstätigkeiten in Richtung umweltgerechten bzw. ökologischen Handelns erfordert eine über die vorhandenen Verfahren der Abstimmung, Belangeinbringung, Anregung und Bedenkenäußerung etc. hinausgehende Instrumentierung, weil diese Verfahrensdurchführungen weder der Wahrung der ökologischen Ansprüche des Naturhaushaltes bisher gerecht geworden sind, noch der notwendigen intensiven Bürgerbeteiligung bei umweltbedeutsamen bzw. ökologischen Vorhaben.

Zur Zeit noch ungeklärt ist die Frage, mit welchen Verfahrensregelungen ein vorsorgender Umweltschutz in den Kommunen betrieben, d.h. instrumentell durchgeführt werden kann. Gegenwärtig sind dazu unterschiedliche Positionen im kommunalen Bereich festzustellen. Die eine hält die Gesamtheit der vorhandenen umweltrechtlichen Vorschriften für ausreichend zur Beachtung des Umweltschutzes in allen rechtsförmlichen kommunalen Verfahren. Die andere Position fordert dringend ein zusätzliches förmliches Verfahren der UVP, das dem gesetzlich vorgeschriebenen und anderen kommunalen Verfahren vorausgeht, um Ziele der Umweltvorsorge im Kommunalbereich durchzusetzen. Im wesentlichen basiert diese Einstellung darauf, daß die gegenwärtigen umweltbedeutsamen Gesetzesregelungen im Kern nicht die Umweltvorsorge zum Ziel haben und daß es kein abgestimmtes System des Umweltrechts gibt.

Diese Positionen haben sich auch nicht im Zuge der gegenwärtig laufenden Diskussionen über die Umsetzung der EG-Richtlinie zur Umweltverträglichkeitsprüfung in nationales Recht angeglichen. In den kommunalen Umweltschutz-Verwaltungen werden deshalb große Erwartungen darauf gesetzt, daß die 1985 verabschiedete EG-Richtlinie über die Umsetzung der UVP in Bundes- und Landesregelungen bis zum Jahre 1988 auch Regelungen für die Kommunalebene nach sich ziehen wird.

Unabhängig von der Frage, ob und in welcher Weise eine gesetzliche Veranlassung für die Kommunen verankert werden wird, UVP durchzuführen, gibt es in vielen Kommunen den praktischen Sachzwang und auch die Einsicht, sich mit diesem Instrument auseinanderzusetzen. In einer größeren Zahl von Städten liegen Ratsbeschlüsse vor, Verfahren und Methoden der UVP-Anwendung für alle umweltpolitisch relevanten Vorhaben zu entwickeln. Ein kleinerer Kreis von Städten befindet sich bereits in der Erprobungsphase der bisher entwickelten Verfahren der Umweltverträglichkeitsprüfungen (6). Deren praktische Erfahrungen sind in die Empfehlungen der KGSt (7) eingeflossen.

Die Einführung des Verfahrens der UVP für das gesamte, oben dargestellte Spektrum kommunaler Aufgaben im Umweltschutz bildet eine Voraussetzung, um die "Ziele der ökologisch orientierten Stadtentwicklung" und die "Ziele der ökologischen Stadterneuerung bzw. -gestaltung" konkretisieren und handlungsleitend einsetzen zu können.

In den Kommunen sollten deshalb Verfahrensregelungen getroffen werden, die die "Umweltverträglichkeitsprüfung" generell für alle umweltrelevanten, ökologisch empfindlichen Vorhaben der Kommunen einführen und damit die verfahrensmäßigen und methodischen Voraussetzungen schaffen, ökologische Ziele und Bewertungen einzubringen. Die Öffentlichkeit bzw. betroffene Bevölkerungsgruppen sollten intensiv an diesen Verfahren beteiligt werden, zum einen, um im Ergebnis mehr Planungssicherheit zu bewirken, zum anderen, um die Möglichkeiten für umweltgerechtes Verhalten auszuweiten.

Anmerkungen

(1)
Beispiele für Ökosystem-Forschung sind:
Z.B. im Rahmen der Ökosystem-Forschung des Umweltministeriums/Umweltbundesamtes: "Handbuch zur ökologischen Planung — Pilotanwendung Saarland", 1981 und "Ökologische Darstellung des Unterelberaumes"; Landschaftsökologische Modelluntersuchung Ingolstadt, 1984; Der Einfluß des Menschen auf Hochgebirgsökosysteme, 1985; Umweltprojekt Schwarzwald, 1986; Ökologische Potential- und Belastungsanalyse Jadebusen, 1986 u.a.;
z.b. im Rahmen der Stadtökologie-Forschung des BMU/UBA: "Stadtökologische Modelluntersuchung Hamburg-Finkenwerder", 1985, "Umweltatlas Berlin", 1985;
z.b. im Rahmen des Schwerpunktes "Bodenforschung (Bodenbelastung und Wasserhaushalt)" und "Ökologie" des Bundesministeriums für Forschung und Technologie.

(2)
Z.B. im Rahmen des Förderprogramms "Experimenteller Wohnungs- und Städtebau" des Bundesbauministeriums: Ökologisches Bauprojekt "Hamburg-Allermöhe"; Ökologischer Baublock "Berlin-Kreuzberg", ökologische Stadterneuerung "Nürnberg-Gostenhof" u.a.;
z.b. das Handlungskonzept "Stadtökologie", 1985 und der Landeswettbewerb "Ökologisches Bauen" des Ministers für Stadtentwicklung, Wohnen und Verkehr des Landes Nordrhein-Westfalen; Ausschreibung des Projekts "Stadtökologie" des Innenministeriums des Landes Hessen, 1986

(3)
Z.B. "Ökologischer Gesamtentwicklungsplan München", 1986 sowie Vorhabenplanungen in Hannover ("Ökologisches Forschungsprogramm") und anderen Städten.

(4)
Vgl. Projektbeschreibungen in: Stadt Nürnberg, Arbeitshilfe zur ökologischen Stadterneuerung in der Stadt, Nürnberg 1986 (Beiträge zum Nürnberg-Plan); derselbe, Experten-Seminar zur ökologischen Erneuerung Gostenhof-Ost. Erwartungsrahmen für die ökologische Stadterneuerung Gostenhof-Ost, Nürnberg 1986; K. Otto-Zimmermann, Bauen mit der Natur — Bereits viele Projekte, in: Kommunalpolitische Blätter, H. 6 (1986); BfLR, "Ökologisch orientierte Stadterneuerung, in: Informationen zur Raumentwicklung, H. 1/2 (1986); K.-H. Fiebig u.a., Kommunale Umweltaktionen. Ein Wegweiser durch Beispiele aus der Praxis, Berlin 1985 (Deutsches Institut für Urbanistik); Ökotopolis, Bauen mit der Natur . . . , Aktuelle Ansätze ökologisch orientierter Bau- und Siedlungswesen in der BRD. Katalog zur Wanderausstellung, 1984; M. Kuenzlen/Ökotop Autorenkollektiv, Ökologische Stadterneuerung, Die Wiederbelebung von Altbaugebieten, 1984; Arbeitsgemeinschaft Ökologischer Stadtumbau, Sachstandsbericht zur Pilot- und Anschubphase ökologischer Stadtumbau Berlin, Berlin 1986; Ökologische Haus- und Stadtsanierung. Tagungsbericht, Berlin 1986 (in Vorbereitung).

(5)
Vgl. Umweltverbesserungen in den Städten. Heft 4: Karl-Heinz Fiebig, Udo Krause und Rainer Martinsen, Organisation des kommunalen Umweltschutzes, Berlin 1986; D. Fürst und R. Martinsen, Organisation kommunaler Umweltschutzpolitik, Hannover 1986.

(6)
Eine allgemeine, z.T. vorerst auf Bauleitplanungen beschränkte Erprobung der UVP führen z.B. die Städte Karlsruhe, Düsseldorf, Essen, Köln u.a. durch.

(7)
Organisation des Umweltschutzes. Umweltverträglichkeitsprüfungen (UVP), Köln 1986 (KGSt-Bericht, Nr. 11/1986).

Deutscher Gemeindeverlag

Handbücher zum Umweltschutz

Umweltverträglichkeitsprüfung in der Bauleitplanung

Ein praxisorientierter Verfahrensansatz zur integrierten Umweltplanung

von **Dipl.-Geograph Dr. rer. nat. Ralf-Rainer Braun,** Leiter der Koordinierungsstelle Umweltschutz der Stadt Hagen

1987. Format DIN A 5. Kartoniert. 256 Seiten. DM 44,—

ISBN 3 555 00622 3

Ökologie und Stadtplanung

Erkenntnisse und praktische Beispiele integrierter Planung

herausgegeben von **Dr. rer. nat. Klaus Adam,** Redakteur der Geographischen Rundschau, und **Dipl. Ing. Tomas Grohé,** Projektleiter im Referat Umwelt der Bundesforschungsanstalt für Landeskunde und Raumordnung

mit einem Geleitwort von Günter Samtlebe, Oberbürgermeister der Stadt Dortmund, Präsident des Deutschen Städtetages

1984. Format DIN A 5. Kartoniert. 216 Seiten mit 26 Abbildungen. DM 34,—

ISBN 3 555 00588 X

Recht und Praxis der Altölentsorgung

Vorschriften, Erläuterungen und technische Anleitungen

bearbeitet von Rechtsanwalt **Dr. Ludger-Anselm Versteyl,** Geschäftsführer, und **Dipl. Chem. Dr. Hans O.A. Koehn,** Präsident, beide Bundesverband Altöl

1987. Format DIN A 5. Kartoniert. 176 Seiten. DM 49,80

ISBN 3 555 00398 4

Abfallrecht

Eine systematische Darstellung unter besonderer Berücksichtigung der Rechtslage in Nordrhein-Westfalen

von **Elke Bartels**

1987. Format DIN A 5. Kartoniert. 224 Seiten. DM 45,—

ISBN 3 555 00733 5

Deutscher Gemeindeverlag
Max-Planck-Str. 12 · 5000 Köln 40 · Tel. (02234) 106-0